# ALEXANDRE OSTROWIECKI

[CEO **MULTILASER** E CRIADOR DO **RANKING DOS POLÍTICOS**]

# O MOEDOR DE POBRES

NADA ATRAPALHA TANTO A SUA VIDA QUANTO O SISTEMA

ALEXANDRE OSTROWIECKI

# O MOEDOR DE POBRES

NADA ATRAPALHA TANTO A SUA
VIDA QUANTO O SISTEMA

SÃO PAULO | 2021

LVM
EDITORA

**Título original**: *O Moedor de Pobres: nada atrapalha tanto a sua vida quanto o sistema*

Copyright © 2021 – Alexandre Ostrowieck

Os direitos desta edição pertencem à LVM Editora, sediada na
Rua Leopoldo Couto de Magalhães Júnior, 1098, Cj. 46
04.542-001 • São Paulo, SP, Brasil
Telefax: 55 (11) 3704-3782
contato@lvmeditora.com.br

**Gerente Editorial** | Giovanna Zago
**Editor-chefe** | Pedro Henrique Alves
**Copidesque** | Chiara Di Axox
**Revisão ortográfica e gramatical** | Mariana Diniz Lion
**Preparação dos originais** | Pedro Henrique Alves
**Produção editorial** | Pedro Henrique Alves
**Projeto gráfico** | Mariangela Ghizellini
**Diagramação** | Rogério Salgado / Spress
**Impressão** | Edigráfica

Impresso no Brasil, 2021

Dados Internacionais de Catalogação na Publicação
(CIP Angélica Ilacqua CRB-8/7057)

O94m    Ostrowiecki, Alexandre.
           O moedor de pobres : nada atrapalha sua vida tanto quanto o sistema / Alexandre Ostrowiecki. – São Paulo : LVM Editora, 2021.
           256 p.

        ISBN 978-65-86029512

        1. Ciências sociais 2. Política e governo 3. Desigualdade social I. Título

21-4244                                                                       CDD-300

Índices para catálogo sistemático:
1. Ciências sociais 300

Reservados todos os direitos desta obra.
Proibida a reprodução integral desta edição por qualquer meio ou forma, seja eletrônica ou mecânica, fotocópia, gravação ou qualquer outro meio sem a permissão expressa do editor. A reprodução parcial é permitida, desde que citada a fonte.

Esta editora se empenhou em contatar os responsáveis pelos direitos autorais de todas as imagens e de outros materiais utilizados neste livro. Se porventura for constatada a omissão involuntária na identificação de algum deles, dispomo-nos a efetuar, futuramente, as devidas correções.

# SUMÁRIO

**APRESENTAÇÃO** | *Roubaram os Produtos, mas não o Espírito* . . . . . . . . 11

**PARTE 1** | O Problema . . . . . . . . . . . . . . . . . . . . . . . . . . . . . . . . 17

**CAPÍTULO 1** | *Uma Arrancada Silenciosa* . . . . . . . . . . . . . . . . . . . . . 19
**CAPÍTULO 2** | *Brasil: O Moedor de Pobres* . . . . . . . . . . . . . . . . . . . . 23
**CAPÍTULO 3** | *Saindo da Esteira* . . . . . . . . . . . . . . . . . . . . . . . . . . 29
**CAPÍTULO 4** | *O Público na Privada* . . . . . . . . . . . . . . . . . . . . . . . 31
    Competição . . . . . . . . . . . . . . . . . . . . . . . . . . . . . . . . . . 31
    Garantia de sobrevivência . . . . . . . . . . . . . . . . . . . . . . . . . 32
    Pouco foco nos resultados . . . . . . . . . . . . . . . . . . . . . . . . . . 33
    Dificuldade de controlar . . . . . . . . . . . . . . . . . . . . . . . . . . . 36
**CAPÍTULO 5** | *A Corrupção e o Apagão da Caneta* . . . . . . . . . . . . . . . 38
**CAPÍTULO 6** | *Pagando a Conta* . . . . . . . . . . . . . . . . . . . . . . . . . . 40
**CAPÍTULO 7** | *Drenando o Pântano* . . . . . . . . . . . . . . . . . . . . . . . 45
**CAPÍTULO 8** | *Desconstrução* . . . . . . . . . . . . . . . . . . . . . . . . . . . 47
**CAPÍTULO 9** | *Os Frutos* . . . . . . . . . . . . . . . . . . . . . . . . . . . . . . 49
**CAPÍTULO 10** | *O Exemplo Chileno* . . . . . . . . . . . . . . . . . . . . . . . 51
**CAPÍTULO 11** | *Além do que Existe* . . . . . . . . . . . . . . . . . . . . . . . 53

**PARTE 2** | A Solução . . . . . . . . . . . . . . . . . . . . . . . . . . . . . . . . . 55

**CAPÍTULO 1** | *De Elefante para Pomba* . . . . . . . . . . . . . . . . . . . . . 57
    1. Garantir as liberdades individuais . . . . . . . . . . . . . . . . . . . 58

2. Manter a ordem. . . . . . . . . . . . . . . . . . . . . . . . . . . . . . . . . 61
3. Proteger as pessoas contra a miséria absoluta. . . . . . . . . . . . . 62
4. Garantir educação de qualidade, seja provida pelo
Estado ou por entidades particulares pagas pelo Estado. . . . . . . . 65
5. Garantir saúde de qualidade, da mesma
forma que o item acima.. . . . . . . . . . . . . . . . . . . . . . . . . . . . 67
6. Proteger o meio ambiente. . . . . . . . . . . . . . . . . . . . . . . . 69

**CAPÍTULO 2** | *Os Entraves da Constituição* . . . . . . . . . . . . . . . . . . . . . . . 71
**CAPÍTULO 3** | *Brasil: Casa das Leis Mais Absurdas* . . . . . . . . . . . . . . . . . . 73
**CAPÍTULO 4** | *Como Escolher? O princípio das Eleições Livres* . . . . . . . . . . 76
**CAPÍTULO 5** | *Como Funciona o Quociente Eleitoral?*. . . . . . . . . . . . . . . . . 83
**CAPÍTULO 6** | *Estrutura do Governo*. . . . . . . . . . . . . . . . . . . . . . . . . . . 91
    Poder Executivo . . . . . . . . . . . . . . . . . . . . . . . . . . . . . . . . . . . . . 91
        *1. Ministério da Defesa e Segurança*. . . . . . . . . . . . . . . . . . . . . 94
        *2. Ministério da Economia*. . . . . . . . . . . . . . . . . . . . . . . . . . . 94
        *3. Ministério das Relações Exteriores* . . . . . . . . . . . . . . . . . . . 94
        *4. Ministério da Casa Civil* . . . . . . . . . . . . . . . . . . . . . . . . . . 94
        *5. Ministério do Meio Ambiente* . . . . . . . . . . . . . . . . . . . . . . 94
        *6. Ministério da Educação*. . . . . . . . . . . . . . . . . . . . . . . . . . . 94
        *7. Ministério da Saúde* . . . . . . . . . . . . . . . . . . . . . . . . . . . . . 95
        *8. Ministério da Assistência Social*. . . . . . . . . . . . . . . . . . . . . 95
    Poder Legislativo . . . . . . . . . . . . . . . . . . . . . . . . . . . . . . . . . . . . 100
    Poder Judiciário . . . . . . . . . . . . . . . . . . . . . . . . . . . . . . . . . . . . 104
    Propostas para a Estrutura do Poder Público. . . . . . . . . . . . . . . 108
        *Poder Executivo* . . . . . . . . . . . . . . . . . . . . . . . . . . . . . . . . . . 109
        *Poder Legislativo* . . . . . . . . . . . . . . . . . . . . . . . . . . . . . . . . . 109
        *Poder Judiciário* . . . . . . . . . . . . . . . . . . . . . . . . . . . . . . . . . . 109
    Consolidando as Estruturas . . . . . . . . . . . . . . . . . . . . . . . . . . . 109

**CAPÍTULO 7** | *Insegurança Pública*. . . . . . . . . . . . . . . . . . . . . . . . . . . . 115
**CAPÍTULO 8** | *Polícia*. . . . . . . . . . . . . . . . . . . . . . . . . . . . . . . . . . . . . 120
**CAPÍTULO 9** | *Judiciário criminal* . . . . . . . . . . . . . . . . . . . . . . . . . . . . 124
**CAPÍTULO 10** | *Cadeias*. . . . . . . . . . . . . . . . . . . . . . . . . . . . . . . . . . . 128
**CAPÍTULO 11** | *Drogas: Se Quiser Comprar, Compre* . . . . . . . . . . . . . . . 135
**CAPÍTULO 12** | *Perdendo Mais Alguns Quilos* . . . . . . . . . . . . . . . . . . . . 142

| | | |
|---|---|---|
| CAPÍTULO 13 | *Imóveis* | 147 |
| CAPÍTULO 14 | *Vigiando os Musculosos* | 149 |
| CAPÍTULO 15 | *A Raposa e o Galinheiro* | 155 |
| CAPÍTULO 16 | *A Escada no Fundo do Poço* | 158 |
| CAPÍTULO 17 | *Educação: A Cura para Todos os Males?* | 164 |
| CAPÍTULO 18 | *Cheque em Branco, sem Fundos* | 174 |
| CAPÍTULO 19 | *O Cofre Enferrujado* | 178 |
| CAPÍTULO 20 | *Reforma Fiscal* | 185 |
| CAPÍTULO 21 | *Dispensando a Babá* | 201 |
| CAPÍTULO 22 | *A CLT é Inimiga do Trabalhador* | 213 |

**PARTE 3 | Conclusão** .................................................. 217

| | | |
|---|---|---|
| CAPÍTULO 1 | *A Direção da Estrada* | 219 |
| CAPÍTULO 2 | *Lucro é do Mal?* | 231 |
| CAPÍTULO 3 | *O Ranking* | 238 |

**Resumo das principais propostas** ........................... 247

ALEXANDRE OSTROWIECKI

# O MOEDOR DE POBRES

NADA ATRAPALHA TANTO A SUA
VIDA QUANTO O SISTEMA

# APRESENTAÇÃO

**APRESENTAÇÃO:**

# Roubaram os Produtos, mas não o Espírito

O telefone tocou às seis horas da manhã de um dia chuvoso em São Paulo. Na outra ponta da linha estava meu sócio, Renato Feder, co-CEO comigo na Multilaser. Na época, éramos uma pequena, mas promissora empresa fabricante de eletrônicos. Não tínhamos ideia de que, 12 anos depois, a empresa cresceria a ponto de se tornar uma das 200 maiores companhias do Brasil. Éramos apenas mais um negócio tentando fechar o ano no azul, em um dos ambientes empresariais mais lunáticos do planeta.

"Alô, passei a noite inteira em claro por causa disso. Não te liguei antes porque de nada adiantaria ter dois estressados sem dormir. Essa madrugada, às duas horas da manhã, uma quadrilha entrou na fábrica e levou tudo". Meu coração disparou, em choque. "Como assim?" Essa fábrica havia sido inaugurada algumas semanas antes, quando decidimos transferir as nossas operações de São Paulo para a cidade de Extrema, em Minas Gerais. Os ladrões ficaram sabendo antes dos clientes e, em tempo recorde, armaram um assalto devastador ao patrimônio que havíamos suado a camisa para construir.

O ataque ocorreu durante o turno da madrugada da fábrica. De acordo com relatos dos funcionários, eram cerca de 30 assaltantes, armados com submetralhadoras, que chegaram em três caminhões. Renderam o vigilante e os empregados e usaram os próprios funcionários da empresa como mão de obra para carregar os caminhões. Em cerca de 40 minutos, encheram os três veículos com o que havia de melhor no estoque. Sabiam exatamente o que tinha lá, onde estava e como pegar - um claro sinal de que as informações tinham vindo de dentro. No final, quase R$ 4 milhões em mercadorias do nosso estoque tinham ido embora. A sensação de vulnerabilidade, raiva e frustração quando se sofre um assalto é indescritível. Era um dinheiro que faria muita falta.

No dia seguinte, fizemos contato com a polícia. A suspeita era de que os assaltantes provavelmente teriam vindo de São Paulo. Os policiais, portanto, teriam que ir até lá investigar o paradeiro dos produtos e tentar recuperar alguma coisa. Infelizmente, fui informado que a polícia não tinha recursos para conduzir uma investigação fora da base. Não tinham dinheiro para os policiais comerem e se hospedarem em outra cidade. Nem gasolina tinha nas viaturas. Se nós quiséssemos seguir com a investigação, teríamos que cobrir as despesas com os nossos recursos. Concordamos, por um período, mas sem efeito. Quase nada foi encontrado. Amargamos o prejuízo dos produtos roubados e também os custos da investigação.

Essa história teve um final ainda mais insólito quando o posto fiscal da região foi informado sobre o assalto. Não demorou até que os agentes batessem à porta da fábrica para verificar se havíamos emitido devidamente as notas fiscais de saída das mercadorias roubadas e pago o imposto de circulação de mercadorias, o ICMS. "Como assim? Pagar imposto sobre roubo?" Indaguei, atônito. "Exatamente. O imposto é sobre circulação. Como a mercadoria circulou, então tem que pagar." Após muita conversa, conseguimos que o fiscal, generoso, nos permitisse fazer uma autodeclaração que nos livrou da multa - mas não do pagamento do valor principal dos impostos e dos juros.

Esse é apenas mais um capítulo desse hospício chamado Brasil. Muitas outras histórias do tipo antecederam ou sucederam o assalto de 2007. Ao escutar esse caso, um professor de história, nas redes sociais, sentenciou: "isso é uma fantasia, não aconteceu de verdade". Eu compreendo esse professor. A ideia de que você, como empreendedor, precise enfrentar quadrilhas de assaltantes armados com equipamento militar, depois tenha de pagar à polícia para fazer o trabalho dela e, no final, após o miserável fracasso do Estado em fazer sua função básica de manter a ordem, ainda seja obrigado a recolher impostos para esse mesmo Estado sobre o valor previamente roubado é algo, de fato, surreal. Em países sérios, qualquer pedaço dessa história seria impensável. O que dizer de todos os pedaços juntos?

Esse é o Brasil. E essa história, junto com diversos outros casos de horror, nos inspiraram a escrever, entre 2007 e 2009, o livro Carregando o Elefante. É o produto de dois jovens empreendedores, de vinte e tantos anos de idade, indignados com o verdadeiro inferno criado no país para quem quer gerar empregos e riqueza. É a constatação de que, quando alguém quer remar para frente, criar algo novo, gerar prosperidade para si e para sua família, beneficiando a sociedade como um todo, existe uma horda de sanguessugas amarrando bolas de chumbo nos seus pés e atrapalhando cada etapa do caminho. Fazem isso mesmo sabendo que, se as empresas afundarem, a população afunda junto. Esse caso descrito acima é um capítulo da história da Multilaser, que certamente mereceria um livro à parte. Mas esse livro aqui não se trata da Multilaser. Trata-se do Brasil e do coração do problema: a forma como entendemos e operamos o Estado. Consertar o Estado, colocando-o mais a serviço dos brasileiros e menos a serviço do próprio Estado, é a missão deste livro.

Carregando o Elefante sofreu algumas modificações ao longo do tempo. Reforcei alguns argumentos, acrescentei outros dados pontuais, mas nunca abri mão das ideias centrais. Evidentemente, a visão de um profissional com quatro décadas de vida é mais madura e moderada do que a de alguém com vinte e poucos anos. Caminhei um pouco mais para o centro, sem perder algumas das crenças que já me moviam antes. Mudei algumas propostas, adicionei contrapontos e alguns "poréns" que nós, enquanto jovens, atropelamos alegremente na versão original. Poucas soluções são bala de prata sem efeitos colaterais e, neste livro, tentei deixar isso ainda mais claro, apresentando os prós e contras de cada medida.

O material mereceu um novo título. Carregando o Elefante era o texto dos meninos empreendedores daquela pequena empresa. O elefante era o Estado e quem carregava éramos nós, na nossa visão. Tínhamos a ilusão de que eram os empreendedores que pagavam o preço. Estávamos errados. Sem dúvida, o empreendedor brasileiro fica muito mais estressado do que os seus pares que operam em nações sérias. Sofre mais de úlcera e depressão. Mas não é só ele que se ferra. Todos os impostos, todos os custos, toda a burocracia, os assaltos, os fiscais, os carimbos, os encargos, as ineficiências, tudo isso, de uma forma ou de outra, acaba indo para o preço dos produtos, que em muitos casos chegam a custar o dobro do mesmo item em países mais livres. Aos trancos e barrancos, ainda é possível obter lucro e, com esse dinheiro, pagar por serviços privados, como hospitais, escolas e segurança particular. Tudo aquilo que o Estado deveria te dar em troca dos impostos cobrados.

Quem se ferra mesmo no Brasil são os pobres, pessoas comuns, sem bandeira, sem cargo, sem escapatória. Eles pagam impostos estratosféricos a cada compra, convivem com a violência diária nas periferias, com as escolas sem professor, com as filas e a falta de atendimento digno no SUS. Sempre sustentando os políticos "bonzinhos", de diferentes cores e sabores, que fingem amor aos humildes. O pobre brasileiro é esmagado por um Estado que é um verdadeiro Moedor de Pobres. O título desta nova versão da obra veio naturalmente.

# [PARTE 1]
## O PROBLEMA

**CAPÍTULO 1**

# Uma Arrancada Silenciosa

As pessoas em geral não se dão conta, mas a vida não era nada fácil nos primórdios da humanidade. Pobreza, doenças, fome e guerra eram os "quatro cavaleiros do Apocalipse" que assombraram nossos antepassados por praticamente toda a história humana. Quem acompanha as manchetes do noticiário tem a impressão de que este cenário persiste até os dias de hoje — e sempre com uma tendência de piora. Não poderiam estar mais errados. Os dados concretos soterram de evidências qualquer impressão pessimista de que a sociedade estaria em declínio e fadada a enfrentar catástrofes horríveis. Claro que ainda há, inegavelmente, muita gente vivendo em condições abjetas de pobreza, nos quatro cantos do planeta. No entanto, o fato de as situações pontuais de violência ou pobreza extrema ganharem destaque na mídia são um atestado do quão reduzidas são essas ocorrências se olharmos o mundo de forma mais ampla.

Alguns dados compilados pela Universidade de Oxford comprovam essa realidade. De acordo com o levantamento *Our World In Data*[1], no ano de 1800, 90% da população mundial vivia na miséria. Desde então, a pobreza diminuiu radicalmente. Em 1980, o número de pessoas abaixo da linha da pobreza já havia sido reduzido a 35%. Em 2020, o percentual era de 9%. Esse avanço impactou positivamente a vida de todos os habitantes da Terra. Todos os países, sem exceção, apresentaram redução da fome nos últimos 20 anos.

---

[1] "The short history of global living conditions and why it matters that we know it" – 2020. Disponível em <https://ourworldindata.org/a-history-of-global-living-conditions-in-5-charts> - Acesso em abril de 2021.

Atualmente, a produção global de alimentos é suficiente para alimentar com folga os mais de 7,5 bilhões[2] de pessoas que habitam o nosso planeta. A logística eficiente é capaz de levar comida de um canto ao outro do mundo em poucas horas. Hoje, a obesidade é considerada um problema mais grave do que a fome em todo o mundo desenvolvido — como seria de se esperar—mas também pode ser observada em países emergentes, como a Índia e a África do Sul. Segundo a Organização Mundial da Saúde (OMS), um em cada oito adultos no mundo é obeso[3]. A desnutrição grave persiste somente em regiões impactadas por problemas políticos.

Com comida disponível e uma qualidade de vida melhor, a expectativa de vida também aumentou significativamente. Em 1900, uma pessoa vivia em média 33 anos. Em 1950, a expectativa de vida já era de 49 anos. Saltou para 63 em 2000. Hoje, a média mundial é de 71 anos, sendo que em países mais desenvolvidos a média já supera os 80 anos. No Brasil, em 2019, a média de vida chegou a 76,6 anos[4].

Os dados de mortalidade infantil, embora no Brasil ainda estejam longe do ideal, reforçam a tendência de melhoria da qualidade de vida[5]. Em 1800, o índice de mortalidade entre crianças de até cinco anos era de impressionantes 42%. Mesmo entre as famílias mais ricas, a morte de uma criança era algo considerado normal nessa época. Em 1900, a taxa de mortalidade caiu a 37% — um número ainda preocupante. Desde então, a queda foi abrupta. Em 1950, foi a 22%, em 2000 a 8% e atualmente está em 5%.

No entanto, de que adiantam crianças vivas sendo exploradas? Pois bem, os índices de trabalho infantil também vêm despencando nos últimos

---

[2] Mário Seixas, pesquisador e autor de estudo sobre produção de alimentos - 2019 - Disponível em <https://www.farmnews.com.br/historias/producao-de-alimentos-e-suficiente>. Acesso em março de 2021

[3] "Um em cada oito adultos no mundo é obeso". Disponível em <https://agenciabrasil.ebc.com.br/saude/noticia/2018-10/um-em-cada-oito-adultos-no-mundo-e-obeso-alerta-oms>. Acesso em abril de 2021

[4] "Em 2019, expectativa de vida era de 76,6 anos". Disponível em <https://agenciadenoticias.ibge.gov.br/agencia-sala-de-imprensa/2013-agencia-de-noticias/releases/29502-em-2019-expectativa-de-vida-era-de-76-6-anos>. Acesso em abril de 2021

[5] "Mortalidade infantil cai no Brasil, mas segue longe de padrão desenvolvido". 2019. Disponível em <https://valor.globo.com/brasil/noticia/2019/11/28/ibge-mortalidade-infantil-cai-no-brasil-mas-segue-longe-de-padrao-desenvolvido.ghtml>. Acesso em abril de 2021

20 anos[6]. Em 2000, o problema atingia 170 milhões de crianças em todo o mundo. Hoje, este número é de 68 milhões. Ainda estamos longe do cenário ideal, mas tirar mais de 100 milhões de crianças desta situação degradante em tão pouco tempo é algo que deve ser comemorado.

Mesmo os adultos de hoje trabalham menos do que seus ancestrais. Em 1870, a média era de 65 horas semanais. Em 1960, caiu para 50 horas. Atualmente, a média nos países mais ricos é de 39 horas — e com tendência de queda[7]. No Brasil, a CLT estabelece 40 horas semanais.

Mas o que aconteceu a partir do século XIX para que a vida das pessoas se transformasse de forma inédita na história? Na verdade foi um conjunto de fatores, mas todos eles envolvem diretamente a democracia, o livre mercado, os direitos individuais, a liberdade econômica, a criação de instituições fortes e o acesso à educação e à saúde. Hoje um cidadão comum, de classe média baixa, vive mais tempo, com mais saúde, melhor nutrição, menos trabalho e mais entretenimento do que qualquer nobre da antiguidade.

Mas se os dados comprovam essa prosperidade, por que só vemos notícias negativas na imprensa? Por um motivo tão antigo quanto a própria imprensa: notícia ruim é o que vende jornal — ou atualizando para os dias de hoje, é o que rende mais cliques, likes, comentários e compartilhamentos. Isso alimenta os influenciadores e contribui para a sensação de negativismo que vivemos hoje em dia. Um verdadeiro culto ao pessimismo, em que todos competem para ver quem faz as piores previsões. Um ambiente em que as evidências, algumas das quais já citadas acima, são descartadas e onde os otimistas, por mais embasados que estejam, são ironizados como ingênuos incorrigíveis.

Por trás dos inquestionáveis avanços humanos das últimas décadas, está um espectro de Estados que, sendo um pouco mais de centro-esquerda ou um pouco mais de centro-direita, podemos chamar de "Estados sérios". Esse tipo de nação, a totalidade dos países avançados do mundo atual, tem grande variabilidade de modelos. No entanto, eles aderiram a um pacote

---

[6] "Convenção da OIT sobre trabalho infantil conquista ratificação universal" – 2020. Disponível em <https://www.ilo.org/brasilia/noticias/WCMS_752499/lang--pt/index.htm>. Acesso em abril de 2021

[7] "Quantas horas as pessoas trabalham em cada país". 2020 - Disponível em <https://forbes.com.br/fotos/2015/11/quantas-horas-as-pessoas-trabalham-em-cada-pais/>. Acesso em abril de 2021

mínimo de avanços que nos permitiu sair de uma situação de extrema penúria (guerra, fome, doença e miséria) para um período inédito de desenvolvimento. Quanto mais um país se aproxima desse pacote, melhor será a vida dos seus cidadãos. Quanto mais se afasta, menos sério o Estado será e maior será o sofrimento imposto a quem lá vive.

CAPÍTULO 2

# Brasil: O Moedor de Pobres

O espectro de países sérios passa por um tango saudável entre centro-esquerda e centro-direita. As melhores democracias do mundo costumam ver suas forças políticas dançando em torno desse centro imaginário da pista. Existe muita margem para ajuste de políticas econômico-sociais, priorizando entre diferentes objetivos de cada sociedade. Deve-se cobrar mais impostos, achatando a curva de renda, reduzindo a desigualdade econômica e financiando uma maior oferta de serviços sociais? Ou deve-se ter uma participação mais relaxada do Estado, com oferta mais enxuta de bons serviços, com menor intervenção na vida econômica e dando mais liberdade a cada cidadão para produzir e gastar como desejar?

Ambos os impulsos atendem a diferentes temperamentos ideológicos e trazem resultados distintos. Aumente-se a carga tributária e o país terá mais recursos para gastos públicos. A partir de um certo ponto isso influencia na eficiência econômica, pode impactar na geração de empregos e abrir mais brechas para a corrupção. Por outro lado, quando as taxas de impostos são reduzidas e a economia se torna altamente dependente do setor privado, existe a possibilidade de aumento da concentração de renda, favorecendo a formação de oligopólios, bem como a sensação de alienação do trabalhador comum. Ambos os arranjos são sérios, desde que fiquem longe do extremismo. Cobrar mais imposto e entregar mais serviços ou entregar menos serviços cobrando menos impostos são duas direções possíveis para os países navegarem.

E então, eis que surge o Brasil. Ah, o Brasil. Somos aquele raro animal que congrega o pior dos dois mundos. Cobramos impostos estratosféricos e entregamos quase nada em troca. Somos aquele mau negócio em que você sai se sentindo enganado e explorado. Temos um sistema em que quem produz riqueza é demonizado e esmagado por uma carga tributária gigantesca, cobrada através de regras de impostos que só poderiam ter sido criadas em um hospício. Para complicar, temos um sistema perverso onde a máquina pública não existe para atender os cidadãos — mas sim aos interesses da própria máquina.

O Estado brasileiro é uma espécie de Robin Hood às avessas, um verdadeiro moedor de pobres. Mesmo após quase duas décadas sendo governado por políticos de centro-esquerda, que em teoria deveriam privilegiar as camadas menos favorecidas, o Estado na realidade atua para aumentar ainda mais a desigualdade no país. O Brasil é um caso raro onde o Estado tira dos pobres para dar aos ricos. Isso ocorre nas suas duas pontas de atuação: tanto na arrecadação quanto no gasto. Nós conseguimos a façanha de cobrar mais dos pobres e gastar mais com os ricos! Como isso é possível?

Primeiro, os impostos. Na maioria dos países sérios, o grosso da arrecadação é cobrado sobre a renda dos cidadãos. Quem ganha mais, paga mais. No nosso caso, a principal fonte de tributos do governo é o consumo. Sabemos que quanto mais pobre for uma família, mais ela comprometerá seu orçamento com consumo.

Compare, por exemplo, uma empregada doméstica que ganha R$ 2 mil por mês com um advogado que ganha R$ 200 mil. Ambos precisam comprar uma geladeira, um produto com cerca de R$ 700 de impostos escondidos no preço. O imposto será igual para os dois. Mas para quem pesará mais esses R$ 700? E mesmo dentro do consumo há injustiças, já que a tributação é muito mais alta em produtos (comida, remédio, eletrodomésticos) do que em serviços (restaurante, hotel, cursos). Sabemos que a cesta de consumo dos pobres é mais dependente de produtos do que de serviços. Ou seja, mais um exemplo de pobre comprometendo um percentual muito maior da renda em impostos do que rico. Outro aspecto é que muitas pessoas de classe alta podem viajar ao exterior e lá ter acesso a produtos com carga tributária mais baixa. Ricos compram, em Miami, caixas de som de última geração pela metade do preço pago pelo mesmo modelo por pobres no Brasil.

Somente a classe E, a parcela mais pobre da população brasileira, paga mais de R$ 90 bilhões em impostos sobre o consumo todos os anos[8]. Isso representa três vezes o orçamento do Bolsa Família. De R$ 33 bilhões em 2020[9]. Ou seja, para cada real que pinga nas mãos das pessoas mais humildes do país em forma de Bolsa Família, o governo já arrancou três reais dessas mesmas pessoas na forma de impostos escondidos nos produtos que elas precisam para sobreviver. É um silencioso e diário estupro dos mais frágeis, encoberto por uma cortina de hipocrisia no discurso público.

E para onde vai o todo esse dinheiro arrecadado com os impostos? Boa parte vai para o pagamento de juros da dívida pública, que na média histórica estão entre os mais altos do mundo. Quem recebe esse dinheiro? Por acaso pobre tem sobra de caixa para emprestar ao governo? Sabemos que não. Quem se beneficia são os rentistas e os investidores, como o advogado do exemplo acima. O gasto do governo brasileiro com juros já chegou a bater 9% do PIB durante o governo de Dilma Rousseff, mais do que todo o gasto com saúde e educação combinados[10]. É o dinheiro dos pobres sendo transferido diretamente para os mais ricos.

Outro fardo do Estado brasileiro é o funcionalismo público. Em 2019, Governo Federal, estados e municípios e seus Poderes Executivo, Legislativo e Judiciário gastaram nada menos do que R$ 920 bilhões com pessoal[11]. Para se ter uma ideia do que isso significa, o orçamento da Saúde no mesmo ano foi de R$ 127 bilhões, enquanto o investimento em educação foi de R$ 118 bilhões. Em 2020, o custo público para sustentar a folha de pagamentos do funcionalismo caiu apenas 0,1%, algo irrisório diante da importância de se diminuir o peso do Estado.

---

[8] "População mais pobre paga mais impostos sobre bens e serviços" – 2018. Disponível em <https://www.jornalcontabil.com.br/populacao-mais-pobre-paga-mais-impostos-sobre-bens-e-servicos>. Acesso em fevereiro de 2021.
[9] "Inclusão social por meio do Bolsa Família, do Cadastro Único e da Articulação de Políticas Sociais - 2020. Disponível em <http://www.portaltransparencia.gov.br/programas-e-acoes/programa-orcamentario/2019?ano=2019>. Acesso em abril de 2021.
[10] "Famílias gastam mais com juros do que com educação e plano de saúde" – 2018. Disponível em <http://g1.globo.com/jornal-nacional/noticia/2018/07/familias-gastam-mais-com-juros-do-que-com-educacao-e-plano-de-saude.html>. Acesso em fevereiro de 2021.
[11] "Conformidade financeira e orçamentária" – 2019. Disponível em <https://sites.tcu.gov.br/contas-do-governo/contigenciamento-de-pessoal-e-dcl.htm>. Acesso em fevereiro de 2021.

De acordo com um levantamento da FGV Social[12] com base nas declarações do Imposto de Renda da Pessoa Física de 2019, entre as dez atividades mais bem remuneradas no Brasil, sete estão no setor público. Membros do Poder Judiciário, como ministros, desembargadores, juízes e procuradores, além de diplomatas, todos com salários entre R$ 30,9 mil e R$ 53,5 mil, só ganham menos do que donos de cartórios - outra jabuticaba brasileira.

Essa elite do funcionalismo, que já ganha em média 80% acima dos seus colegas da iniciativa privada, ainda conta com estabilidade e aposentadoria integral. Isso mesmo. Enquanto os mortais ganham no máximo o teto do INSS, hoje em R$ 6.100, os funcionários públicos têm um teto de R$ 28 mil, sem contar os penduricalhos. Não é raro o pagamento de aposentadorias próximas dos R$ 100 mil. Somente as pensões públicas geram um prejuízo estimado em R$ 30 bilhões por ano. Tudo isso financiado, como vimos, por impostos pagos pelos mais pobres.

Mas a aberração não para por aí. O governo brasileiro ainda paga pensões a mais de 52 mil filhas solteiras — ao menos oficialmente — de ex-servidores. São mais de R$ 30 milhões por ano apenas para filhas de ex-parlamentares[13]. Isso sem contar as pensões pagas às filhas de militares, de desembargadores... Essa lei felizmente já foi extinta, mas devido às interpretações extremas do conceito de "direito adquirido", seguirão sendo pagas por algumas décadas, ainda.

Você sabe onde trabalham — ou trabalharam — a maioria dos ricos no Brasil? Seriam eles empresários? Executivos? "Capitalistas selvagens"? Não! Nada menos do que 67,8% dos servidores públicos federais, segundo o Instituto Brasileiro de Geografia e Estatísticas (IBGE), estavam entre os 10% mais ricos da população em 2017 (último dado disponibilizado até final de 2020). Essa Classe A brasileira, além dos servidores do governo na ativa, é composta por aposentados e pensionistas. E que fique claro: essa não é uma crítica ao funcionalismo em geral, mas sim às regras escandalosas para a remuneração de uma elite.

---

[12] "A renda dos ricos" – 2020. Disponível em <https://cps.fgv.br/destaques/renda-dos-ricos-fgv-social-debate-desigualdade-partir-do-imposto-de-renda>. Acesso em janeiro de 2021.

[13] "Governo paga pensão a 52 mil filhas solteiras de ex-servidores do Executivo" – 2020. Disponível em <https://politica.estadao.com.br/noticias/geral,governo-paga-pensao-a-52-mil-filhas-solteiras-de-ex-servidores-do-executivo>. Acesso em janeiro de 2021.

Esses exemplos acima são apenas uma fração de todas as distorções e benefícios obtidos por grupos de interesse existentes no Brasil. Em resumo, nosso Estado usa o dinheiro dos pobres para alimentar um castelo de privilégios e boquinhas, das quais grupinhos organizados, geralmente de pessoas bem de vida, se aproveitam para extrair alguma renda ou benefício próprio.

Enquanto isso, alunos das nossas escolas públicas estudam em instalações precárias, com material insuficiente, enfrentando altos índices de faltas de professores e tirando notas de matemática, ciências e leitura que estão entre as piores do mundo[14]. Hospitais e clínicas apodrecem sem dinheiro e com pessoal insuficiente, enquanto filas de doentes esperam do lado de fora, alguns morrendo e outros voltando para casa sem atendimento. Aposentados da iniciativa privada recebem uma pensão que não cobre os custos básicos de alimentação, enquanto alguns juízes aposentados recebem o triplo do salário do Presidente da República para ficarem em casa.

Nas ruas, a população sobrevive, apavorada 24 horas por dia porque os bandidos contam com a impunidade que reina no país e com a falta de recursos para a polícia. A quantidade de assassinatos anuais deixa pálidos os números da maioria das guerras mundo afora. Isso sem contar as estradas em frangalhos, que matam mais de 40 mil pessoas por ano[15], a Justiça que leva uma década para julgar uma disputa comercial... Enfim, serviços públicos que não fazem jus a esse nome.

Na outra ponta dessa equação está um dos leões tributários mais vorazes do planeta: um governo que devora boa parte da riqueza do país e que torna cada brasileiro produtivo escravo do sistema, na maioria das vezes inconscientemente. Esses recursos todos são cobrados por meio de dezenas de tipos de impostos, taxas e contribuições. As regras mudam tão rápido e a cobrança é tão complicada que ninguém sabe realmente se está agindo de acordo com a lei ou não. O que quer que a pessoa faça, ela sempre infringirá

---

[14] "Pisa 2018: estudantes brasileiros continuam entre os piores do mundo" – 2019. Disponível em <https://www.gazetadopovo.com.br/educacao/estudantes-brasileiros-continuam--entre-os-piores-no-pisa-2018/>. Acesso em março de 2021.
[15] "A cada 1 hora, 5 pessoas morrem em acidentes de trânsito no Brasil, diz Conselho Federal de Medicina" – 2019. Disponível em <https://g1.globo.com/carros/noticia/2019/05/23/a-cada-1-hora-5-pessoas-morrem-em-acidentes-de-transito-no-brasil-diz-conselho-federal-de-medicina.ghtml>. Acesso em abril de 2021.

alguma minúcia da extensa e contraditória legislação, abrindo espaço para os vendedores de facilidades.

Uma montanha de dinheiro é saqueada todos os anos das empresas e dos trabalhadores e, após trafegar pelas esquinas da corrupção, dos privilégios e do desperdício, transforma-se em... absolutamente nada. Os desvios são tão grandes que, apesar de o Estado se apropriar de tanta riqueza e não entregar quase nada em troca, a dívida continua crescendo — ou seja, o problema só tende a se acentuar.

Impactadas por impostos pesados, juros estratosféricos e regras que mudam do dia para a noite, as empresas brasileiras não têm outra alternativa a não ser repassar esses custos, o que torna os produtos e serviços muito mais caros. Comparativamente, uma pessoa comum que trabalha com carteira assinada, entrega mais de um terço do seu salário diretamente ao governo sob a forma de impostos diretos. Outro terço vai embora em forma de impostos sobre os produtos que ele compra, seja arroz e feijão ou uma televisão. O restante ele gasta com serviços privados - os mesmos que o governo deveria entregar gratuitamente a ele em troca dos dois terços do seu dinheiro que foram previamente saqueados. É esse o Brasil dos seus sonhos?

> Nas últimas décadas, o Estado brasileiro se tornou obeso, lento, burocrático e oneroso. O Estado existe para dar segurança ao cidadão, não para ser um peso[16].

---

[16] Frase de Salim Mattar, fundador da Localiza e ex-secretário de desestatização e desinvestimento do governo Bolsonaro. Cf. <https://www.istoedinheiro.com.br/salim-mattar-vai-vender-r-1-trilhao/> Acesso em 14/Junho/2021.

CAPÍTULO 3

# Saindo da Esteira

Assim como numa esteira de corrida, na qual se gasta tempo e energia sem sair do lugar, escapar desse círculo vicioso não é fácil. Mas também não é impossível. Caso o Brasil queira realmente sair da armadilha em que se meteu, precisa mudar profundamente. Mas se conseguirmos fazer o que é preciso, as vantagens serão enormes. Imagine o potencial de um país com um clima igual ao nosso, que possibilita o cultivo de alimentos ao longo dos doze meses do ano e a colheita de até três safras neste período — enquanto no Hemisfério Norte o inverno rigoroso permite apenas uma safra anual. Uma vantagem competitiva e tanto, mas que é praticamente perdida devido à infraestrutura precária existente no Brasil.

Um lugar com belezas naturais incontestáveis e infindável potencial turístico. Um país em que o povo é jovem, alegre e criativo, com uma cultura aberta e calorosa. Um lugar cuja última guerra ocorreu um século e meio atrás e isento dos conflitos étnico-religiosos que assolam outras regiões do planeta. Aqui, as grandes catástrofes naturais são conhecidas apenas pelas fotos de jornais. Ainda temos amplas reservas de minério, petróleo e gás natural. Temos um potencial imenso para a geração de energia hidrelétrica, eólica e solar, sem igual no mundo. Temos um setor de ponta em biotecnologia, ciências genéticas e um conjunto de empresas de classe mundial.

As condições são as mais favoráveis. Uma mudança profunda, na direção certa, pode levar o Brasil a um verdadeiro círculo virtuoso. Estamos falando de crescimento econômico rápido e sustentável. De uma sociedade com excelentes indicadores sociais. De uma educação de ponta que nos permita prosperar na economia do futuro. De um meio ambiente preservado e convivendo de forma harmônica com as prioridades produtivas. De um Brasil onde as regras do jogo estão claras e as oportunidades são imensas para qualquer um atingir o máximo que a sua própria capacidade permitir. De um país onde investir no social não está em conflito com investir na economia — onde, na realidade, são duas coisas complementares que se apoiam. Esse país pode ser daqui a vinte anos o melhor lugar do planeta para se viver. Será querer demais? E para chegar lá, praticamente todos os obstáculos encontram-se em alguma parte do governo ou, mais precisamente, passam pela concepção que nós cidadãos temos do que deve ser o governo.

Se tivermos que apontar o dedo para uma única fonte causadora da maior parte dos nossos problemas, esse dedo estará firmemente apontado para o Estado brasileiro. Não estamos aqui falando do governo do partido A ou B, mas sim do Estado como um todo, da forma como ele é organizado (ou desorganizado), das regras que favorecem a corrupção, a criação de privilégios especiais para grupinhos de pressão e da enorme, absurda e inacreditável incompetência com que nosso Estado faz praticamente todas as coisas.

Não estamos também dizendo que nada funciona. Há ilhas de excelência. Há honrosas exceções. E elas devem ser valorizadas, porém só comprovam a regra. Enquanto nós, brasileiros, não reformarmos nosso Estado primeiro em nossas mentes, nos nossos desejos, e depois na prática, não sairemos jamais do lugar.

CAPÍTULO 4

# O Público na Privada

A inoperância das instituições públicas existe basicamente por quatro motivos — todos eles inadmissíveis na iniciativa privada: pouca competição, garantia de perpetuação, pouco foco nos resultados e baixo nível de controle dos processos. Essa incapacidade de realizar processos simples, de fazer com que projetos saiam papel e de entregar os produtos e serviços necessários são evidentes, e objeto de lamentos tanto dos próprios agentes públicos que se encontram dentro da máquina, quanto dos infelizes cidadãos nos momentos em que precisam do Estado. Abaixo, listamos alguns exemplos práticos de como isso acontece:

## COMPETIÇÃO

A competição é o principal fator de evolução das empresas. Em uma sociedade livre, as companhias lutam entre si para conquistar e manter seus clientes. Isso acontece por meio de investimentos em melhor qualidade dos serviços, das pessoas e dos processos, o que leva à redução de custos e possibilita às empresas oferecerem produtos com preços menores, tornando-as mais competitivas.

Nessa corrida, o maior beneficiado é o consumidor, já que a economia se agita gerando resultados efetivos, como laboratórios criando mais remédios ou empresas de construção civil erguendo novos edifícios de forma cada vez mais eficiente e barata. Sempre com o objetivo de ganhar mais mercado e evitar ser engolida pelos concorrentes. E quem ganha com isso? A sociedade, que recebe os frutos de toda essa evolução. Para se atingir esse círculo virtuoso, só é necessário que existam regras claras e liberdade para competir.

No caso das atividades públicas, muitas vezes existe um monopólio controlando o setor, ou seja, não há competição. Sejam bons ou ruins, a população é obrigada a usar os serviços públicos por falta de alternativas melhores. Se você precisa, por exemplo, tirar um passaporte, é obrigado a usar uma repartição pública, que pode te atender em cinco minutos ou em cinco horas. Não é possível escolher outra opção, como uma empresa privada, para se obter esse documento.

Este autor passou por situação assim recentemente. Para renovar uma simples carteira de motorista (CNH), teve que dirigir mais de uma hora até o "Poupatempo" que foi disponibilizado. Chegando lá, após longa fila, foi informado de que estavam "sem sistema" o dia todo e que as pessoas deveriam ir embora. Senhoras de idade que precisavam liberar aposentadoria deram meia volta, lado a lado com mulheres com criança de colo, voltando para os ônibus sem poder matricular as crianças na escola. Reagendado para duas semanas depois, em outro Poupatempo uma hora e meia de distância em outra direção, havia nova fila, novamente estava "sem sistema". Dessa vez, porém, por um lampejo de sorte, o sistema voltou a tempo de fazer o cadastro. Na próxima etapa, ir para outro bairro fazer a inscrição no curso de reciclagem. Em seguida, voltar para fazer a prova, depois ir a outro local para fazer o exame médico e, por fim, retornar ao Poupatempo para retirar o documento. Um processo que poderia ser feito totalmente de forma digital. Para que torturar o cidadão com tamanha burocracia?

Uma empresa privada certamente perderia clientes se os fizessem passar por isso. Como consequência, caminharia a passos largos rumo à falência conforme seus clientes (os cidadãos) buscassem outras opções e passassem a utilizar os serviços de companhias mais ágeis. Certamente cada leitor aqui tem suas próprias histórias de terror para contar, sobre diferentes contatos com o poder público.

## GARANTIA DE SOBREVIVÊNCIA

Empresas públicas não vão à falência. Mesmo que os serviços sejam péssimos e que sofram prejuízos atrás de prejuízos, as estatais sempre poderão contar com o socorro do Estado para tapar os seus rombos e se manter em operação. No último ranking dos maiores prejuízos empresariais da revista Exame, sete dos dez maiores buracos financeiros vieram de empresas estatais. A Ceitec, estatal dos chips semicondutores, felizmente extinta pelo governo do presidente Jair Bolsonaro, é um exemplo gritante. Com faturamento de apenas R$ 7 milhões (menos do que muitas lojas de varejo), ela precisa do aporte de dezenas de milhões de reais anualmente para continuar operando.

Como vimos anteriormente, o Estado é majoritariamente financiado por impostos arrancados dos mais pobres. Portanto, trata-se de uma gritante inversão de valores, em que pessoas humildes são forçadas a financiar verdadeiros cabides de empregos e privilégios das estatais. Esse cenário não favorece a melhoria dos serviços nem liga o alerta para a necessidade de mudança. A sensação de imortalidade apenas reforça a baixa qualidade e a ineficiência dos órgãos públicos.

Esse sentimento estende-se aos funcionários públicos, uma vez que a Constituição os protege contra a demissão. Apesar de existir no Brasil um fundamento constitucional para avaliação periódica e possível exoneração do cargo (art. 41, § 1o, III), tal provisão segue sem regulamentação — e na prática não é aplicada. Enquanto nos Estados Unidos ou na Inglaterra, por exemplo, os servidores públicos podem ser demitidos a qualquer momento caso apresentem baixo desempenho, no Brasil eles não correm esse risco. Nos últimos cinco anos, houve uma média de menos de 300 demissões por ano em todo o serviço público federal, uma quantidade insignificante dado o tamanho do funcionalismo. Detalhe: nenhuma das quase 8 mil demissões no serviço público federal entre 2003 e 2019 ocorreu por mau desempenho — algo impensável e inadmissível em qualquer empresa privada que se preze[17].

## POUCO FOCO NOS RESULTADOS

Em qualquer instituição existem bons e maus profissionais. Nas empresas privadas, com grande frequência, pessoas mais capazes, dedicadas

---

[17] "Nenhum dos 7.766 servidores expulsos desde 2003 saiu por mau desempenho" – 2020. Disponível em <https://www1.folha.uol.com.br/mercado/2020/01/nenhum-dos-7766-servidores-expulsos-desde-2003-saiu-por-mau-desempenho.shtml>. Acesso em abril de 2021.

e competentes tendem a permanecer e receber promoções como reconhecimento pelo seu empenho. Por outro lado, profissionais que se comportam mal, atrapalham o bom andamento do trabalho, são preguiçosos ou incompetentes, têm maiores chances de serem demitidos.

Com base nessa discrepância funcional, tão antiga quanto o próprio trabalho, surgiu nos últimos tempos o conceito da meritocracia. E antes de seguirmos na discussão, vale um adendo: apesar de amplamente utilizada e debatida, a palavra meritocracia em si não faz nenhum sentido. A palavra "cracia" vem do grego "poder" ou "força". Daí surgiram palavras como a aristocracia, que seria o poder dos nobres, a teocracia, onde Deus está no poder — evidentemente através dos seus representantes terrenos —, e a democracia, que seria o poder definido pela vontade do povo.

Quando falamos em meritocracia, na realidade, nos referimos a um fenômeno natural e sem relação com o poder. Trata-se de algo muito mais ligado às liberdades individuais, uma força que permite ao indivíduo prosperar através do próprio esforço, seja através do estudo, do trabalho duro ou do empreendedorismo. A tal meritocracia, no sentido correto da expressão, seria algo como governar pelo mérito, o que simplesmente não existe em lugar nenhum do mundo — muito menos no Brasil. O que seria "governar por mérito?". Se aplicaria uma prova e, quem tirasse a maior nota se tornaria Presidente da República? Haveria uma corrida de 100 metros e quem chegar primeiro é escolhido Governador? De forma alguma.

O que se entende por meritocracia não tem nada de "cracia". Na realidade, é o puro e natural efeito da liberdade aplicada à vida cotidiana: pessoas mais competentes, esforçadas e resilientes sendo naturalmente escolhidas para promoções. Empresas com melhores serviços sendo escolhidas por seus clientes. Médicos mais estudiosos e competentes sendo escolhidos por seus pacientes.

Isso não implica dizer que a largada da corrida é igual para todos. Uma parte do sucesso vem das condições que cada um recebeu na partida. Um homem branco, nascido em família rica e estruturada, com pai e mãe em casa, recebendo bons valores e o melhor da educação particular tem muito mais oportunidades de sucesso profissional do que uma mulher negra da periferia, cujo pai está preso, cuja mãe é usuária de drogas e que depende da boa vontade dos vizinhos para ter o que comer. Isso é inegável e cabe ao poder público fazer o que estiver ao seu alcance para reduzir as discrepâncias da largada o máximo possível. No entanto, essas discrepâncias não contam toda a história. Mesmo entre pessoas com origem muito humilde, na largada da corrida há diferenças de atitude, de capacidade e de resultados.

Nas instituições públicas brasileiras existe uma infinidade de regras rígidas que definem as promoções, baseando-se quase sempre em fatores sem qualquer relação com a produtividade, como o tempo de serviço ou a realização de cursos. Pouco valor se dá à competência e à dedicação, uma vez que esses são fatores subjetivos e que, portanto, não podem ser levados em conta dentro das regras de impessoalidade dos órgãos públicos.

Além disso, não há um dono — em muitos casos, o presidente da estatal está lá não porque galgou ao cargo, mas porque foi nomeado ou é próximo ao político que está no poder. O mesmo ocorre com os cargos de confiança à sua volta. Ele próprio nomeia amigos, pessoas para as quais deve favores ou das quais já projeta receber vantagens no futuro.

De acordo com o Portal da Transparência, o Governo Federal possui atualmente quase 91 mil "cargos de confiança", ou seja, posições de trabalho preenchidas por mera indicação política. Segundo o Ministério da Economia, o gasto total com esse pessoal é de R$ 1,4 bilhão ao ano. Na Inglaterra, por exemplo, existem apenas 100 cargos de confiança.

Existem vantagens e desvantagens dos cargos nomeados, que precisam ser colocadas na balança. Por um lado, as nomeações políticas podem gerar verdadeiros cabides de emprego baseados em lealdade e retribuição de apoio político. Fenômenos como as "rachadinhas", que ficaram tão famosas no Brasil com o carimbo da família Bolsonaro, são consequência direta da explosão de cargos nomeados. Por outro lado, em entrevistas com gestores públicos sérios, muitos deles queixam-se de que seus departamentos só andam graças aos poucos servidores nomeados, que podem ser pressionados a trabalhar e podem ser trocados por profissionais melhores caso necessário.

"Minha Secretaria só andava na base dos nomeados. Esses eu podia dar direção, juntar o time e fazer acontecer. Se dependesse dos concursados, com estabilidade, nada acontecia. Minhas ordens entravam por um ouvido e saiam por outro. Eles sabiam que não poderiam ser demitidos e praticamente ninguém estava afim de trabalhar", afirma um importante ex-secretário estadual. Esse tipo de depoimento é comum em todo o país.

Num ambiente onde o corporativismo vale mais do que o mérito, em que o parentesco vale mais do que a competência e onde as regras rígidas de promoção valem mais do que a capacidade, qual o estímulo existente para todos os outros funcionários? Por que prestar um serviço de qualidade. se isso não fará muita diferença em seus salários e seus cargos no futuro? Ou, pior ainda, para que destacar-se se isso poderá criar um mal-estar com colegas medíocres? Qualquer cidadão pode atestar esse problema nas diferentes interações com o setor público. Com raras e honrosas exceções, a experiência é muito pior do que no trato com empresas privadas.

## DIFICULDADE DE CONTROLAR

Além dos três fatores citados acima, há ainda outro agravante: a dificuldade em criar controles eficientes e inteligentes para as instituições públicas. Já dizia o velho ditado: "o olho do dono engorda o boi". Essa frase nos sugere, com boa dose de razão, que quanto mais próximos estiverem os donos em relação ao negócio, melhor ele funcionará e menor será a chance de desvios. No caso do setor privado, as mãos dos acionistas estão mais próximas das rédeas, pois ou eles estão diretamente gerindo a empresa, como é o caso da esmagadora maioria dos negócios, ou eles atuam via Conselhos de Administração, nomeando os principais executivos e acompanhando os trabalhos com empresas de auditoria de classe mundial. Fraudes podem ocorrer, claro, porém são muito mais raras do que no setor público. E, acima de tudo, quando ocorrem, quem banca o prejuízo é o acionista da empresa. Você, como cidadão brasileiro, não é forçado a cobrir o roubo que ocorre em empresas privadas.

No caso do setor público é o oposto. Os verdadeiros donos, que em tese somos nós cidadãos, estamos muito distantes da operação da instituição e acompanhamos a gestão através de inúmeras camadas intermediárias de políticos e administradores públicos. As oportunidades de desvios são imensas. Empresas estatais são loteadas por partidos políticos e repassadas a aliados como pedaços de um boi prestes a ser devorado. Cargos são aparelhados, privilégios são distribuídos e os departamentos de compras são ocupados por funcionários que podem operar como engrenagens precisas dos esquemas de corrupção. Nos últimos 20 anos, o Brasil protagonizou alguns dos maiores casos de roubalheira da história. Esses esquemas só são possíveis graças às relações incestuosas entre funcionários públicos bem-posicionados e empresários desonestos que se unem para saquear os recursos das pessoas comuns e encher os cofres de partidos políticos.

> Não tem cabimento o servidor público pleitear reajuste enquanto o pagador de impostos está morrendo. Medidas populistas deixarão herança diabólica[18].

---
[18] Philipp Schiemer, ex-presidente da Mercedes-Benz do Brasil e América Latina. Cf. <https://valor.globo.com/impresso/noticia/2020/05/15/populismo-vai-deixar-heranca-diabolica.ghtml>. Acesso em 23/Junho/2021

CAPÍTULO 5
# A Corrupção e o Apagão da Caneta

Uma das características mais paradoxais da corrupção aparece justamente nos casos de servidores que querem seguir rigorosamente as regras. O estigma de roubalheira e desconfiança já está tão impregnado entre cidadãos e funcionários públicos que, muitas vezes, danos terríveis são causados pelo inverso do ato corrupto: o "apagão da caneta". Casos reais de roubo, amplificados pelas lupas da mídia, geram uma sensação de assalto permanente aos cofres públicos. Funcionários estatais, neste caso, muitas vezes ficam com receio de fazer todo ou qualquer ato que possa vir a ser percebido como favorecimento, como algo que levante suspeitas ou que possa ser questionado pelas infindáveis regras e escrutínio dos órgãos de controle. "Será que isso será questionado pelo Ministério Público ou pelo Tribunal de Contas?" "Será que a mídia poderá pegar essa compra ou essa obra e apresentá-la sob uma ótica ruim?" Esse é o receio de muitos servidores.

Na dúvida, em grande parte dos casos, o funcionário público em questão prefere simplesmente não fazer nada. Não se move, não executa, não assina nada. A caneta simplesmente se apaga. É muito mais difícil enquadrar alguém por não fazer do que por fazer. O mais seguro e cômodo é o poder público ficar inerte. Em um país em que o "suspeito", o "acusado" ou o "investigado" é sumariamente condenado pela opinião pública depois de ter o nome estampado nas capas de revistas e manchetes de jornais, não tomar nenhuma decisão soa como uma postura correta e prudente. Não por ele ser vagabundo, mas porque tem medo.

Isso explica, em parte, o velho jogo de empurra que caracteriza o burocrático serviço público brasileiro, em qualquer instância, departamento ou setor. O apagão da caneta faz vítimas todos os dias no Brasil. E isso corrobora a tese de que a corrupção tem seus efeitos indiretos e, muitas vezes invisíveis, muito além dos estimados R$ 200 bilhões[19] por ano que são drenados do país pelo ralo da falcatrua generalizada.

Durante a pandemia do Covid-19 esse retrato ficou evidente para toda a sociedade. Mesmo com o fim da exigência de licitação para compra de máscaras, com o objetivo de agilizar a compra de materiais, houve dificuldade para aquisição desses insumos básicos para o combate à proliferação do vírus. Motivo simples: ninguém queria estar na linha de frente de um contrato que poderia se tornar fonte de escândalo depois.

Diante disso, qual seria a solução? Mais do que seguir com a ideia de bem contra o mal, do bandido e o mocinho ou partido honesto versus as organizações criminosas de paletó e gravata, a saída mais simples seria reduzir os espaços para o exercício da corrupção. Menos cargos públicos, menos estatais, menos emendas parlamentares. Se o governo não tem as estatais, o ecossistema para a proliferação da corrupção diminui consideravelmente. Se os servidores têm menos "canetas", há menos espaço para roubos — ou para o apagão.

Se há desvios no Banco do Brasil, por exemplo, há um dano para toda a sociedade brasileira, já que se trata de dinheiro público e que, em última instância, é coberto com reservas do Tesouro. Se o mesmo acontece com um banco privado, o desvio de conduta é um problema dos acionistas, executivos e investidores do banco. Como dizia o pensador Sheldon Rickman: "O empresário não pode comprar favores de um burocrata que não tem favores para vender".

---

[19] "Brasil perde cerca de R$ 200 bilhões por ano com corrupção, diz MPF" – 2017. Disponível em <https://istoe.com.br/brasil-perde-cerca-de-r-200-bilhoes-por-ano-com-corrupcao-diz-mpf/>. Acesso em abril de 2021.

CAPÍTULO 6

# Pagando a Conta

Como vimos, a baixa competitividade do setor público, a despreocupação com a sobrevivência, o desestímulo à cultura da premiação com base em mérito e desempenho individual e a corrupção que imperam no setor público fazem com que o nível dos serviços oferecidos pelo Estado seja inaceitável. O problema não seria tão grande se os brasileiros tivessem, hipoteticamente, custo zero com o governo.

Se um marciano descesse à terra todos os meses e pagasse as contas do governo brasileiro, a situação não seria tão ruim, uma vez que, nesse caso fantasioso, o governo nada entregaria, porém nada custaria também. Se este fosse o caso e a economia não estivesse sendo prejudicada, o problema seria muito menor. As pessoas iriam simplesmente ignorar o poder público, pagar seus hospitais, escolas, transportes e seguranças particulares, utilizando, para isso, a totalidade da riqueza que cada um conseguisse produzir. No entanto, sabemos que essa máquina é financiada por meio dos nossos impostos.

O Estado absorveu, nos últimos 15 anos, nada menos do que 66,8% da riqueza produzida pelo país. Um estudo recente apresentado por Renato Fragelli, professor da Fundação Getúlio Vargas (FGV), estima que o setor público brasileiro ficou com dois terços de todo o aumento de produção de 1991 até 2019, enquanto o setor privado ficou com apenas 32%. O mesmo estudo demonstrou que o Produto Interno Bruto (PIB) brasileiro avançou 64,8% neste período, enquanto a carga tributária cresceu 118%. Com isso, a mordida total que o governo dá na riqueza produzida pelos brasileiros ampliou-se de 24,4% para 37,5%, uma das maiores do mundo e a maior entre os países emergentes.

Os dados comprovam a capacidade do Estado em absorver os recursos da sociedade. É dinheiro arrancado de quem produz, que faz muita falta na hora de investir, gerar empregos, produzir mais e competir internacionalmente. A alta carga tributária imobiliza o país. São como gigantescas bolas de ferro, amarradas aos pés da economia brasileira. Não é à toa que nos últimos 40 anos figuramos entre as nações com pior crescimento do mundo. Nada indica que isso irá mudar num futuro próximo se mantivermos esse modelo de Estado.

Além da cobrança de tributos, a sensação que se tem ao observar o sistema legal brasileiro é de que todas as regras estão voltadas para atrapalhar aqueles que geram riqueza, saquear os mais pobres e favorecer aqueles que vivem da apropriação da riqueza alheia. Mais adiante veremos como o sistema previdenciário, a legislação penal, a legislação trabalhista e praticamente todas as demais manifestações do Estado têm punido sistematicamente os que produzem e protegido os grupos organizados que se beneficiam de brechas na lei.

De acordo com o ranking global de competitividade publicado anualmente pelo International Institute for Management Development (IMD) em parceria com a Fundação Dom Cabral (FDC), o Brasil é um dos países mais hostis ao empreendedorismo digital[20]. Apesar do avanço de quatro posições em 2020, o país ainda figura na vergonhosa 56ª colocação entre as 63 nações analisadas, à frente somente de países afundados em crises, como a Argentina e Venezuela. Mesmo subindo no ranking geral, o Brasil perdeu nove posições no critério de atração de investimentos entre 2019 e 2020, caindo do 19º para o 28º lugar.

A consequência desse sistema suicida é uma economia fraca, altas taxas de desemprego, pobreza e desperdício das oportunidades existentes para o país. Resolver esse problema é o maior desafio do Brasil. A ineficiência do estado estrangula a competitividade. Quando se compara o Brasil a qualquer grande economia desenvolvida do mundo, o país passa vergonha em termos de eficiência e competitividade. Há décadas o país permanece entre as nações menos competitivas do mundo. Estamos fechando a década

---

[20] "Análise do Ranking Mundial de Competitividade" – 2020. Disponível em <https://www.fdc.org.br/conhecimento/publicacoes/relatorio-de-pesquisa-35111>. Acesso em abril de 2021.

de 2010 a 2020 como antepenúltimo do mundo em termos de crescimento, ganhando apenas da Argentina e da Venezuela[21].

Singapura lidera o ranking do IMD, seguida por Dinamarca e Suíça. Hong Kong também é destaque entre os países mais competitivos. Os Estados Unidos, que até pouco tempo atrás estavam entre os três melhores no ranking, caíram sete posições e agora ocupam a 10ª posição. A competitividade, no entanto, não é uma exclusividade dos países ricos. A Estônia, por exemplo, galgou sete posições e hoje ocupa a 28ª colocação. Já a Grécia, que passou recentemente por uma das maiores crises econômicas de sua história, também subiu nove posições e atualmente figura na 49ª colocação.

"O desenvolvimento econômico efetivo depende das reformas e reestruturações nos ambientes político e socioeconômico para construção de condições estáveis e favoráveis à competitividade", afirma Carlos Arruda, professor da Fundação Dom Cabral e um dos coordenadores do Núcleo de Inovação e Empreendedorismo da instituição. Os números compilados no estudo mostram que, nos últimos 10 anos, observou-se uma queda significativa da posição do Brasil no fator desempenho econômico. Entre 2011 e 2012, o país teve uma piora significativa e entre 2013 e 2019 seguiu decaindo[22].

Desde então, há um movimento oscilatório, mas sem alterações significativas. O avanço de uma posição de 2019 para 2020 se deu pelo aumento de dois dentre os cinco subfatores avaliados: a economia doméstica subiu da 49ª para a 44ª posição e os preços subiram da 42ª para a 38ª posição[23]. De acordo com o estudo, a perda de posições nas áreas de comércio e investimento internacionais chama atenção. O Brasil caiu da 51ª para a 59ª posição em comércio e da 19ª para a 28ª colocação em investimento internacional[24].

---

[21] "Brasil perde posições no ranking mundial de competitividade" – 2017. Disponível em <https://www.mundocoop.com.br/destaque/brasil-perde-posicoes-no-ranking-mundial-de-competitividade.html>. Acesso em março de 2021.

[22] "Brasil só ganha de Mongólia e Venezuela em competitividade" – 2017. Disponível em <https://exame.com/economia/brasil-so-ganha-de-mongolia-e-venezuela-em-competitividade/>. Acesso em dezembro de 2020.

[23] Anuário de competitividade mundial" – 2020. Disponível em <https://www.fdc.org.br/conhecimento-site/nucleos-de-pesquisa-site/Materiais/Relat%C3%B3rio_Analise_Competitividade_2018_FDC_IMD.pdf>. Acesso em março de 2021.

[24] "Comércio exterior se recupera, mas Brasil cai em ranking da OMC" – 2018. Disponível em <https://economia.estadao.com.br/noticias/geral,comercio-exterior-se-recupera-mas-brasil-cai-em-ranking-da-omc,70002265252>. Acesso em março de 2021.

Na última década, o Brasil também tem enfrentado uma queda persistente no quesito eficiência do governo. Em 2020, pela primeira vez o país registrou avanço, retornando à posição que ocupava em 2016 (61ª). No entanto, esse avanço é irrisório e mesmo que retornasse à posição de dez anos atrás (55ª), o país ainda estaria muito distante do ideal, permanecendo entre os países menos competitivos do mundo nesse quesito[25]. "O resultado comprova que o spread da taxa de juros, as barreiras tarifárias, o coeficiente de Gini, a desigualdade de oportunidades, a instabilidade do câmbio, entre outros, são obstáculos para avanço do país", afirma Carlos Arruda, da Fundação Dom Cabral.

Em termos de competitividade, Singapura é um exemplo global. A liderança no ranking de 2020 se explica pelo impressionante desempenho econômico fundamentado no comércio e investimento internacional, medidas de emprego e mercado de trabalho, finanças públicas e legislação comercial. Além disso, a nação conta com um desempenho estável em produtividade, estrutura tecnológica e sistema de ensino. A ascensão da Dinamarca, por sua vez, está baseada no forte desempenho de sua economia e mercado de trabalho e de seus sistemas de saúde e educação, para além dos investimentos internacionais e da produtividade.

Por outro lado, os Estados Unidos, que registraram uma das maiores perdas de competitividade do ranking, passaram por processos de deterioração do comércio internacional e das finanças públicas, além de quedas nos índices de emprego e mercado de trabalho. Persistem as lacunas na estrutura social, que já acompanham o histórico do país e se traduzem na baixa eficiência do sistema de saúde e da proteção ambiental. Além disso, o declínio dos Estados Unidos pode ser explicado, em medida considerável, pelos atritos com a China.

Desde 2018, quando o governo do ex-presidente Donald Trump impôs tarifas de 25% sobre 60 bilhões de dólares em produtos de tecnologia importados da China, os dois países estão em guerra comercial. Em agosto de 2019, foi anunciada uma nova imposição de tarifas sobre a importação de produtos chineses, com desvalorização do *yuan* como reação da China para baratear seus produtos e torná-los mais competitivos.

---

[25] "Chile é o maior sucesso econômico da América Latina" – 2019. Disponível em <www.infomoney.com.br/colunistas/pedro-menezes/chile-e-o-maior-sucesso-economico-da-america-latina/>. Acesso em abril de 2021.

A América do Sul avançou no *ranking* médio em 2020, passando da 56ª para a 54ª posição, mas segue sendo a sub-região menos competitiva[26]. Destaque positivo para as melhorias políticas tributárias e de preços. Pesam contra a região os problemas relacionados à produtividade e eficiência, infraestrutura tecnológica, comércio internacional e estrutura social. O Chile, líder em competitividade na América do Sul (38ª posição), Peru e Brasil (52ª e 56ª posições, respectivamente) avançaram no *ranking*; Colômbia e Argentina (54ª e 62ª) caíram. Já a Venezuela permanece na última colocação (63ª). É interessante examinar a oscilação do desempenho dos países da América do Sul nos últimos cinco anos. Ao invés de um avanço sustentado, esses países registram ora avanços, ora retrocessos em suas posições no *ranking* de competitividade.

---

[26] "Com tímida evolução, Brasil permanece entre os países menos competitivos do mundo" – 2020. Disponível em <https://www.dvf.com.br/com-timida-evolucao-brasil-permanece-entre-os-paises-menos-competitivos-do-mundo/>. Acesso em janeiro de 2021.

CAPÍTULO 7

# Drenando o Pântano

Se tivéssemos que definir o maior problema atual do Brasil, este seria certamente a forma como o Estado se organizou. Está cada vez mais claro para a população que o Estado brasileiro tornou-se tão corrupto, injusto e ineficiente, que qualquer tentativa de decolagem por parte do país seria logo emperrada pela burocracia que se instalou no setor público. À primeira vista, a ação correta a ser tomada seria aumentar a eficiência do Estado. Ora, se o governo é corrupto, vamos punir os que estão agindo errado. Se o dinheiro está sendo mal gasto, vamos dar um jeito de usá-lo corretamente. Ações como essas certamente teriam efeito benéfico e deveriam ser aplicadas em todas as esferas onde o governo precisa ter papel fundamental. No entanto, recomendar exclusivamente esse caminho (que tem sido tentado seguidamente, sempre sem sucesso) é incorrer em boa dose de ingenuidade.

Imagine duas fazendas vizinhas, ambas situadas em uma região pantanosa. Como esses pântanos são infestados pelo mosquito da malária, eles têm causado grandes prejuízos e sofrimento aos moradores da região. Para resolver o problema, o proprietário da primeira fazenda declarou guerra total ao mosquito: organizou mutirões para caçar os ninhos dos insetos, comprou redes especiais e pulverizou toneladas de inseticida sobre a área afetada. Após anos de esforço, enormes gastos e alguns pequenos sucessos iniciais, as tentativas foram interrompidas ao se constatar que os mosquitos voltavam a se multiplicar.

Observando de longe todo esse acontecimento, o segundo fazendeiro tomou uma decisão simples que, de forma significativamente mais barata, conseguiu eliminar completamente o problema: drenar o pântano. Uma vez privado do seu habitat natural, o mosquito da malária teve que ir embora.

Esse exemplo também pode ser usado para analisar a situação do Brasil. O governo é como um imenso pântano sobre o qual não temos mais controle. Nesse território vivem os mosquitos da corrupção, da ineficiência e do descaso. Nenhuma arma é mais eficiente nesse momento do que o dreno. Existem muitas atividades periféricas que hoje estão a cargo do governo e que poderiam ser completamente eliminadas, destruindo assim o espaço para corrupção e desperdício. Não estamos aqui falando dos serviços essenciais que todo bom governo precisa prover aos seus cidadãos, mas sim de atividades que custam muito e só beneficiam pequenos grupos influentes.

Precisamos reduzir o tamanho do Estado, vendendo ativos públicos[27].

---

[27] Roberto Campos Neto, presidente do Banco Central do Brasil. Cf. <https://exame.com/economia/recuperacao-economica-sera-gradual-e-precisa-de-reformas-diz-campos-neto/>. Acesso em 23/Junho/2021

CAPÍTULO 8

# Desconstrução

No caso do Brasil, esse dreno seria a desconstrução do Estado na forma como o conhecemos e sua reconstrução em novas bases. É preciso iniciar um processo profundo de eliminação do Estado em todas as atividades que não gerem benefício direto aos cidadãos e redirecionar o foco para as atividades críticas que precisam ser feitas com excelência para melhorar a vida das pessoas. Isso inclui desestatizar alguns setores ou mesmo eliminá-los completamente. Se esse processo for bem feito, o Brasil estará, na prática, drenando o pântano atual, reduzindo o espaço para o desperdício e para a corrupção, além de estar substituindo a ação governamental ineficiente pela competição inerente ao setor privado.

Um projeto como esse não deve ser feito, obviamente, sem o devido planejamento e análise de impactos. Seria leviano definir, neste breve livro, os aspectos técnicos dessas mudanças. Isso deve ser feito por especialistas qualificados. É preciso pesar os prós e contras de se fazer um processo mais rápido ou mais lento. Se for rápido demais, a disrupção política e econômica pode ser dolorosa. Se o processo for muito lento, os grupos de interesse corporativistas terão tempo suficiente para se organizarem, na tentativa de barrar qualquer transformação significativa.

Exemplos de reforma radical do Estado, como ocorreram na Coreia do Sul, na Estônia e na Georgia, são animadores. Por aqui, antes de qualquer coisa, é necessário que haja uma mudança de mentalidade da opinião pública. Somente um forte desejo político articulado, organizado e apoiado por grupos de pressão — além de dezenas de milhões de votos — poderá gerar o reboque necessário para remover o nosso Estado do atoleiro atual.

As estatais podem ser lucrativas, mas não existe nenhuma estatal eficiente. Compare a rentabilidade do Banco do Brasil com a do Itaú, a do Bradesco e a do Santander. É muito menor. A ineficiência custa caro ao bolso do contribuinte[28].

---

[28] Salim Mattar, fundador da Localiza e ex-secretário de desestatização e desinvestimento do governo Bolsonaro. Cf. <https://www.istoedinheiro.com.br/salim-mattar-vai-vender-r--1-trilhao/>. Acesso em 23/Junho/2021

CAPÍTULO 9

# Os Frutos

À medida em que os tentáculos ineficientes, corruptos e cheios de privilégios do Estado são cortados, abre-se a possibilidade de reduções de impostos sobre consumo e a melhoria dos serviços públicos essenciais, como saúde, segurança e educação. A cada atividade pública privatizada ou extinta, a contrapartida seria a eliminação de alguma taxa, imposto, contribuição ou regulamentação que hoje atrapalha a geração de riqueza e encarece os produtos, bem como o investimento no cidadão comum. Reduzir impostos sobre o consumo não é uma medida para enriquecer mais ainda os ricos. Isso significa colocar dinheiro diretamente no bolso das pessoas que mais precisam.

Quando um imposto é reduzido ou eliminado, cai o custo das empresas. Num sistema de competição, os preços caem e as pessoas passam a comprar mais, aumentando as vendas e gerando emprego. Isso forma um círculo virtuoso em que mais emprego gera mais consumo. As empresas, por sua vez, tendo sua riqueza liberada para investir — em vez de financiar o governo — conseguem acompanhar a demanda através do aumento da produção. Isso beneficia a todos, especialmente a classe trabalhadora, que é o grupo que mais depende de produtos acessíveis para manter o seu padrão de vida.

Conforme falamos anteriormente, os impostos escondidos nos produtos custam à Classe E três vezes mais do que ela recebe em forma de Bolsa Família. Se, por exemplo, através do corte de despesas, cabides de emprego, estatais deficitárias e pensões escandalosas, o governo cortar gastos suficientes para reduzir em um terço os impostos sobre consumo, sobraria dinheiro para colocar no bolso da classe mais humilde o equivalente a mais um Bolsa Família.

Caso esse modelo fosse seguido com responsabilidade a longo prazo, sendo mantido governo após governo e sem aventuras populistas pelo caminho, o Brasil poderia surfar um longo período de crescimento, o que possibilitaria o acerto de contas públicas e traria mais estabilidade e confiança às pessoas que investem no país. Este é um processo que, apesar das recentes turbulências políticas e econômicas, vem sendo observado no Chile, que está rapidamente se livrando do status de nação pobre. Um modelo adotado também na Austrália, país com economia equilibrada e uma das maiores expansões econômicas ininterruptas da história[29].

De acordo com a edição mais recente do Relatório de Desenvolvimento Humano, que mede o Índice de Desenvolvimento Humano (IDH), o Brasil teve sucesso no controle de certas desigualdades, como expectativa de vida e renda média, mas se manteve na 79ª posição global (mesma posição de 2018), empatado com a Colômbia. Na América Latina, ocupa a 4ª colocação, atrás do Chile, Argentina e Uruguai. No caso do Chile, país com maior sucesso econômico da América Latina, a renda per capita de US$ 15,9 mil é muito superior aos US$ 8,9 mil observados no Brasil. Além disso, o país andino ostenta os melhores níveis de educação e os mais altos índices de IDH da região há mais de uma década.

---

[29]"Qual é o segredo da Austrália para crescer por mais de 25 anos sem recessão" – 2016. Disponível em <https://www.bbc.com/portuguese/internacional-3728059>. Acesso em janeiro de 2021.

## CAPÍTULO 10
# O Exemplo Chileno

Os economistas de visão liberal, em sua maioria, consideram o Chile a principal referência de desenvolvimento social e prosperidade econômica na América Latina. Parte do sucesso chileno se explica por decisões tomadas há mais de três décadas, como uma profunda reforma do estado, redução agressiva da máquina pública e privatização de estatais ineficientes e deficitárias. A estrutura previdenciária, por exemplo, foi substituída por um sistema de capitalização, o que tirou das costas do governo o peso das aposentadorias e pensões.

O Chile tem comprovado que a redução do estado possibilita a oferta de serviços públicos mais eficientes e reduz as desigualdades sociais — contrariando a tese de que o bem-estar social depende da existência de um governo paternalista e assistencialista. Em 2018, o Chile alcançou um coeficiente de Gini, índice que mede as disparidades sociais, de 0,45. Quanto menor o número, menos desigual é o país[30]. O resultado foi muito superior aos obtidos por Brasil (0,54), Colômbia (0,51) e México (0,50). Na América Latina, o índice chileno foi o que mais se aproximou de alguns dos países mais igualitários do mundo, entre eles Noruega (0,26), Suécia (0,27) e Alemanha (0,31), todos eles, por sinal, de economia rigorosamente livre e capitalista.

Apesar das recentes críticas ao Chile, principalmente depois dos protestos sociais em 2019, as estruturas econômicas do país são sólidas.

---
[30] "Gini index - Chile" – 2019. Disponível em <https://data.worldbank.org/indicator/SI.POV.GINI?locations=CL>. Acesso em abril de 2021.

Antes das manifestações, a economia chilena havia atingido crescimento de 4,8% no primeiro semestre de 2018, o maior da América Latina. O Fundo Monetário Internacional (FMI) estima que, em 2022, o Chile será a primeira nação latino-americana a alcançar um PIB per capita de 30 mil dólares, patamar equivalente a países europeus como Portugal, Polônia e Hungria.

O fenômeno econômico do Chile, diferentemente do que muitos acreditam, não está associado ao período da ditadura de Augusto Pinochet. O crescimento anualizado do PIB real per capita do país sob o comando de Pinochet, entre 1973 e 1990, foi de 1,6%. A expansão do PIB real per capita nos 17 anos posteriores a Pinochet, 1990-2007, chegou a 4,36%. Portanto, atribuir a prosperidade chilena à ditadura é um erro. O sucesso está na gestão, na responsabilidade fiscal e no comprometimento com os princípios do livre mercado.

> O Brasil é talvez o país com maior possibilidade de associar uma potência ambiental prestadora de serviços e a oferta de alimentos para a população mundial. Se soubermos combinar essas duas coisas, temos um futuro promissor e seremos queridinhos dos investimentos internacionais[31].

---

[31] Guilherme Leal, copresidente da Natura. Cf. <https://economia.estadao.com.br/noticias/geral,so-vejo-vantagens-economicas-em-ser-sustentavel-diz-fundador-da-natura,70003403922>. Acesso em 23/Junho/2021

CAPÍTULO 11
# Além do que Existe

Reorganizar o Estado é uma prática comum nos países que mais crescem no mundo hoje em dia. É possível, observando os modelos e resultados internacionais, escolher o que existe de melhor em países como Austrália, Canadá, Alemanha, Noruega, Singapura e outros, adaptando à nossa realidade e criando um mix racional aderente ao que o Brasil precisa para decolar. No entanto, existe um preço a ser pago por qualquer forte mudança. E é preciso que tenhamos consciência desse custo.

Peguemos, por exemplo, a história de duas cidades importantes, ligadas por uma estrada. No meio do caminho, um largo e volumoso rio cortava a rodovia. Para completar a ligação de comércio, uma série de barcos de transporte de carga transitavam de uma margem à outra. Além dos barqueiros e de sua tripulação, empresas de manutenção de embarcações, distribuidoras de combustível e uma infinidade de barracas de comércio vendiam artigos diversos para os viajantes que precisavam ir de um lado ao outro do rio. O transporte era lento, caro e sujeito aos caprichos e greves dos tripulantes. Muitas mercadorias eram perdidas, outras roubadas. As cargas precisavam ser desembarcadas e embarcadas diversas vezes para irem de uma cidade à outra.

Um belo dia, foi proposto que se construísse uma ponte sobre o rio. Os benefícios econômicos da empreitada eram óbvios, mas o projeto recebeu, desde a concepção, oposição feroz por parte das pessoas que viviam do transporte fluvial. O principal argumento era que, caso a ponte fosse construída, não haveria mais sentido existir barcos na região e milhares de pessoas perderiam seus empregos. Políticos se apressaram em defender o *status quo* e a discussão se prolongou por anos.

Finalmente, após a fase de resistência, o projeto foi aprovado e a ponte foi construída. Realmente, após ser completada, os empregos que lá existiam foram embora. No entanto, outros benefícios apareceram compensando as perdas iniciais. O custo do transporte entre as cidades ficou muito mais baixo, o que expandiu o comércio local. Cada cidade passou a vender muito mais de suas especialidades à outra, aumentando a demanda e gerando novos empregos em ambos os municípios. Com a facilidade de transporte, muito mais gente se encorajou a viajar de um lado para o outro, gerando novos postos de gasolina no caminho e fortalecendo o turismo nas duas cidades. Após alguns anos, praticamente todos concordavam que a vida tinha melhorado.

Em toda mudança, as coisas costumam piorar antes de melhorarem. Quando se implantam soluções arrojadas como as aqui expostas, é inevitável que ocorra muito deslocamento e uma boa dose de desconforto. Sempre existem ganhadores e perdedores e, em uma democracia, muitas vezes pequenos grupos de "perdedores" podem mobilizar-se e fazer poderoso lobby para impedir as mudanças necessárias. Mesmo assim, quando uma proposta é positiva para a esmagadora maioria dos cidadãos comuns, é preciso implementá-la com energia, transpondo todos os obstáculos. Nesses casos, os benefícios rapidamente superam as aparentes adversidades, na medida em que os indivíduos que inicialmente saíram perdendo acabam encontrando novas e melhores oportunidades.

Dito isso, e dado o tempo necessário para que as mudanças sejam implementadas, o resultado de se colocar em prática as sugestões contidas nesse livro será benéfico a todos os brasileiros: uma sociedade próspera, com melhoria constante no padrão de vida das pessoas, altos índices de desenvolvimento humano, saúde, educação, segurança, longevidade e sustentabilidade ambiental. Um país praticamente inteiro livre da fome, da miséria e da violência, onde a desigualdade é reduzida de forma natural e compatível com os princípios do livre mercado — e não perseguida cegamente nem ideologicamente levando à igualdade na miséria. É um país com o qual vale a pena sonhar.

> Só louco investe no Brasil. Falta comunicação. Nossos problemas não chegam a Brasília. Medidas paliativas não adiantam. Só algo agressivo para arrumar essas distorções[32].

---

[32] Benjamin Steinbruch, chairman, da Companhia Siderúrgica Nacional (CSN). Cf. <https://www.hojeemdia.com.br/primeiro-plano/economia/benjamin-steinbruch-s%-C3%B3-louco-investe-hoje-no-brasil-1.270958>. Acesso em 23/Junho/2021

# [PARTE 2]
## A SOLUÇÃO

CAPÍTULO 1

# De Elefante para Pomba

Um Estado eficiente deve fazer apenas seis coisas. Nada mais, nada menos. São elas:

1. Garantir as liberdades individuais.
2. Manter a ordem.
3. Proteger as pessoas contra a miséria absoluta.
4. Garantir educação de qualidade, seja provida pelo Estado ou por entidades particulares pagas pelo Estado.
5. Garantir saúde de qualidade, da mesma forma que o item acima.
6. Proteger o meio ambiente.

Mais vale um governo que foca todas as suas energias em fazer seis coisas excepcionalmente bem do que um com 60 prioridades mal feitas. O ideal é que todo governo cumpra as funções que lhe cabem da forma mais eficiente possível, pois, como vimos, existe uma tendência quase inevitável à ineficiência nas atividades do Estado. Quanto maior for o tamanho do Estado, mais ele tende a atrapalhar a vida das pessoas. Assim, todas as ações de desconstrução devem seguir o princípio de reduzir, dentro do possível, o tamanho do Estado, preservando as funções essenciais que garantam o cumprimento das seis metas citadas.

Mesmo para essas atividades, deve-se manter o princípio de governo pequeno. No caso da proteção às pessoas contra a miséria absoluta, por exemplo, o ideal seria transferir o máximo possível dessa tarefa para organizações não-governamentais com experiência comprovada na área. Deve-se deixar para o governo apenas os casos muito graves, em regiões não cobertas por boas entidades privadas.

Essa transferência de responsabilidade não significa deixar famílias miseráveis na mão mas, sim, reconhecer que é sempre melhor ter mecanismos em que a execução dos cuidados assistenciais seja feita por entidades privadas ao invés de funcionários públicos. Isso vale para a saúde e a educação: um bom mix de serviços prestados diretamente pelo Estado através de parcerias com a iniciativa privada é o melhor caminho para serviços eficientes.

Abaixo, uma breve descrição de cada uma das seis atividades públicas essenciais:

## 1. GARANTIR AS LIBERDADES INDIVIDUAIS

A partir do Iluminismo, a maior parte da civilização ocidental aderiu às chamadas liberdades essenciais. Elas correspondem à ideia de que cada pessoa nasce com certos direitos auto evidentes e que ninguém, nem o governante mais poderoso, tem o direito de interferir neles. A liberdade de cada cidadão deve ser sempre a maior possível — desde que não interfira na liberdade de outras pessoas. A disseminação desse pacote de direitos foi o ingrediente-chave para o gigantesco progresso humano observado nos últimos 200 anos. Os lugares onde os direitos individuais são mais respeitados são justamente os locais com melhores índices de avanço da civilização. Por outro lado, os locais em que os direitos são constantemente desrespeitados lideram os rankings mundiais de violência, pobreza, fome e doenças.

Uma dessas liberdades é a econômica, o direito de uma pessoa perseguir a prosperidade e a riqueza. Qualquer um tem o direito de enriquecer até o limite de sua capacidade individual. As pessoas mais competentes e trabalhadoras têm o direito de ficarem mais ricas do que as incompetentes e preguiçosas. Evidentemente, a competência, os valores e escolhas não explicam 100% dos resultados que uma pessoa conquista na vida, sejam financeiros ou de reconhecimento moral na sociedade. Existe, sim, um fator "sorte" altamente relevante: o berço, que sem dúvida torna essa corrida desigual. E equilibrar esse jogo, dentro do possível, é um dever do Estado.

No entanto, outra parte dos resultados vem das boas escolhas, do bom uso dos talentos, da resiliência e do trabalho duro. É preciso valorizar essas qualidades e libertar as pessoas de grande competência para que busquem o melhor para si e suas famílias. Não há nada de errado com o fato de alguém ficar rico, desde que isso não tenha sido conquistado por meios espúrios, desonestos ou às custas das liberdades dos demais. Não foi explorando os pobres que Steve Jobs (1955-2011), o icônico fundador da Apple, construiu uma das empresas mais valiosas do mundo — avaliada em quase US$ 2 trilhões no final de 2020, mais do que o PIB brasileiro, de quase US$ 1,4 bilhão no mesmo ano.

Jobs fez fortuna criando produtos espetaculares e altamente desejados por dezenas de milhões de pessoas, liderando, investindo, gerando dezenas de milhares de empregos. Também não foi tirando dos outros que o bilionário Jeff Bezos construiu a Amazon. Se ele prejudicou alguém, foram os donos de empresas caras e ineficientes de varejo, amassadas pelos preços baixos e serviço rápido da gigante americana do *e-commerce*. Não foi tirando dos pobres que Luiza Helena Trajano, controladora do Magazine Luiza e mulher mais rica do Brasil[33], chegou lá. Passo a passo, ela foi construindo, por décadas, uma das empresas mais eficientes e admiradas do país, escolhida constantemente como um dos melhores lugares para se trabalhar. Luiza ralou, investiu, apostou, acreditou, liderou, gerou empregos.

Certos discursos demagógicos do rancor e da inveja tentam desmerecer tanto trabalho e competência. Esse tipo de retórica do mal costuma ser a porta para o inferno. A mistura justa entre mérito individual e ação corretiva do Estado para aproximar a largada dessa corrida, auxiliando os que ficam muito para trás, é o equilíbrio saudável que as nações precisam buscar.

Muitos acadêmicos brasileiros veem com desconfiança o ato de enriquecer. Por alguma lógica perversa, assume-se que aqueles que enriquecem no Brasil o fazem ou por trapaça, ou explorando os pobres. Isso se espalha a partir das universidades, muitas delas contaminadas por esse pensamento retrógrado. E, de lá, se proliferam entre os professores, que transmitem para as novas gerações endo formadas — perpetuando um conceito equivocado

---

[33] "Luiza Trajano é a mulher mais rica do Brasil" – 2020. Disponível em <https://www.istoedinheiro.com.br/luiza-trajano-e-a-mulher-mais-rica-do-brasil/>. Acesso em abril de 2021.

sobre os benefícios do bom capitalismo. É um veneno que precisa ser neutralizado se quisermos sair do atoleiro e nos libertar de uma fracassada cultura colonial.

É comum ver pessoas ricas com vergonha ou receio de expor seu patrimônio. Esse traço da nossa cultura é uma das causas da situação atual do Brasil. Ao invés de criticar os ricos, certos intelectuais deveriam se preocupar em acabar com a miséria. Se querem uma sociedade igualitária, que o nivelamento seja por cima, e não homogeneizando todos na pobreza. Uma mudança de pensamento nesse sentido seria bastante desejável. É preciso que a sociedade brasileira comece a ver positivamente a riqueza, admirando e tendo como modelo de referência aqueles que conseguiram enriquecer por mérito próprio, e usando esses exemplos como inspiração para pessoas de todas as raças, gêneros e orientações sexuais.

Outra liberdade é o direito à livre expressão. Desde que respeitando os direitos individuais do próximo, qualquer pessoa deve dizer o que quiser, a qualquer hora, sem ser importunada ou prejudicada por emitir uma opinião. Essa liberdade, quando garantida de fato a todos os cidadãos, é a mais poderosa arma contra a tirania. No momento em que a liberdade de expressão é ameaçada, seja por violência física ou por pressão financeira, começam a ruir as estruturas democráticas de um país. As únicas exceções a esse princípio são a incitação à violência e a difamação. Um líder religioso, por exemplo, não pode encorajar seus fiéis a se explodirem em um ponto de ônibus matando pessoas inocentes e, depois, recorrer ao direito da liberdade de expressão para escapar de um processo criminal. Tampouco pode uma pessoa espalhar boatos maldosos sobre um banco, levá-lo à falência e não ser responsabilizado por isso. Exceto nesses dois casos, e em situações semelhantes, qualquer opinião deve estar livre para ser defendida, por mais politicamente incorreta que ela possa soar.

Essa defesa cristalina da liberdade de expressão é ainda mais importante na era atual, das redes sociais e das *fake news*. Notícias falsas se combatem com esclarecimento. Desinformação se combate com informação. Se houver desvios claros, já temos um arsenal adequado de respostas jurídicas na lei atual, sem precisarmos recorrer a malabarismos autoritários.

A liberdade de ir e vir é também um princípio fundamental da civilização contemporânea. Ninguém pode ser mantido em lugar algum à força. Isso inclui o direito de emigrar ou de transitar livremente nos locais públicos.

O mesmo ocorre com outras liberdades importantes, como a liberdade religiosa e de consciência.

Ou seja, o primeiro e mais importante papel do Estado é garantir que todos os cidadãos possam gozar das liberdades fundamentais. Nenhuma outra tarefa tem sentido quando o Estado não cumpre essa primeira regra. É lamentável que, muitas vezes, ocorra o inverso, quando governos utilizam seu poder físico e financeiro para suprimir as liberdades e tiranizar seus cidadãos.

## 2. MANTER A ORDEM

A segunda atribuição do Estado deve ser manter a ordem e a segurança pública. Quando há pânico coletivo, catástrofe natural, guerra ou qualquer outra condição emergencial, normalmente nenhuma força privada é capaz de controlar a situação. Para cuidar desses casos, os cidadãos de um país escolhem prover o Estado de alguns recursos básicos para solucionar os problemas. Nesses casos, o exército, a polícia ou os bombeiros podem ser acionados. A única violência legítima dentro de um país é a praticada pelo Estado nas horas de emergência - desde que dentro dos termos da lei. Se uma onda de crimes assola uma determinada cidade, por exemplo, a polícia tem o direito de usar violência para suprimi-la.

Numa situação ideal, a polícia usa violência apenas em casos excepcionais, quando a ordem pública ou as liberdades estão sendo ameaçadas. Na realidade, muitas polícias são corruptas e extremamente violentas, sendo às vezes mais temidas do que os próprios bandidos. Por outro lado, vemos em alguns cantos ideológicos o fenômeno da demonização das forças policiais e a idealização do bandido. Ativistas repetem à exaustão os supostos erros — e somente os erros — cometidos por policiais, ocultando qualquer notícia positiva que possa fazer os oficiais serem bem vistos pela sociedade. Só falam na violência policial, dia e noite, defendem reduzir o orçamento da polícia e deixá-la sem recursos. Ignoram os casos de policiais mortos por bandidos. Ignoram os riscos diários corridos pela polícia. Isso é a porta do caos.

## 3. PROTEGER AS PESSOAS CONTRA A MISÉRIA ABSOLUTA

Um certo grau de desigualdade é absolutamente inevitável em um país. Pessoas são diferentes, nascem diferentes, têm oportunidades diferentes, habilidades e motivações diferentes. Além disso, o fato de não existir nenhuma desigualdade poderia gerar um ambiente de desestímulo para as pessoas se dedicarem ao trabalho, inventar coisas novas, sonhar. Por que alguém suaria a camisa se soubesse que no seu país existe igualdade perfeita, e que ela jamais estaria melhor de vida em relação aos que não trabalham? Se todos tivessem plena certeza de receber a mesma coisa que o seu vizinho, independentemente do seu esforço, não haveria mais nenhuma motivação financeira para se superar.

Ao longo das últimas décadas, muitas foram as tentativas de promover uma igualdade absoluta. Elas criaram, na prática, os regimes mais abomináveis da história humana. A receita da massificação forçada igualitária deu origem a ditaduras sanguinárias e levou nações inteiras à miséria. De acordo com o historiador chinês Yang Jisheng, no livro "Tombstone", a produção agrícola passou a ser integralmente confiscada para cumprir os objetivos do governo central da China. Os grãos muitas vezes apodreciam nos armazéns. Para desestimular a iniciativa privada, a vida familiar foi eliminada. Facas, panelas, enxadas e arados foram derretidos para produzir metais.

Os camponeses, sem ter como cozinhar, foram obrigados a comer em refeitórios coletivos. A venda de alimentos foi proibida. Comer sozinho tornou-se um crime. Quem o fizesse poderia ser espancado até a morte. A busca desenfreada por igualdade a todo custo levou à massificação da fome. Um povo milenar reduzido à igualdade... na miséria absoluta. Situação similar foi vista em praticamente todas as nações comunistas. Além das 40 milhões de mortes na China, outras 12 milhões de pessoas morreram de fome na União Soviética, 3 milhões na Coreia do Norte e meio milhão no pequeno Camboja[34].

---

[34] "Comunismo matou 100 milhões de pessoas no século 20: não mostre o dedo do meio para um memorial de suas vítimas" – 2020. Disponível em <epochtimes.com.br/comunismo-matou-100-milhoes-de-pessoas-no-seculo-20-nao-mostre-o-dedo-do-meio-para-um-memorial-de-suas-vitimas/>. Acesso em abril de 2021.

A melhor forma de combate à pobreza é o crescimento econômico. Estudos dos pesquisadores Aart Kraay e Tatjana Kleineberg, do Banco Mundial, demonstraram que quase 80% da melhoria de renda da população carente em 118 países pobres ocorreu devido ao aumento na renda média nacional. Ou seja, a evolução derivou do crescimento econômico geral — e não da redistribuição de renda. A melhor distribuição de riqueza contribuiu, sim, para a queda da pobreza, mas apenas 20% da melhoria total. Além disso, é preciso levar em conta que muitas medidas de distribuição forçada de riqueza tendem a reduzir o crescimento econômico, pois reduzem o incentivo para as empresas investirem. No balanço geral, é mais eficiente atacar a pobreza através do crescimento do que da distribuição forçada.

Por outro lado, concentração excessiva de renda é ruim, tanto em termos morais, como em termos de estabilidade política e eficiência econômica. Em uma nação onde o 1% mai rico fica com uma enorme fatia da riqueza, abre-se espaço para todo tipo de populismo, como a gritaria de demagogos pregando "tomar dos ricos e dar aos pobres", uma receita quase sempre fadada ao fracasso. A desigualdade social é um forte fator de desestabilização e desagregação social e ela deve ser aliviada sempre que possível. É imoral haver alguém passando fome ao lado de outro comendo caviar. Quando a distância econômica entre o topo da pirâmide e a turma de baixo fica menor, aumenta o senso de coesão social e de que o sistema é justo.

Um sistema deve permitir às pessoas ficarem muito ricas, mas deve também oferecer uma rede mínima de proteção social contra a miséria. O objetivo da proteção social é evitar que as diferenças sociais, que historicamente ocorrem no Brasil, impeçam as pessoas de entrar em um ciclo de produção. Uma pessoa que não tem como comer, ou não tem acesso à educação básica, não terá condições de explorar todo seu potencial criativo. Assim, um governo deve garantir que todos tenham suas necessidades básicas atendidas para que possam ter condições de competir em pé de igualdade e crescer no mercado.

Cada país deve decidir qual nível de proteção social vai oferecer à sua população. Em alguns países europeus, por exemplo, os benefícios concedidos às camadas mais pobres são tão grandes que eles podem funcionar, na prática, como um desestímulo ao trabalho. Um alemão que perde o emprego passa a receber 70% de seu último salário durante um ano, sem fazer nada. Com as pessoas saindo do mercado e dependendo cada vez mais dos gordos benefícios do governo, os sistemas europeus estão cada vez mais sobrecarregados, caminhando a passos largos para o colapso. A Suécia é um exemplo de país que foi "longe demais" durante os anos 1970 e 1980. Sua economia vinha crescendo de forma acelerada nas décadas anteriores, porém entrou em estagnação e depois em declínio, após a explosão de gastos públicos. Somente a partir dos anos 1990, quando reformas estruturais enxugaram o tamanho do Estado e reduziram em 40% o peso estatal no PIB é que o país voltou a crescer.

Na outra ponta do problema estão alguns países africanos, que não têm nenhuma rede de proteção. Em sua grande maioria, os governos são falidos, não conseguem oferecer nada, nem mesmo a proteção às liberdades ou a ordem básica. Se alguém ficar paralítico, por exemplo, é obrigado a contar com o suporte da própria família ou amigos. Caso contrário, morre de fome.

No Brasil, a Constituição oferece amplos benefícios. Mas só na teoria. No papel, as pessoas teriam saúde e educação gratuitas, além de previdência social, seguro-desemprego e outras benesses. Na prática, no entanto, a rede de serviços sociais acaba sendo de péssima qualidade — quando não inexistente —, graças a um Estado que acaba gastando a maior parte dos recursos arrecadados para alimentar a própria máquina.

A rede de proteção social (saúde, educação e assistência social) é uma das conquistas da civilização e deve ser provida, sempre que possível, por uma mistura de agentes públicos e privados, de modo a maximizar a eficiência e a qualidade. No caso específico da assistência social, a ajuda precisa ser pensada de forma que estimule a pessoa necessitada a sair dessa situação o mais rápido possível — e não continuar dependendo dela indefinidamente, se tornando refém dos programas assistencialistas de governo.

Essa ajuda deve estar voltada sempre que possível à capacitação do indivíduo e não ao simples repasse de recursos sem contrapartidas. Investir em treinamento profissional deveria ser a prioridade número um de qualquer governo. O Brasil, porém, gasta hoje apenas 0,1% do PIB em capacitação de desempregados, índice que representa cerca de 20% da média dos países ricos[35]. Treinar uma pessoa e incentivá-la a voltar ao mercado de trabalho é muito mais eficaz do que pagar benefícios eternos aos desempre-

---

[35] "Mercado de trabalho, competências e inclusão produtiva" – 2020. Disponível em <https://pubdocs.worldbank.org/en/291591535053069206/11-mercado-de-trabalho-compet%C3%AAncias-e-inclus%C3%A3o-produtiva.pdf>. Acesso em abril de 2021.

gados. Além de trazer dignidade ao trabalhador, alivia os cofres do governo. Como dizia o ex-presidente americano Ronald Reagan, "o melhor programa social do mundo é o emprego".

Nesse contexto, é preciso acabar com a ideia de que governo bom é aquele que dá muito à população. Governos não dão nada a ninguém, uma vez que eles não produzem riqueza. Pacotes de bondades, que rendem dividendos políticos para alguns poucos, geram custos para toda a população através de mais impostos. Mesmo que não concorde, você não terá outra opção a não ser pagar por aquilo e, geralmente, pagará em dobro. Se o governo te deu um benefício que vale, por exemplo, R$ 100, ele certamente já te cobrou R$ 200 em impostos, já que, como sabemos, os recursos vão sumindo pelo caminho nos ralos da corrupção, desperdícios e privilégios, antes de chegar ao destino final: a mão do cidadão.

Existem programas importantes e muitas vezes urgentes que devem ser mantidos com o objetivo de proteger os cidadãos contra a miséria absoluta. Mas esses precisam ser financiados com o dinheiro já previsto no Orçamento. O que não é pouco. Eventuais gastos extraordinários devem ser executados com recursos provenientes do corte de gastos em outras áreas. Quando você tem um imprevisto, precisa organizar as suas finanças, muitas vezes abrindo mão de supérfluos. Com o governo não pode ser diferente.

## 4. GARANTIR EDUCAÇÃO DE QUALIDADE, SEJA PROVIDA PELO ESTADO OU POR ENTIDADES PARTICULARES PAGAS PELO ESTADO

Pais e mães costumam querer o melhor para seus filhos. Por isso, sempre que possível procuram proporcionar a melhor educação possível. No entanto, quando se leva em conta os diversos fatores desagregadores das famílias, como álcool, drogas, problemas financeiros e pouco preparo dos pais, isso nem sempre acontece. Em muitos casos, os pais não querem ou não têm condições de garantir que seus filhos estudem. Quando isso ocorre eles estão, na prática, destruindo um dos princípios mais importantes de qualquer democracia, que é a igualdade de oportunidades.

Ao tomar a decisão de não colocar os filhos na escola, mais do que uma opção individual, os pais estão destruindo o futuro dessas crianças.

Além disso, como sabemos, a educação é elemento-chave de competitividade das sociedades modernas, que demandam mão-de-obra cada vez mais qualificada. Pelos motivos aqui expostos, acreditamos que a decisão de mandar uma criança estudar ou não independe da vontade dos pais. É tarefa do Estado garantir que todas as crianças em idade escolar tenham acesso à educação básica, mesmo que seja feita em sistema de *homeschooling*. E qual seria o modelo ideal? Esta não é uma resposta simples, mas deve ser algo justo, democrático e de qualidade.

O fato é que o Estado não tem feito um bom trabalho na administração de escolas. Ele não tem o *know-how* necessário para a definição das estratégias de ensino e nem a eficiência operacional exigida em uma atividade tão importante para o desenvolvimento de uma nação. Existem custos elevados e muita burocracia no processo de construção de escolas, contratação de professores, compra de materiais, entre outros, que em geral servem apenas para drenar os recursos públicos. A iniciativa privada, como sabemos, faz tudo isso com maior eficiência.

O modelo ideal seria híbrido, mantendo em operação as escolas públicas já em funcionamento, mas ampliando a oferta de vagas através de *vouchers*, que poderiam ser usados na rede privada. Um ensino básico de qualidade seria oferecido de forma gratuita a toda população e o desempenho das instituições e dos alunos poderia ser avaliado e comparado continuamente.

Já no ensino superior não deveria haver gratuidade. É sabido que a esmagadora maioria dos alunos aprovados nessas instituições são oriundos de escolas particulares, portanto, com condições de pagar pelos seus estudos. Estudantes de famílias ricas estudando de graça através dos impostos pagos majoritariamente por famílias pobres é uma lógica torta, que precisamos corrigir no Brasil. No caso dos mais pobres, as mensalidades seriam pagas através de financiamentos estudantis subsidiados pelo Estado. Isso deixaria o sistema muito mais equilibrado.

Esse também seria um modelo mais justo. Em primeiro lugar, faria com que as famílias mais ricas arcassem com os custos do ensino superior. Em segundo lugar, garantiria que nenhum estudante com bom rendimento acadêmico ficasse de fora da universidade. Em terceiro, garantiria um mecanismo de responsabilidade social em que mesmo os estudantes mais carentes teriam condições de arcar com o ensino — mas com o compromisso de devolver o valor que neles foi investido. Isso seria feito com prazos extremamente longos e com taxas de juros muito baixas, sem penalizar ninguém. Trata-se de um modelo inclusivo e já adotado em várias partes do mundo.

Toda a operação relacionada à área da educação ficaria sob a responsabilidade das prefeituras, que conhecem a realidade e as necessidades locais. Elas poderiam fiscalizar mais de perto o funcionamento do sistema. Já as secretarias estaduais ficariam mais focadas em monitorar e apoiar as redes municipais do que em operar sistemas de ensino gigantes, com milhões de alunos.

## 5. GARANTIR QUE SAÚDE DE QUALIDADE SEJA PROVIDA PELO ESTADO OU POR ENTIDADES PARTICULARES PAGAS PELO ESTADO

A lógica da educação serve também para a saúde. Em entrevista ao jornal *O Globo* em 2011, o advogado-geral da União, André Luiz de Almeida Mendonça (à época diretor do Departamento de Patrimônio e Probidade da Advocacia Geral da União), afirmou que entre 60% e 70% dos casos de desvio de dinheiro público no Brasil ocorrem nas áreas de educação e saúde. Segundo ele, isso ocorre devido à pulverização do orçamento entre pequenos contratos, o que dificulta a fiscalização. Da mesma forma como o Estado não deveria ser o responsável pela compra de giz para as escolas, também não deveria comprar seringas para hospitais.

A farra com o dinheiro público observada durante a pandemia do coronavírus dá uma dimensão do problema. Em maio de 2020, ainda no início da crise sanitária, o então governador do Rio de Janeiro, Wilson Witzel, foi alvo de investigação pelo Superior Tribunal de Justiça por suspeita de envolvimento em um esquema que teria desviado até R$ 700 milhões em recursos federais, destinados ao combate do coronavírus no estado. De acordo com a investigação, o grupo supostamente liderado pelo governador teria superfaturado preços até de caixas d'água dos hospitais de campanha. Ele acabou destituído do cargo.

O exemplo acima reflete a realidade de um dos estados mais importantes do país, cujos governantes são acompanhados de perto pela imprensa - o que, em teoria, deveria reduzir o apetite pela corrupção. Agora, imagine o que aconteceu nas cidades mais isoladas do país... A corrupção não é uma exclusividade do Rio de Janeiro. Existem mais de 5 mil municípios no Brasil, todos eles comprando insumos hospitalares diariamente, com pouco ou nenhum controle sobre os gastos.

Qual a solução, então? Mais uma vez, a resposta está nas parcerias público-privadas, as PPPs. Os hospitais públicos já existentes, evidentemente, devem seguir em operação. Mas a sua administração precisa ser profissional. Os gestores deveriam prestar contas regularmente sobre os gastos e responderem civil e criminalmente por eventuais desvios. Lembrando que atualmente existem duas propostas em tramitação na Câmara dos Deputados com o objetivo de tipificar como hediondo o desvio de recursos públicos em uma situação de pandemia ou de calamidade pública, com penas que podem variar entre 10 e 15 anos de prisão[36]. Trata-se de uma iniciativa louvável, mas, roubar material hospitalar fora da pandemia, não seria também um crime hediondo? Neste caso, tudo bem? Isso perpetua a lógica do pântano. Enquanto corremos atrás dos mosquitos corruptos, outros aparecem em seu lugar.

Uma outra opção também interessante para a área seria um plano de saúde universal. Na mesma linha dos vouchers escolares, esse plano teria uma cobertura básica, permitindo a utilização da rede particular para consultas, exames e internações simples. O serviço prestado pelos hospitais credenciados seria pago pelo Estado a preço de mercado. Bom para a população de baixa renda, que teria um atendimento de melhor qualidade. Melhor ainda para os contribuintes, que não precisariam arcar com os elevados custos da corrupção na saúde. Esse sistema permitiria às pessoas escolher o local da consulta, com todos os custos cobertos pelo governo. Desta forma, ao invés de o Estado ser o executor dos serviços - contratando médicos, comprando material, construindo hospitais, arcando com desvios, perdas e ineficiências por todo o lado —, ele seria simplesmente o pagador. Caberia à iniciativa privada competir para oferecer um serviço de qualidade pelo menor custo possível.

---

[36] "Projeto tipifica como crime hediondo a apropriação e desvio de recursos públicos usados no combate a epidemias e pandemias" – 2020. Disponível em <http://prosnacamara.org.br/noticia/2532/projeto-tipifica-como-crime-hediondo-a-apropriacao-e-desvio-de-recursos-publicos-usados-no-combate-a-epidemias-e-pandemias/>. Acesso em abril de 2021.

## 6. PROTEGER O MEIO AMBIENTE

Quando um indivíduo toma uma decisão econômica, ele normalmente obtém algum tipo de satisfação pessoal, porém incorre em custos. Por exemplo, se uma pessoa decide comer uma barra de chocolate por dia, ela possivelmente terá muito prazer. No entanto, arcará com o custo financeiro de comprar o chocolate e também o possível custo de saúde associado a engordar. Ao pesar os ônus e bônus de cada ação, o ser humano escolhe os caminhos que lhe parecerem mais vantajosos. Nesse caso, tanto as vantagens como as desvantagens de comer o chocolate serão sentidas pela mesma pessoa.

Existem situações, entretanto, nas quais as vantagens de determinada ação são usufruídas por um determinado indivíduo enquanto as desvantagens são arcadas pela sociedade como um todo. Esse fenômeno é conhecido entre os economistas como externalidades. Quando um caçador africano abate um rinoceronte para vender seus chifres no mercado negro, ele usufruirá de um grande benefício econômico imediato, já que receberá um bom dinheiro pela sua valiosa presa. Por outro lado, ele contribuirá para a extinção da espécie, o que privará toda a humanidade da chance de contemplar essa bela criatura, além de causar um imprevisível desequilíbrio ambiental. Quando uma fábrica deixa de instalar filtros na chaminé, ela usufrui de benefício econômico ao economizar o custo dos filtros. No entanto, toda a população vizinha irá respirar um ar mais poluído. Em ambas as situações, as vantagens de determinada ação são individuais, enquanto os custos são compartilhados.

Quando falamos sobre meio ambiente, o fenômeno das externalidades se materializa claramente, pois as vantagens econômicas de destruir a natureza superam de longe o custo individual incorrido sobre o destruidor. As questões ambientais não podem ser deixadas exclusivamente nas mãos da iniciativa privada, sob o risco de aceleração da degradação ambiental no país. É atividade central do Estado proteger as áreas públicas e a natureza em geral. Não menos importante é conscientizar a população a respeito da importância da sustentabilidade. No entanto, somente com leis duras — e cumprimento eficiente delas — o Brasil poderá garantir a proteção da sua biodiversidade.

Quando veículos de mídia ou organizações internacionais denunciam a devastação ambiental em curso no Brasil, é comum ouvirmos o envelhecido argumento de que estrangeiros não tem moral para falar de nós, pois eles já teriam devastado a maior parte de suas matas nativas ao longo dos últimos séculos, lhes restando somente criticar os outros.

Em primeiro lugar, isso já não é mais verdade. Países ricos estão consistentemente ampliando suas áreas verdes, reduzindo as emissões de carbono, melhorando a qualidade do ar e se tornando cada vez mais sustentáveis. Estudo recente do Banco Mundial apontou que, entre as regiões que estão com cobertura vegetal crescente, estão Estados Unidos, Canadá, Austrália, Europa como um todo, Israel, Rússia e até a China.

E ainda que esses países não tivessem feito nada para restaurar as suas matas nativas, isso não justificaria cometermos os mesmos erros em pleno século 21. Se a destruição de bosques europeus numa época em que a ecologia não fazia parte do dicionário hoje é vista como um crime, o que dizer da destruição atual da Amazônia, feita à luz da cultura moderna e sob os olhares de satélites de última geração? Um país que reciclou apenas 1,28% do seu lixo em 2020, segundo um estudo da World Wildlife Fund (WWF), não tem o direito de criticar o continente europeu, que reutiliza, em média, 45% de seus resíduos, segundo a Associação Brasileira de Empresas de Limpeza Pública e Resíduos Especiais. Até a China, notória queimadora de carvão, está à frente do Brasil nesse quesito, com 35% de reciclagem.

Por esses motivos, entende-se que o Estado tem papel fundamental na preservação ambiental, criando incentivos para os bons comportamentos e impondo pesados ônus aos infratores. Com isso, completa-se os seis pilares fundamentais do Estado. Excetuando-se os pontos descritos acima, seria interessante reduzir significativamente as responsabilidades públicas em outros temas de menor relevância e que não gerem significativa melhora de vida para a população.

CAPÍTULO 2
# Os Entraves da Constituição

No Brasil, a Constituição de 1988 foi muito além das atividades básicas e designou ao Estado uma infinidade de tarefas. As 341 sessões consumidas para a sua redação ocorreram sob a sombra das décadas de regime militar no país. Havia um clima propício para incluir o máximo de reivindicações possível e consolidar os direitos reivindicados pela sociedade.

Para garantir que os abusos do regime militar não se repetissem, o texto final, ao invés de se limitar a definir os direitos fundamentais, criavam inúmeras disposições "garantistas". Ela incluía até mesmo um parágrafo sobre a administração do Colégio Pedro II, no Rio de Janeiro. O texto foi elaborado com tamanho detalhe e utilizando linguagem tão complexa que possibilita interpretações dúbias por meio de seus mais de 980 itens e 347 artigos.

O projeto *Comparative Constitutions*, da Universidade de Illinois[37], analisou 189 constituições mundo afora e concluiu que a nossa Carta Magna, com 51.368 palavras, é a 10ª mais prolixa e a 11ª mais paternalista do mundo. Entre as constituições mais complexas, estão as da Índia e Nigéria. Entre as mais simples, figuram as dos Estados Unidos, Islândia e França. Dos 117 possíveis direitos mapeados pelos pesquisadores, a Carta brasileira fixa 76. Além disso, é considerada muito centralizadora, colocando quase todos os poderes nas mãos do governo central e delegando pouco aos estados e municípios.

---

[37] "Comparative Constitutions Project" – 2020. Disponível em <https://clinecenter.illinois.edu/project/CollaborativeResearch/comparative-constitutions-project>. Acesso em abril de 2021.

Todas as ações mais importantes (controle social, econômico, financeiro e do próprio desenvolvimento do país) ficaram a cargo do Governo Federal. Além de não dizer claramente de onde deveriam vir os recursos para assumir essa tarefa hercúlea, a Constituição detalhou tanto os afazeres do Governo que o Brasil ficou engessado. Temos hoje um paraíso previsto no papel e um inferno na realidade.

Isso sem mencionar a infinidade de leis ordinárias, normas e portarias que são cuspidas diariamente pelo poder público e que não estão incluídas na Constituição. De acordo com um levantamento do Instituto Brasileiro de Planejamento Tributário, entre 1988 e 2019 foram sancionados nada menos do que 5,4 milhões de textos normativos nas três esferas do governo. São 769 novas leis a cada dia útil nas últimas três décadas.

Nas palavras dos jornalistas Gabriela Carelli e Alexandre Salvador, autores da reportagem "Não dá mais", publicada pela revista Veja em 2011, "o coração da máquina legal que rege as relações produtivas no Brasil ainda é um aparato pombalino, arcaico, complexo e totalmente inadequado para os desafios propostos aos brasileiros neste século XXI". O Brasil tem leis em excesso, lavradas em linguagem propositadamente rebuscada, o que deixa dúvidas sobre a sua interpretação. Essas leis se embaralham com artigos da Constituição, que sofrem dos mesmos pecados, o que é agravado por uma infinidade de portarias e resoluções que brotam como ervas daninhas todos os dias. O resultado de tantas leis é um emaranhado jurídico que, em vez de promover o funcionamento das instituições, tem o efeito contrário: o de provocar o caos, o estado semi-selvagem das sociedades sem lei.

Se pensarmos no cenário ideal, seria bom substituir a Constituição atual por uma nova, com algumas poucas páginas e linguagem acessível para qualquer brasileiro. Seu texto deveria focar em descrever os seis pilares fundamentais de atuação do Estado e deixar todos os demais assuntos para as leis ordinárias. A Carta Magna da nossa democracia deve ser enxuta, simples e descentralizada.

Sabemos que tal desejo seria muito difícil de se realizar na prática. Nesse meio tempo, emendas constitucionais que forem simplificando a atuação do Estado e aproximando o Brasil desse modelo ideal são muito bem-vindas, mesmo que gradualmente.

CAPÍTULO 3

# Brasil: Casa das Leis Mais Absurdas

Os congressistas brasileiros são pródigos em criar leis bizarras. Em alguns casos, elaboradas com propósito paternalista, ou seja, fingindo serem babás interessadas no bem-estar das pessoas, mas na prática ignorando as consequências reais dessas leis. Em outros, em defesa de interesses pessoais ou de algum grupo de interesse. Mas todas elas têm um ponto em comum: são enquadradas como "bondades", e quase sempre criam burocracias desnecessárias que só servem para atrapalhar a vida dos brasileiros. Existem atualmente mais de 100 mil leis no Brasil[38]. Nem mesmo um gênio do Direito seria capaz de conhecer todas elas em detalhes.

A grande maioria dessas leis esdrúxulas são municipais. Faz sentido. Existem mais de 5.500 câmaras de vereadores, contra 27 assembleias estaduais e apenas um congresso nacional. As câmaras são menos numerosas, com, no máximo, 55 integrantes. Portanto, é mais fácil emplacar normas curiosas e muitas vezes sem sentido. Em cidades menores, onde as câmaras são menores e existem grupos políticos dominantes, esse expediente torna-se ainda mais comum.

Algumas propostas beiram o surreal. Como, por exemplo, a lei municipal 1.840/95, de Barra do Garças (MT), que previa a criação de um "Aeródromo Inter-Espacial", ou seja, um aeroporto para OVNIs. Mesmo absurda, a lei que destinava uma área de 5 hectares na Serra Mística do

---

[38] "As leis mais estranhas do Brasil e do mundo" – 2019. Disponível em <https://www.lfg.com.br/conteudos/curiosidades/geral/as-19-leis-mais-estranhas-do-brasil-e-do-mundo>. Acesso em abril de 2021.

Roncador foi sancionada pelo então prefeito Wilmar Peres de Farias (1939-2006), então filiado ao Partido Liberal (PL).

E essa não foi a única proposta de lei relacionada aos extraterrestres. Cinco anos depois, o deputado federal João Caldas (PMN/AL) apresentou o PL 2.324/00 que obrigava os pilotos de aeronaves a informar à Câmara dos Deputados a detecção de OVNIs sobrevoando o Brasil. No caso de não comunicação, o projeto de lei previa a perda da licença para os pilotos civis e até processo por crime de recusa de obediência, no caso dos militares. O projeto, felizmente, foi rejeitado pela Comissão de Ciência e Tecnologia, Comunicação e Informática e também pela Comissão de Relações Exteriores e de Defesa Nacional.

Mas os absurdos não param por aí. As leis bizarras também versam sobre a proibição do consumo de melancia (Rio Claro-SP, 1894), tida como agente transmissor de tifo e febre amarela no século 19, a proibição do uso de preservativos e anticoncepcionais (Bocaiúva do Sul-PR, 1997) com o objetivo de aumentar a população e com isso receber mais recursos federais, e até o veto às máscaras em festas e eventos sociais - "exceto no carnaval" (São Luís-MA, 1968), com o intuito de identificar bandidos. Não é preciso dizer que todas elas viraram letras mortas.

O mais preocupante, no entanto, é que a ideia de criar leis sem pé nem cabeça segue presente até os dias de hoje, mesmo no Congresso Nacional. Existe uma verdadeira obsessão com a ideia de que todos os problemas do mundo, reais ou imaginários, podem ser resolvidos magicamente na base da canetada, sem levar em consideração as consequências reais das leis. Nos últimos anos, diversas propostas excêntricas foram apresentadas, como o projeto de lei 74/2015, do deputado federal Pompeo de Mattos (PDT/RS), que obriga as casas noturnas a fornecer camisinhas aos frequentadores. Pode até parecer cômico, mas leis como essa, além de onerar os estabelecimentos — que certamente repassam esse custo extra aos frequentadores —, refletem o pensamento paternalista de alguns parlamentares e o desconhecimento básico de economia e das leis de causa e consequência. Em uma sociedade livre, não é o Estado que deve decidir se o cidadão vai usar preservativo ou não. Isso vai da responsabilidade de cada indivíduo. Mais lúcido do que o seu colega, o relator do projeto, deputado Joaquim Passarinho (PSD/PA), rejeitou a lei.

Na mesma linha, o Projeto de Lei 325/2019, de autoria da deputada estadual gaúcha Franciane Bayer (PSB) propunha que restaurantes, bares e similares que atendessem no sistema de rodízio concedessem um desconto mínimo de 30% no preço das refeições para clientes submetidos a cirurgia de redução do estômago. Já os restaurantes que operam no sistema "à la carte" também seriam obrigados a oferecer pratos reduzidos, com o mesmo desconto. Um projeto que afronta a lógica do livre mercado, mas que já está regulamentado na capital, Porto Alegre, desde dezembro de 2014.

Porém, ainda mais grave do que as propostas que ferem a liberdade individual são os que servem exclusivamente para criar burocracia, privilégios e onerar ainda mais o Estado. É o caso do projeto de lei complementar 137-B/2005, de autoria do deputado Flexa Ribeiro (PSDB/PA) e relatoria de Carlos Gaguim (DEM/TO), que propõe a divisão de municípios em todo país. Antes de qualquer coisa, é preciso lembrar que o Brasil já possui mais de 5.500 cidades, sendo que 83% delas não conseguem arrecadar nem 20% das suas despesas.

Este projeto vai na contramão do que se observa hoje nos países desenvolvidos, onde existe uma tendência de agrupamento de cidades menores com o objetivo de otimizar os recursos públicos através da redução de gastos administrativos. A proposta em questão vai muito além de criar uma nova cidade. Envolve a eleição de um novo prefeito, novos secretários, novos servidores, novos vereadores... Caso aprovada, essa lei irá beneficiar alguns poucos. À maior parcela da população restará apenas a conta. A cada nova cidade, são novos cargos burocráticos para pagar, mais impostos e menos dinheiro para os serviços públicos que interessam.

Nos capítulos a seguir, apresentarei brevemente como seria estruturado um governo focado nas seis atividades básicas e como isso impactaria a vida dos brasileiros.

CAPÍTULO 4

# Como Escolher?
# O Princípio das Eleições Livres

A verdadeira democracia reside nos corações e mentes dos cidadãos, quando estes confiam nos princípios e normas democráticas e aceitam os direitos e responsabilidades implicadas neste processo. Séculos foram necessários para que as sociedades evoluíssem para o que temos hoje. Isso se traduz em diversos elementos políticos que caracterizam uma democracia, tais como o respeito aos direitos individuais, o império da lei sobre a arbitrariedade e a tolerância às minorias.

Particularmente, se tivermos que buscar um elemento básico que difere os regimes democráticos dos regimes autoritários, esse elemento certamente será a prática de eleições livres. Nos lugares onde o poder político é disputado por meio de eleições livres existe, de fato, democracia. Em países onde isso não acontece, ou porque não há eleições (como na Coreia do Norte), ou porque as eleições são teatros de cartas marcadas, onde presidentes são reeleitos *ad eternum* com esmagadora maioria dos votos (como o Egito na época de Hosni Mubarak ou a Venezuela de hoje), não há democracia.

Nunca é demais reforçar que, para serem consideradas livres, as eleições devem ocorrer dentro de um clima de disputa real entre forças políticas antagônicas, os cidadãos não podem se sentir coagidos e a apuração deve ser transparente.

Infelizmente, ainda não existe consenso no Brasil sobre o real valor da democracia. Muita gente ainda acha que democracia é um luxo de país rico e que regimes autoritários são melhores para gerar crescimento. Os fatos derrubam essa hipótese. Existem ditaduras que apresentam grande crescimento econômico, mas para cada caso como o Vietnã (ditadura em crescimento) existem pelo menos dois casos como Coreia do Norte e Venezuela (ditaduras estagnadas ou em recessão). Um estudo do Banco Mundial, divulgado em 2019, demonstrou que de 1971 a 2018 o crescimento médio entre democracias foi de 3,7%, ante 1,2% nos regimes ditatoriais. A partir de 2020, por causa da pandemia da Covid-19, todos os números ficaram distorcidos pela crise global.

A liberdade é essencial no contexto da economia baseada no conhecimento. Para haver pesquisa tecnológica, inovação e desenvolvimento acadêmico, é fundamental que se tenha liberdade política. Excetuando-se Hong Kong e Singapura, dois sistemas semi-democráticos, 23 das 25 economias que lideram o índice global de inovação são democracias plenas. Em contraste, todos os regimes comunistas da história são, ou foram em algum momento, ditaduras.

Ditaduras tendem a ser mais corruptas[39]. Segundo o *Transparency International*, um órgão de monitoramento da corrupção, dos 30 países menos corruptos do mundo, 28 são democracias (as exceções são, mais uma vez, Singapura e Hong Kong). Segundo a revista *The Economist*, os 50 parlamentares mais ricos dos Estados Unidos possuíam juntos, em 2012, um patrimônio total de US$ 1,6 bilhão. Mesmo assim, a maior parte dessa riqueza havia sido herdada — ou seja, não foi obtida durante a vida profissional dos parlamentares. Já os 50 parlamentares mais ricos da China, nação cuja renda per capita é uma fração da americana, possuíam, juntos, nada menos do que 94,7 bilhões de dólares.

O fato de tanta gente ter acumulado fortunas em negócios pessoais enquanto serviam como parlamentares é um indício das relações promíscuas entre o dinheiro e o poder público na China. Isso ocorre em grande medida porque nos regimes ditatoriais as elites entrincheiradas no poder, sem se preocupar com eleições livres, conseguem roubar mais facilmente. Nesses países, a imprensa é controlada de perto pelos políticos e os eventos de corrupção tendem a ser abafados.

Também não existe nenhuma evidência de que as ditaduras sejam mais estáveis do que as democracias. O processo democrático de decisão é certamente mais moroso do que o de uma ditadura. Saddam Hussein toma-

---

[39] "Índice de Percepção da Corrupção" – 2020. Disponível em <https://transparenciainternacional.org.br/ipc>. Acesso em abril de 2021.

va decisões mais rápidas do que, digamos, o governo indiano. No entanto, é justamente o processo de discussão, em que vários lados de uma determinada questão são ouvidos, que reduz a chance de erros e aumenta a estabilidade na democracia.

A probabilidade de ocorrerem catástrofes nas democracias também é menor. Tiranias podem até soar estáveis enquanto o ditador está no poder. No entanto, quando esses morrem, é muito comum o país descer ao caos. A democracia, evidentemente, não é um sistema perfeito. No entanto, é o "menos pior" para livrar um país de escolhas ruins.

A grande questão que deve ser resolvida numa democracia é justamente a qualidade da escolha. Quando o Conselho de Administração de uma grande empresa escolhe seu presidente, por exemplo, trata-se de uma decisão altamente qualificada, realizada por pessoas com anos de preparo e que conhecem muito bem os candidatos — ou pessoalmente ou porque analisaram profundamente a carreira de cada um. No caso das eleições como as conhecemos hoje, infelizmente, isso não ocorre da mesma forma.

Em primeiro lugar, o nível cultural e educacional da população é muito menor. Muita gente faz a sua escolha política com base na entrega de pequenos presentes, como cestas básicas ou auxílios governamentais. Democracias são tão fortes quanto a qualidade do seu sistema educacional. Outro problema é o distanciamento entre o eleitorado e os candidatos. Como veremos mais adiante, nosso sistema eleitoral é opaco, complexo, distorcido e ainda incentiva as pessoas a se esquecerem rapidamente em quem votaram nas últimas eleições.

Por fim, existem preconceitos e distorções que fazem com que os eleitores sistematicamente apoiem candidatos com propostas ruins para a população. Muitos políticos se aproveitam da dificuldade que as pessoas têm em entender que o lucro individual geralmente é bom para a sociedade, para angariar votos entre os eleitores mais pobres. Trata-se de um discurso populista que se repete, eleição após eleição, e faz com que muitos de fato acreditem nessa teoria.

O economista Bryan Caplan, da *George Mason University School of Law*, cita como exemplo as oscilações no preço da gasolina. Perguntadas sobre as razões de um eventual aumento, a maior parte das pessoas costuma apontar a ganância das empresas. Por outro lado, a quase totalidade dos economistas aponta as leis de oferta e demanda como causa: ou faltou petróleo ou aumentou o consumo - ou ambos ao mesmo tempo. Os especialistas, evidentemente, não têm razão em tudo. No entanto, nesse caso, a visão do público é absurda. Se o preço da gasolina sobe porque as companhias querem mais lucros, por que, em outras ocasiões, esse preço haveria de cair? As pesquisas indicam que quanto maior o nível educacional do indivíduo, maior a chance da sua opinião sobre o assunto acompanhar a dos economistas. No entanto, como cada voto conta igualmente, os políticos não perdem tempo em culpar o dono do posto de combustíveis pelos aumentos. Isso acontece sempre, mesmo nos grandes centros e não apenas com a gasolina. São Paulo é a maior e mais rica cidade da América do Sul. Ainda assim, em recentes eleições municipais, um dos candidatos manteve-se entre os líderes nas intenções de voto mesmo dizendo que o preço do arroz tinha subido devido à ganância dos comerciantes.

Outro erro muito comum por parte dos eleitores é a ideia de que políticos "criam trabalho". Caplan demonstra como as pessoas têm a expectativa equivocada de que é tarefa do governo gerar empregos. Para ilustrar esse ponto, conta o caso de um economista que visitou a China nos tempos de Mao Tse Tung. Ao ver centenas de trabalhadores, construindo uma represa, usando somente pás, perguntou: "vocês têm um trator mecânico aqui perto. Por que não o usam?" O encarregado pela obra disse que isso deixaria muita gente sem emprego. "Eu estava achando que vocês queriam construir uma represa. Se o que você quer são empregos, por que não dá colheres aos trabalhadores?", questionou o economista.

No plano individual, a ideia de "criar trabalho" faz sentido. Quando uma pessoa perde o emprego, deixa de receber salários e pode passar por dificuldades. No entanto, quando se fala de toda uma sociedade, o que importa não é quantos empregos existem, mas sim a qualidade e produção total. Quanto mais produtivo for o trabalho, maior será o bem-estar geral. É bom para uma sociedade eliminar trabalhos improdutivos. O Japão feudal, por exemplo, era quase 100% agrícola e pobre. Atualmente, mesmo com um dos maiores índices de mecanização do mundo, o país ainda possui alto nível de emprego e é uma nação muito rica. Isso ocorre porque a eliminação de empregos simples propicia o aumento da produtividade e a geração de empregos mais complexos e mais bem remunerados. Como a maior parte das pessoas não entende esse fenômeno, elas tendem a votar em políticos que prometem bobagens, como proibir o autosserviço em postos de gasolina para evitar o desemprego.

O cientista político Mancur Olson costumava apontar um outro grave problema inerente às democracias: as benesses específicas do Estado, como as pensões especiais para militares ou a meia entrada dos estudantes. Se por um lado esses benefícios são valiosos para quem recebe, por outro, para os demais cidadãos, que são a maioria esmagadora das pessoas, o custo desses privilégios é relativamente baixo. Caso o governo dobre o salário de todos os juízes federais, por exemplo, essa medida irá beneficiar enormemente a categoria. No entanto, para os demais 99,999% da população, que não são juízes, isso custará menos de um real por pessoa. Desta forma, os beneficiários têm total incentivo para articular poderosos *lobbies* para manter ou ampliar seus privilégios. Não por acaso, os membros de grupos especiais de reivindicação se organizam e lutam, com unhas e dentes, para manter e expandir seu naco de dinheiro público, enquanto os pagadores de impostos, já mergulhados na luta diária pela sobrevivência, têm pouco incentivo para se engajarem contra esses privilégios.

Com o tempo, regras e mais regras vão se acumulando, um dia beneficiando os juízes, outro dia os taxistas, outro dia os bancários, depois os senadores, depois os criadores de avestruz… até que toda a economia começa a ser arrastada por tantos grilhões improdutivos. Em uma democracia, políticos que propuserem leis para acabar com algum incentivo certamente ganharão novos inimigos — todos os beneficiários do incentivo —, porém ganharão poucos apoiadores entre a maioria dos demais cidadãos. Um exemplo prático, calculado pelo autor: um político que cortasse pela metade o salário do judiciário, economizaria R$ 1 para cada brasileiro vivo. No entanto, teria o ódio eterno garantido de 18 mil poderosos juízes (dados do Conselho Nacional de Justiça, o CNJ). Quem seria louco o bastante para fazer algo do tipo?

Todos esses fatores citados acima fazem com que a ideia de que o eleitorado naturalmente escolhe os melhores candidatos vá por água abaixo. São distorções que só podem ser corrigidas com o aumento do nível educacional, regras mais simples para eleição e uma maior divulgação dos históricos dos candidatos. Na conclusão desse livro apresentaremos uma sugestão prática, já implementada, de como apoiar os eleitores na escolha dos políticos. Ainda assim, as dificuldades certamente persistirão.

Para o filósofo grego Platão, a função dos líderes democráticos seria "assaltar os produtores, desviar o máximo possível para si e distribuir as migalhas para o resto". Já o ex-primeiro-ministro britânico Winston Churchill considerava a democracia "a pior forma de governo que existe, com exceção de todas as demais". Realmente, se compararmos o modelo democrático com as demais experiências políticas dos últimos 100 anos — fascismo, nazismo, comunismo e fundamentalismo islâmico — veremos que a democracia vence de longe.

As democracias podem ter as suas falhas, mas sistemas alternativos não se provaram mais eficazes nem sob o ponto de vista econômico nem sob o social. Nas ditaduras, o grau de corrupção costuma subir às alturas, à medida que instituições que poderiam fiscalizar os recursos públicos são sistematicamente suprimidas. Gastos com exército e forças de segurança também costumam disparar, enquanto as liberdades são esmagadas. Ou seja, apesar das fraquezas do sistema democrático como o conhecemos, ele ainda é a melhor opção na prateleira.

Isso não significa um sistema à prova de falhas, é claro. Não existe sistema eleitoral perfeito. Cada modelo possui vantagens e desvantagens, cabendo a cada nação pesá-las, decidindo o que é melhor para si. Há países que adotam o modelo de votação em listas fechadas, nas quais cada partido elabora uma relação de candidatos em que os eleitores podem votar. Somam-se os votos recebidos por cada lista e os candidatos são eleitos na ordem que nelas constar - os primeiros sendo eleitos antes e os demais em seguida. Esse sistema tende a impor uma coerência maior para os partidos e os alinhamentos ideológicos ficam mais claros. Além disso, há uma tendência dos partidos se livrarem dos candidatos com ficha suja, pois eles podem afugentar mais votos do que atrair. Por outro lado, esse sistema dá enorme poder aos caciques partidários e acentua as batalhas ideológicas no país. Outros países adotam o sistema de voto distrital, sobre o qual falaremos mais adiante.

O modelo brasileiro, infelizmente, combina um pouco do que há de pior em ambos os sistemas. Vota-se em pessoas, porém, devido a uma distorção chamada de "quociente eleitoral", os votos costumam ser transferidos dos candidatos mais votados para os menos votados. Nas eleições de 2018, por exemplo, apenas 5,26% dos eleitos na Câmara dos Deputados (27 entre 513) chegaram ao poder com seus próprios votos, segundo o Tribunal Superior Eleitoral (TSE). Os demais foram eleitos "pegando carona" nos colegas mais conhecidos. Até recentemente era ainda pior, com a regra das coligações partidárias. Com elas, você poderia votar em um político do partido X, porém eleger outro político, do partido Y.

Esse mecanismo cria injustiças também nas esferas municipais. Existem vários exemplos. No pleito de 2020, a jornalista Renata Falzoni (PV) teve mais de 26 mil votos, mas não conseguiu uma cadeira no Legislativo da cidade de São Paulo. Embora tivesse 74 nomes na disputa, o partido só conseguiu emplacar um candidato. Por outro lado, outra sigla conseguiu uma cadeira com menos da metade do apoio da jornalista.

Outro caso emblemático na corrida eleitoral pelas câmaras e prefeituras ocorreu na cidade gaúcha de Santa Maria. A jovem candidata Alice Carvalho (PSOL), com apenas 24 anos, foi a mais votada da cidade e superou todos os outros adversários, mas não foi eleita. Com 3.371 votos, recebeu 685 a mais em relação ao segundo colocado. Além dela, havia outros dois candidatos que concorriam pela sigla. Juntos, conseguiram convencer 3.999 pessoas a digitarem seus números nas urnas. Mas era preciso mais: 6.907 votos.

CAPÍTULO 5

# Como Funciona o Quociente Eleitoral?

Em uma democracia, imagina-se que os políticos com maior votação serão eleitos, certo? Como acabamos de ver, isso nem sempre acontece. No caso dos cargos majoritários, como presidente, governadores e prefeitos, é assim que funciona. Mas no caso dos representantes da Câmara Federal, das Assembleias Legislativas e também das Câmaras Municipais, não é bem assim, graças a um mecanismo peculiar chamado de quociente eleitoral, um sistema proporcional, onde os mais votados nem sempre são eleitos.

Ao escolher um candidato, o eleitor está votando, antes de qualquer coisa, em um partido — é justamente por isso que o número do partido vem antes do número do candidato. Os eleitos só são conhecidos após a aplicação de um cálculo que leva em consideração o número total de votos válidos dividido pelo número de vagas em disputa, o quociente eleitoral.

Na prática, funciona assim: suponhamos que uma eleição tenha 1 mil votos válidos e um total de 10 vagas. O quociente eleitoral será de 100. Caso um partido receba, na soma de todos os seus candidatos e os votos na legenda, um total de trezentos votos, ele terá direito a três vagas, destinadas aos três candidatos mais votados da legenda, independentemente do número de votos. Dessa aberração surgiu o fenômeno dos "puxadores de votos", que tem como maior expoente o deputado Tiririca, autor do famoso bordão "pior do que está não fica".

Nas eleições de 2010, o palhaço foi o deputado federal mais votado do país, com cerca de 1,3 milhão de votos. Em 2014, foi reeleito com pouco mais de 1 milhão. Em 2018, mesmo após afirmar que deixaria a política, recebeu 1,2 milhão de reais do fundo especial do diretório nacional do PR e acabou eleito novamente, desta vez com 445 mil votos. O número foi suficiente para levar consigo políticos pouco votados e envolvidos em casos de corrupção, como Valdemar Costa Neto, líder do PR, preso no escândalo do mensalão.

> Em geral, os candidatos não têm votos suficientes para se atingir o coeficiente eleitoral e no dia seguinte já estão divorciados (das coligações que os elegeram). No nosso sistema hoje, vota-se em Tiririca e elege-se Valdemar Costa Neto[40].

Casos do tipo não são artimanhas exclusivas do centrão e acabam alçando ao poder até mesmo políticos sem representatividade nem votos. É o caso de David Miranda (PSOL/RJ), mais conhecido por ser marido do jornalista Glenn Greenwald, fundador do site *The Intercept*. Nas eleições de 2018, Miranda era suplente do ex-BBB Jean Wyllys, eleito deputado federal pelo Rio de Janeiro por meio do quociente eleitoral. Com 24.295 votos, Wyllys ficou com a última das 46 vagas do Rio de Janeiro na Câmara graças à performance de Marcelo Freixo, que obteve 342.491 votos. Wyllys, no entanto, abandonou o país poucos meses depois, cedendo sua cadeira ao suplente.

Diante de tantas distorções, é necessário promover mudanças na forma como os parlamentares são eleitos. O atual sistema, com um número enorme de candidatos concorrendo pelo mesmo voto, dificulta a escolha por parte do eleitor. No estado de São Paulo, por exemplo, o cidadão precisa escolher um entre quase 1.200 candidatos a deputado federal — para um total de apenas 70 vagas —, o que praticamente inviabiliza uma escolha ponderada e consciente. Para se ter uma ideia, caso o eleitor decida estudar cada um dos candidatos por uma hora, levaria quase dois meses, dia e noite, para concluir a análise.

Na prática, isso faz com que o processo político não seja nada além de um teatro, onde a cada quatro anos toda uma classe política composta por

---

[40] Frase de Gilmar Mendes, ministro do Tribunal Superior Eleitoral. Cf.: <https:/ oglobo.globo.com/brasil/hoje-vota-se-em-tiririca-elege-se-valdemar-costa-neto-diz-gilmar-1-21087898> Acesso em: 14/junho/2021.

## COMO FUNCIONA O QUOCIENTE ELEITORAL?

milhares de pessoas desça do seu "Olimpo" para se apresentar aos eleitores em dispendiosas campanhas, com o intuito único de coletar votos tal como se colhe milho numa plantação. Uma vez angariados os votos, tais políticos decolam novamente rumo ao seu lugar em Brasília e qualquer conexão com a vida real da população é rompida.

Nesse contexto, o ponto-chave para a vitória de um político dificilmente está ancorado nas suas realizações, em suas ideias ou em sua competência. Ganha quem estiver presente nas propagandas, nos *jingles* da rádio e em cartazes colados nos postes. Tudo isso custa muito dinheiro. Milhares de vezes mais do que o futuro salário a ser auferido pelo deputado em questão. Como esses políticos precisam de dinheiro para se eleger, está montado o cenário para uma incestuosa relação com interesses econômicos privados. Os alicerces dos futuros escândalos de corrupção na maioria dos casos são colocados durante o período eleitoral. Os escândalos recentes comprovam essa teoria.

Duas ações devem ser tomadas para resolver esse problema. A primeira é reduzir drasticamente o tamanho da área na qual o deputado fará campanha. Em vez de concorrer em todo o estado de São Paulo, por exemplo, cada um dos 200 deputados remanescentes (lembremos que a proposta aqui é reduzir o tamanho do congresso nacional, como falaremos adiante) deverá disputar seu cargo numa região correspondente a um duzentos avos do Brasil, ou seja, cerca de 1 milhão de pessoas.

Ao invés de o político em questão precisar ser conhecido superficialmente por 33 milhões de paulistas e disputar uma vaga com mais de 1.200 candidatos, ele precisará ser profundamente conhecido por, digamos, 1 milhões de habitantes do Vale do Paraíba. Lá, haverá apenas um candidato por partido disputando uma única vaga. Isso aumentará o grau de controle e proximidade com a população e tornará o processo eleitoral tão compreensível como a escolha do prefeito. Nesse cenário, a cada cinco ou seis municípios em média (conforme veremos adiante), haverá um cargo de deputado disponível.

Esse formato proposto é conhecido mundo afora como sistema de voto distrital e existe em muitos países desenvolvidos, como Alemanha, Itália e Reino Unido. Seus principais benefícios são: simplificar as eleições, aumentar a proximidade do político com o eleitor, reduzir o custo de campanha e o espaço para corrupção, diminuir naturalmente o número de partidos e, por fim, aumentar o controle político sobre o que os mandatários fazem.

Os 513 deputados federais brasileiros eleitos em 2018 gastaram, juntos, R$ 538,3 milhões nas últimas eleições - um custo médio de R$ 10 para cada voto conquistado[41]. Alguns parlamentares, no entanto, gastaram verdadeiras fortunas na corrida eleitoral. A deputada Shéridan (PSDB-RR), por exemplo, investiu R$ 2,3 milhões em sua campanha, um custo de R$ 190 para cada voto obtido. No Reino Unido, onde prevalece uma forma de voto distrital, o custo de cada voto gira em torno de três reais. Um dos fatores de encarecimento das campanhas é que elas precisam ser realizadas em todo o estado. Ao se implantar o voto distrital, a área geográfica a ser disputada é reduzida em pelo menos cinco vezes.

No sistema atual, existem tantos candidatos em uma eleição que não faz nenhum sentido um político aspirante vigiar e expor os eventuais malfeitos de algum deputado. Afinal, se ele gastar "munição" no deputado A, ele ainda estará disputando com outros 1.200 candidatos. No entanto, se o voto é distrital e a maior rivalidade é entre o deputado A e o candidato B, então B tem todo incentivo do mundo para ficar de olho e expor ações erradas do A e vice-versa.

Existem diferentes modelos de voto distrital e seria preciso aprofundar os prós e contras de cada um para se escolher o mais adequado ao Brasil. O mais simples é o chamado *"first pass the post"*, ou distrital puro em um turno, existente na Inglaterra por exemplo. Cada distrito tem um candidato por partido e quem tiver mais votos ganha a cadeira, assim como em uma eleição para prefeito sem segundo turno.

Esse modelo, porém, pode dar margem para que um político com alto índice de rejeição seja eleito. Imagine, por exemplo, que 20 candidatos estejam competindo e o político com mais votos tenha apenas 17% do total. Como nenhum dos demais conseguiu superá-lo, essa pessoa será eleita, mesmo se for o candidato mais detestado pelos demais 83% dos eleitores. Para resolver esse problema, existe o sistema de voto distrital em dois turnos, a exemplo do que ocorre hoje nas eleições majoritárias de governador e presidente no Brasil.

---

[41] "Deputados federais eleitos gastaram, em média, R$ 10 para cada voto recebido" – 2018. Disponível em <https://g1.globo.com/politica/eleicoes/2018/eleicao-em-numeros/noticia/2018/11/09/deputados-federais-eleitos-gastaram-em-media-r-10-por-cada-voto-recebido.ghtml>. Acesso em abril de 2021.

Mas isso não resolve a questão completamente. Outro problema grave é que no sistema distrital puro partidos importantes, porém minoritários, podem ficar sub representados. Imagine-se um partido com 20% de intenção de votos em todos os distritos, porém sem ter maioria em nenhum. Nesse caso, apesar de ser a preferência de milhões de eleitores, o partido em questão não ganharia nenhuma cadeira no parlamento.

Um caminho que alivia esse problema é o chamado "distritão", em que a área de eleição é um pouco maior e elege não apenas uma cadeira, mas sim duas ou três. Isso permite que mais de um partido possa obter representação e dar espaço a partidos que não conseguiriam a maioria absoluta de outra forma.

A Austrália tem talvez o sistema eleitoral mais curioso, porém bastante interessante. Por lá, existe o sistema de listas de preferência, onde o eleitor é convidado a listar os seus três candidatos favoritos, em ordem de preferência. Quando os votos são apurados, considera-se a primeira opção de todos os eleitores. Se algum político obtiver mais de 50% dos votos, está eleito. Caso ninguém receba mais da metade, o sistema elimina o último colocado da eleição e distribui os votos dele para os candidatos de segunda opção.

Na prática funciona assim: vamos supor que você, eleitor, escolheu como primeira opção um candidato do partido X. Se ele for o último colocado, é eliminado da disputa. Seu voto, então, vai para a sua segunda opção. O sistema recalcula os votos e verifica se, com a nova contagem, alguém atingiu os 50%. O processo se repete, eliminando-se os últimos colocados, sucessivamente até que alguém atinja a maioria absoluta necessária para ser eleito. Existem duas vantagens nesse método incomum. Além de não haver necessidade de um segundo turno de votação, esse sistema ainda premia os políticos com menor rejeição.

Vamos fazer aqui um exercício para ilustrar como seria aquela eleição hipotética com 20 candidatos, que falamos há pouco. Imagine que os dois políticos mais odiados, mais polarizados e com maior rejeição da maioria do eleitorado são justamente aqueles com mais votos entre sua base restrita de apoiadores: um com 17% dos votos e outro com 16%. Nos sistemas tradicionais, ainda que eles sejam os mais rejeitados pela maioria, estarão qualificados para a disputa do segundo turno graças às suas bases de fanáticos seguidores. No final, haverá uma maioria dos eleitores muito infeliz com o resultado, seja ele qual for.

Imagine que logo após esses dois políticos, 10 outros, mais moderados, tenham dividido o bolo dos votos. Pelo sistema australiano, os moderados da eleição têm maiores chances de irem acumulando as segundas e terceiras opções dos demais eleitores, podendo, inclusive, superar os mais radicais.

É preciso destacar também que em países onde se implementou o voto distrital há uma tendência de redução do gasto público. Esse efeito não é tão óbvio, mas pode ser compreendido quando se avalia a natureza dos apoios parlamentares atuais. No sistema eleitoral brasileiro, muitos parlamentares montam bases de sustentação em grupos organizados, como sindicalistas, empreiteiros e aposentados do serviço público, em sua maioria interessados em manter benefícios oriundos do Estado.

De acordo com o cientista político Octavio Amorim Neto, "como o governo precisa de sustentação política, permite que deputados enviem dinheiro público, por meio de emendas parlamentares, para saciar esses grupos de pressão organizados". Os repasses em 2011 foram de R$ 7,6 bilhões. A Lei de Diretrizes Orçamentárias (LDO) de 2021 já previa R$ 16 bilhões em emendas, mais que o dobro observado uma década antes, e 15,6% acima dos R$ 15,4 bilhões autorizados em 2020. Paula Lopes, da revista Veja, explica que "para os deputados, o cálculo é simples: se agradarem a um grupo restrito, terão dinheiro e votos suficientes para se reeleger, mesmo que para isso tenham que tomar atitudes que possam desagradar ao conjunto da sociedade".

No caso do voto distrital, o foco não é agradar grupos restritos, mas sim atender a maioria dos eleitores da região. Um estudo internacional realizado pelos economistas Torsten Persson e Guido Tabellini demonstrou que em países que adotam o voto distrital, o gasto do governo em relação ao PIB é, em média, nove pontos percentuais abaixo dos demais.

O voto distrital não representa, por si só, a cura de todos os problemas políticos brasileiros. Ele não é uma solução milagrosa e certamente tem seus pontos negativos. Além dos perigos de sub-representação, já descritos acima, o voto distrital também tende a deixar a política um pouco mais regional. Grandes assuntos nacionais ou ideológicos podem perder espaço para temas como a rodovia daquela região ou os eventos que serão feitos em tal cidade. Além disso, partidos ligados a certos grupos de interesse dificilmente conseguiriam ganhar eleições distritais e fatalmente acabariam desaparecendo ou se fundindo com outros partidos.

Mesmo assim, pesando os prós e contras e olhando pelo contexto caótico do Brasil, a implantação do voto distrital seria um grande passo rumo à melhoria do sistema. Nas palavras do cientista político José Álvaro Moisés, da Universidade de São Paulo, "com o voto distrital os eleitores se sentem mais motivados a acompanhar a atuação do seu parlamentar, cobrar as suas promessas e pressioná-lo. O modelo reforça a percepção dos eleitores de que estão sendo de fato representados. Na democracia, isso não é pouca coisa".

A segunda recomendação seria limitar fortemente o financiamento de campanhas eleitorais. Atualmente, os partidos políticos no Brasil contam com duas fontes de recursos públicos para financiar as campanhas dos seus candidatos nas eleições: o Fundo Especial de Financiamento de Campanha (FEFC), também conhecido como Fundo Eleitoral, com cerca de R$ 2 bilhões, e o Fundo Especial de Assistência Financeira aos Partidos Políticos, o Fundo Partidário, com quase R$ 1 bilhão em 2020. Trata-se de uma violência surreal contra os cidadãos comuns, que têm seu trabalho assaltado na forma de impostos e ainda são obrigados a financiar as campanhas de políticos que muitas vezes desprezam. Dinheiro que deveria ser investido em escolas e hospitais acaba sendo torrado em onerosas campanhas eleitorais, muitas vezes de líderes partidários corruptos.

Os defensores desses fundos obrigatórios apontam para a importância de dar chance a todos e tornar a política independente de interesses econômicos. Mas, a prática demonstra que mais de 80% desse dinheiro fica concentrado nas mãos dos velhos caciques. Em tempos de redes sociais, não faz mais sentido torrar bilhões de reais de dinheiro dos contribuintes em campanhas eleitorais.

Felizmente, o Brasil já proibiu as doações de empresas para campanhas políticas. Existem muito poucos motivos legítimos pelos quais um empresário toparia, por vontade própria, dar dinheiro para candidatos. Quando o fazem, é porque muito provavelmente vão querer favores em troca, posteriormente. Somente pessoas físicas devem ser autorizadas a doar para as campanhas e, mesmo assim, é preciso limitar o valor por CPF. Esse sistema já existe no Canadá e ajuda a democratizar a política. Campanhas saudáveis são aquelas em que políticos dedicados e coerentes captam um volume moderado de recursos, de forma distribuída, proveniente de milhares de pequenos doadores. Isso ajuda a moderar o impacto do poder econômico concentrado sobre a política.

Além disso, é preciso acabar com o sistema de suplentes. Por lei, cada candidato tem o direito de escolher o suplente que quiser, podendo assumir o cargo na ausência do titular. Na prática, é um sistema onde pessoas que não receberam um voto sequer assumem cargos públicos. Muitas vezes, o suplente financia a campanha de algum político mais conhecido do que ele justamente para que, uma vez vencida a eleição, possa assumir a sua cadeira e gozar dos benefícios do cargo. O mais justo seria manter a sequência da eleição, deixando os candidatos mais votados entre os que não se elegeram em uma lista de espera. Caso algum mandatário tenha que se ausentar do cargo, seu mandato seria repassado ao primeiro da fila - assim como acontece no vestibular.

Outra mudança importante seria permitir somente uma reeleição para todos os cargos políticos. Cumpridos seus dois mandatos, o político seria impedido de concorrer ao mesmo cargo. Hoje assistimos ao fenômeno dos "políticos eternos", que constroem verdadeiros feudos eleitorais e assim se perpetuam no poder. No Brasil, alguns deputados conseguem se fixar no poder por até oito mandatos consecutivos, ou seja, ficam mais de 35 anos no poder, ocupando sempre o mesmo cargo. Essa realidade compromete a capacidade de renovação e incentiva os conchavos e a corrupção.

No sistema que propomos, por exemplo, um vereador pode ocupar tal posição apenas duas vezes. Depois disso, caso queira permanecer na política, terá que se candidatar a outro cargo, como prefeito ou deputado estadual. Idealmente, a política deve ser uma atividade transitória, realizada por um período determinado, por cidadãos comuns.

É importante também estabelecer algumas restrições para as atividades de ex-políticos. Um deputado, por exemplo, ao final do seu mandato não poderá atuar como lobista nem trabalhar para empresas fornecedoras do governo durante um período de pelo menos quatro anos. Isso tem como objetivo evitar eventuais oportunidades de tráfico de influência e corrupção.

## PROPOSTAS PARA AS ELEIÇÕES

Implementar o voto distrital, dividindo o Brasil em 100 distritos. Cada candidato concorre somente no seu distrito. Acabar com o fundão eleitoral e o fundo partidário, assim como a figura do suplente. Limitar todos os cargos públicos a somente uma reeleição.

CAPÍTULO 6

# Estrutura do Governo

Um dos princípios políticos mais importantes criados até hoje foi o da separação dos poderes. Os filósofos iluministas que idealizaram esse modelo acreditavam que a melhor forma de evitar a tirania e proteger as liberdades individuais seria repartindo o poder público em três partes: Executivo, Legislativo e Judiciário. Cada um dos poderes teria atribuições específicas e serviria como contrapeso aos demais poderes, trazendo equilíbrio e estabilidade.

O princípio da separação dos poderes deve ser rigorosamente mantido. No entanto, cabem algumas alterações no tamanho e forma de trabalho de cada um deles.

## PODER EXECUTIVO

É o que faz cumprir as leis. O Presidente da República é eleito por voto direto e, além de ser o símbolo do governo e do país, toma as decisões mais importantes no dia a dia, apoiado pelos ministérios e toda a estrutura do Executivo. O grande problema, porém, é que o número de assuntos tratados por ele é grande demais para focar no que é realmente importante. Tendo como base as seis atividades fundamentais que vimos anteriormente, deve haver uma reformulação profunda nos ministérios.

Em 2016, durante o governo da petista Dilma Rousseff, o Brasil chegou a ter nada menos do que 39 ministérios! Desde junho de 2020, sob o governo de Jair Bolsonaro, o Brasil tem 23 pastas ministeriais, sendo 17 ministérios, duas secretarias e quatro órgãos equivalentes a ministérios[42]. Foi um avanço, mas é preciso reduzir ainda mais. Nossa proposta é reduzir essa estrutura para, no máximo, oito ministérios.

Os Estados Unidos, com uma economia 14 vezes maior que a nossa, possuem apenas 15 ministérios. A redução no Brasil é necessária por princípio elementar de gestão: ninguém é capaz de supervisionar adequadamente 39 pessoas - ou mesmo 23. Na prática, muitos ministros acabam não conseguindo nem falar com o presidente e acabam assumindo um papel muito mais figurativo. As pastas por aqui nada tem a ver com gestão. Elas são comandadas por políticos e usadas pelos governos como trunfos para costura de alianças políticas.

Mesmo que, hipoteticamente, o presidente fosse dotado de capacidade sobre-humana e conseguisse gerenciar tamanho leque de assuntos, ainda assim acreditamos que o governo deveria se abster de intervir em temas menores e se concentrar unicamente nos seis assuntos críticos para o país. Alguns assuntos poderiam ser completamente eliminados e deixados a cargo da sociedade civil, o que abriria espaço para a redução da burocracia. Cargos como o de ministro da Cultura ou do Turismo deveriam ser extintos: esses são assuntos que não dizem respeito ao governo federal e podem ser muito melhor tratados no nível local.

É preciso eliminar também todo tipo de lei de incentivo cultural e esportivo, como por exemplo, a chamada Lei Rouanet, que foi rebatizado pelo presidente Bolsonaro de Lei de Incentivo à Cultura. Independentemente do nome, essas leis têm o mesmo DNA. Elas permitem que empresas destinem até 4% do imposto de renda devido para projetos culturais aprovados por Brasília. Na prática, isso significa que o contribuinte brasileiro, já achacado por uma das mais altas cargas tributárias do mundo, paga a conta de projetos culturais que beneficiam majoritariamente artistas milionários. É mais um exemplo de lei que pode soar bonita à primeira vista, mas que na prática gera distorções econômicas, perda de foco no que realmente importa e, pior, transferência de renda de pobres para ricos. Em muitos casos, o pagador de impostos brasileiro financia compul-

---

[42] "Quem são os 23 ministros do governo Bolsonaro" - 2020. Disponível em <https://www.cnnbrasil.com.br/politica/2020/03/07/ministerios-governo-bolsonaro>. Acesso em dezembro de 2020.

soriamente filmes de gosto duvidoso e produções artísticas alinhadas à corrente ideológica instalada no poder. Tudo isso pago pela população. Essas leis, ao serem abolidas, abrirão espaço para a redução tributária.

No entanto, não há nenhum indicativo de que isso vá ocorrer num futuro próximo. Apesar dos recentes conflitos entre o presidente Jair Bolsonaro e a classe artística, o governo cedeu mais uma vez à pressão desse grupo ao sancionar, em junho de 2020, a lei 14.017/20, também conhecida como lei Aldir Blanc, que liberou R$ 3 bilhões para o pagamento de um auxílio emergencial específico para trabalhadores e instituições da área da cultura. É mais um caso de benesse que é oferecida pelo poder público a um grupo específico. Ao invés de pensarmos em leis que possam beneficiar todos os brasileiros (ou pelo menos os cidadãos com um corte de renda abaixo de certo ponto), nos rendemos à lei de quem grita mais alto, quem chora mais forte. Isso não significa ser contra os artistas. O que não faz sentido é privilegiar uma classe somente porque ela é muito influente junto à opinião pública.

Alguns ministérios podem ter seu escopo de atuação e custo dramaticamente reduzidos, como por exemplo o Ministério das Relações Exteriores, com suas 133 embaixadas e centenas de consulados, muitas em países sem qualquer relevância para o Brasil, que custaram mais de R$ 2 bilhões aos contribuintes apenas em 2020, de acordo com o Itamaraty. Deve-se fechar a maioria das representações e focar somente nos países com maior relevância econômica e demográfica. Por que precisamos pagar pela representação brasileira em Togo, Nepal, Barbados e outras nações menos relevantes? Alguém poderia descrever a rotina do embaixador brasileiro em Timor Leste?

Outros ministérios a serem extintos deverão ser aqueles ligados a setores específicos da economia, como Telecomunicações, Minas e Energia, assuntos que deverão receber muito menos interferência do governo e que podem ser acomodados dentro do Ministério da Economia. Pelos cálculos da pasta comandada pelo ministro Paulo Guedes, o custo total dos ministérios chega a R$ 300 bilhões por ano, o equivalente a mais de R$ 1 mil por brasileiro vivo.

Fazendo um balanço geral dos atuais ministérios e tendo em vista as seis atividades essenciais do governo, fica claro que a estrutura do Poder Executivo deveria ser restrita a poucas pastas. As melhores práticas administrativas, corroboradas pelas empresas de ponta em consultoria de gestão, demonstram que um líder pode chefiar com grande qualidade de sete a nove subordinados diretos. Abaixo, uma sugestão de quais ministérios deveriam existir, diretamente abaixo do Presidente da República, para que o governo brasileiro funcione de maneira ordeira e eficiente:

**1. Ministério da Defesa e Segurança** - Concentraria todas as atividades policiais federais e militares. Teria como objetivo proteger os cidadãos, garantir a ordem e a estabilidade. Comandado por um ministro civil, cada braço armado teria um comandanteprofissional independente.

**2. Ministério da Economia** - responsável pela arrecadação tributária federal, pela política fiscal, pelo controle dos gastos e, em parceria com o banco central, pela estabilidade da moeda. Também seria responsável pelas agências reguladoras, como Anatel, Aneel e Cade, e daria suporte a setores específicos da economia, como Minas e Energia, Telecomunicações e Agricultura - que deixariam de ter status de ministério.

**3. Ministério das Relações Exteriores** - responsável pelo corpo diplomático e contatos com outros países, teria como foco principal reduzir entraves no exterior aos produtos brasileiros e alinhar o país estrategicamente com as demais democracias, afastando-se de governos ditatoriais na medida do possível.

**4. Ministério da Casa Civil** - responsável pelas relações junto ao Poder Legislativo, trabalharia nas propostas de leis, pela defesa do governo junto ao Judiciário, e cuidaria também das articulações políticas e cobranças aos demais ministros. Na prática, funcionaria como um sistema nervoso central do governo.

**5. Ministério do Meio Ambiente** - responsável pela preservação do meio ambiente e o uso de recursos naturais. Teria a tarefa de atuar junto à iniciativa privada, conciliando os interesses do crescimento econômico com a sustentabilidade ambiental. Ajudaria também na coordenação das secretarias estaduais, direcionando o máximo possível de recursos para a gestão local, com menor centralização em Brasília.

**6. Ministério da Educação** - Não administraria diretamente nenhuma escola. Seu papel seria o de coordenar o trabalho das secretarias estaduais e municipais. Forneceria apoio para o programa nacional de *vouchers* (ver capítulo específico sobre educação) e os sistemas de testes e ranqueamento das escolas e universidades. Seria responsável por tornar pública e transparente a qualidade do ensino no Brasil.

**7. Ministério da Saúde** - Idealmente também não deveria operar diretamente nenhum hospital ou posto de saúde. Essas atividades devem estar o mais descentralizadas possível, de preferência sob gestão dos municípios. Seria responsável pelo programa nacional de seguro saúde, garantindo que todos estejam cobertos por algum plano privado, em um sistema complementar de equipamentos públicos e privados, e daria as diretrizes de saúde em todo o território brasileiro.

**8. Ministério da Assistência Social** - Consolidaria todos os programas assistenciais e operaria uma única rede de proteção e prevenção da miséria através de transferência de recursos diretamente para as mãos das famílias, dentro dos parâmetros e da visão assistencial oferecida neste livro. Isso significa acompanhar de perto as famílias mais carentes, sempre em parceria com os governos locais, e realizar pagamentos em conta bancária atrelados a parâmetros como custo de vida na região de residência da família, manutenção dos filhos em escola, desempenho acadêmico e frequência dos pais em cursos de capacitação profissional.

Os demais ministérios (listados a seguir) realizam atividades que não devem estar a cargo do governo, ou então cuidam de assuntos específicos cuja importância não justificaria um ministério. Eles devem ser incorporados a algum ministério maior, com grande redução de custo, ou então extintos completamente.

Ao lado de cada ministério, apresentamos o orçamento consumido em 2020 e a quantidade de funcionários. Para saber quanto efetivamente se economizaria seria preciso um estudo mais aprofundado, mas pelo tamanho de cada um desses braços do governo já podemos ter uma boa noção de que qualquer percentual economizado seria bastante significativo e liberaria muitos recursos de volta para o bolso dos cidadãos brasileiros.

## PASTA, ORÇAMENTO E SERVIDORES EM 2020

| PASTA | ORÇAMENTO | NÚMERO DE SERVIDORES ATIVOS |
|---|---|---|
| Ministério da Agricultura, Pecuária e Abastecimento | R$ 23.577.103.951,93 | 25.006 |
| Controladoria-Geral da União | R$ 1.110.799.514,00 | 9.772 |
| Presidência da República | R$ 14.650.184.820,00 | 5.070 |
| Ministério do Turismo | R$11.606.752.715,00 | 1.646 |
| Ministério do Meio Ambiente | R$ 3.137.928.790,00 | 4.911 |
| Ministério do Desenvolvimento Regional | R$ 33.578.469.191,00 | 11.212 |
| Ministério de Minas e Energia | R$ 50.848.779.683,00 | 7.979 |
| Ministério das Relações Exteriores | R$ 4.070.896.088,00 | 1.624 |
| Ministério da Saúde | R$ 177.267.157.540,00 | 74.293 |
| Ministério da Previdência Social | R$ 678.185.236.768,00 | 13.856 |
| Ministério da Mulher, Família e Direitos Humanos | R$853.454.459,00 | 971 |
| Ministério da Justiça e Segurança Pública | R$ 19.163.580.223,00 | 34.271 |
| Ministério da Infraestrutura | R$ 28.123.700.407,00 | 7.012 |
| Ministério da Educação | R$ 143.514.573.329,00 | 316.994 |
| Ministério da Economia | R$ 2.344.708.645.955,00 | 99.621 |
| Ministério da Defesa | R$ 113.976.947.957,00 | 379.415 |
| Ministério da Ciência, Tecnologia, Inovações e Comunicações | R$ 15.587.203.843,00 | 9.708 |
| Ministério da Cidadania | R$ 424.380.841,00 | 1.759 |
| Advocacia-Geral da União | R$ 3.988.454.614,00 | 11.183 |

Após a extinção da maioria dos ministérios, os que restarem devem ter seus quadros fortemente enxugados, com patamares mais baixos de remuneração. Atualmente, mais da metade dos gastos do governo vão direto para pagamento de pessoal. É muito. A média de salário no setor público é mais que o dobro do setor privado para a mesma função, enquanto a carga de trabalho é menor. Nos últimos anos, esse quadro só tem piorado. Entre 2003 e 2019, de acordo com a Associação Brasileira de Educação e Cultura (Abec), a média salarial do Governo Federal aumentou 173%. Para os economistas Felipe Salto e Nelson Marconi, da FGV, se a iniciativa pública se aproximasse da privada em termos de eficiência, haveria espaço para uma economia de até R$ 144 bilhões por ano. Isso dá quase cinco vezes o orçamento do Bolsa Família.

Segundo o jornalista Robson Bonin, "devemos ao inglês Cyril Northcote Parkinson a mais notável e mais amplamente aplicável explicação para a lógica cruel das burocracias". Mr. Parkinson baseou-se no sistema britânico para administrar as colônias. Como se sabe, com o fim da Segunda Guerra Mundial o império britânico foi desfeito. As colônias foram perdidas. Mas a burocracia que cuidava das colônias, não. Pelo contrário. O número de burocratas do departamento continuou a crescer, mesmo sem haver mais colônias para administrar. Parkinson, então, formulou sua lei em três artigos:

1. Uma repartição pública crescerá sempre de tamanho, a despeito do volume de trabalho a ser feito;
2. Os burocratas cuidam de arranjar trabalho uns para os outros;
3. O burocrata procura multiplicar o número de subordinados, mas não o de rivais.

Quem anda pela Esplanada dos Ministérios, em Brasília, pode testemunhar a validade das teorias de Cyril Parkinson. No prédio do Ministério do Desenvolvimento Regional, por exemplo, existem seis elevadores, cada um dos quais com um ascensorista. Cinco deles servem aos funcionários e visitantes, enquanto um sexto elevador possui uma placa onde se lê "somente para autoridades" e um funcionário o dia todo postado à porta. Seu trabalho: impedir que "pessoas comuns" utilizem o elevador reservado às autoridades. Mesmo se esquecermos por um instante a imoralidade de haver tal discriminação e estupidez dentro de um órgão público, esse desperdício de mão de obra é um sinal claro de como as coisas funcionam dentro das repartições públicas.

De acordo com Nelson Marconi, da Fundação Getúlio Vargas, mais de 30% do quadro atual de funcionários públicos poderia ser imediatamente cortado sem prejuízo da qualidade dos serviços públicos. Isso ocorre porque quase todos os órgãos estão inchados, com muito mais servidores do que o necessário para realizar os seus objetivos. Alguns cargos são tão bizarros que seu nome beira a fantasia. Em 2014, por exemplo, o extinto Ministério da Pesca nomeou um "Coordenador-geral da Coordenação-geral de Planejamento e Ordenamento da Aquicultura em Águas da União Marinhas do Departamento de Planejamento e Ordenamento da Aquicultura em Águas da União da Secretaria de Planejamento e Ordenamento da Aquicultura do Ministério da Pesca".

Outro assunto que precisa ser atacado com urgência é o problema dos cargos nomeados. Um serviço público eficiente deve ser regido pelos princípios da impessoalidade, meritocracia e eficiência. Isso exige, entre outras coisas, um filtro profissional e impessoal para a contratação de funcionários: o concurso público. Mesmo existindo muitas falhas, o concurso público é um filtro que garante igualdade de oportunidade para todos e exige um mínimo de competência daqueles que o prestam.

Em tese, os cargos nomeados existem para que os governantes eleitos possam se cercar de um pequeno time da sua confiança. Esses colaboradores não precisam passar por nenhum tipo de prova ou concurso. Como o próprio nome diz, eles são simplesmente nomeados pelo governante eleito. Existem cargos nomeados em praticamente todos os países do mundo. É impensável que um Presidente da República, por exemplo, não possa nomear o seu ministro da Fazenda. O problema no Brasil é que a quantidade de cargos nomeados é gigantesca e vai muito além das posições estratégicas.

De acordo com um levantamento do Ministério do Planejamento, a Inglaterra possui apenas 300 cargos nomeados em todo país. França e Alemanha possuem cerca de 500 cargos cada. A Nova Zelândia permite apenas três por ministério. Os Estados Unidos possuem cerca de 8 mil. Já no Brasil, somente na esfera federal, há mais de 23 mil cargos nomeados, abrangendo praticamente todos os escalões, nos mais diversos ministérios, agências reguladoras e empresas estatais. Quando se soma esse número aos cargos nomeados nas esferas estadual e municipal, o efeito desse fenômeno sobre a administração pública torna-se devastador.

Em primeiro lugar, tais funcionários são escolhidos por critérios políticos. Isso significa que os órgãos públicos mais importantes do país são comandados, em geral, por pessoas sem a qualificação necessária para a função — existem, evidentemente, exceções à regra. Na prática, isso significa que funcionários de carreira acabam recebendo ordens de pessoas que não têm a menor ideia do que estão fazendo e que estão lá simplesmente porque são bem conectadas politicamente. Essa situação acaba com qualquer motivação por parte dos servidores concursados e compromete a qualidade do serviço público.

Além disso, o elevado número de cargos nomeados transforma a política num balcão de troca e aparelhamento do Estado. A cada mudança de governo, dezenas de milhares de funcionários públicos são substituídos por membros do partido da vez ou de aliados. Competência, qualificação e mérito são ignorados neste processo. Alinhamento ideológico, patrulhamento sobre dissidentes e corrupção tornam-se a norma, inchando cada vez mais a máquina pública com amigos, parentes e apadrinhados de todo tipo.

É da maior importância para o país que os cargos nomeados sejam reduzidos drasticamente, de preferência para números próximos aos da Inglaterra. Isso não significa que somente com os concursados as coisas se tornem uma maravilha. Os funcionários de carreira costumam gozar de estabilidade, sendo praticamente impossível demitir os incompetentes. Essa regalia também precisa ser eliminada. Do contrário, nada se resolverá. Quem conversa com secretários de governo costuma escutar que se não houvesse os cargos nomeados, nada aconteceria. Isso parece um paradoxo, mas tem lá o seu fundo de verdade.

A impressão com que ficamos é a de que o serviço público está "entre o fogo e a frigideira". Os funcionários nomeados podem ser apenas indicações políticas, sem competência para o cargo, enquanto os funcionários concursados muitas vezes fazem pouco ou nenhum trabalho, já que não podem ser demitidos. A solução para isso seria ter um serviço público semelhante ao que vemos em países como Inglaterra e Singapura: difícil de entrar, porém fácil de sair. Funcionários bem pagos, bem treinados, admitidos somente via concurso público, sem indicações pessoais, mas que podem ser exonerados por baixa performance a qualquer momento. A lei brasileira já prevê, há mais de 20 anos, avaliação de desempenho periódica para servidores públicos. Porém, nada disso é implementado na prática porque a lei segue sem regulamentação. Por que será?

Por fim, é preciso definir regras mais duras para os funcionários públicos que entrarem em greve. Atualmente, os movimentos de paralisação são acompanhados de tamanha pressão política que fica quase impossível descontar do salário os dias não trabalhados. Há também uma deficiência institucional. Embora a Constituição de 1988 tenha estabelecido o direito de greve para os servidores, até hoje essa lei ainda aguarda regulamentação. Na falta dela, o Supremo Tribunal Federal decidiu que passasse a valer a mesma lei que regula as greves no setor privado.

Ocorre que, neste caso, a greve não é contra o patrão, mas sim contra a sociedade, que arca com os prejuízos e paga a conta. A greve dos Correios de 2020, por exemplo, que durou 35 dias e levou o caos às entregas no país, não gerou qualquer desconto nos vencimentos dos grevistas. De acordo com a então ministra do Tribunal Superior do Trabalho Kátia Arruda, suprimir parte da remuneração devido à paralisação configuraria uma tentativa de intimidar e obstruir o livre exercício desse direito. Categorias como médicos, juízes, fiscais e policiais deveriam ser proibidas de entrar em greve.

Reduzir o tamanho da burocracia brasileira é uma tarefa dura, porém essencial para que a população possa receber os serviços públicos que merece.

## PODER LEGISLATIVO

É o que cria e aprova as leis. O Legislativo brasileiro é composto pela Câmara dos Deputados e pelo Senado, representando respectivamente o povo e as unidades federativas. Na prática, são dois órgãos caros e pesados, em que a corrupção e a criminalidade correm soltas. Atualmente, quase um terço dos deputados brasileiros respondem processos criminais. Outros tantos são frequentemente envolvidos em escândalos políticos, como o Mensalão ou o Petrolão. Além disso, muitos deles são eleitos após campanhas fraudulentas, utilizando verbas públicas desviadas, e assim vão se perpetuando no poder.

De acordo com o Instituto Transparência Brasil, o custo por parlamentar brasileiro é o maior do mundo. Gasta-se, por ano, mais de R$ 10 milhões com cada deputado e mais de R$ 39 milhões por senador. Na Espanha, por exemplo, país muito mais rico que o Brasil, o custo é equivalente a

R$ 850 mil. Proporcionalmente, cada brasileiro gasta com o Legislativo três vezes mais do que os chilenos, cinco vezes mais do que os americanos e 11 vezes mais do que os ingleses.

A primeira recomendação para o legislativo seria reduzir a quantidade de parlamentares. Isso tornaria mais simples as discussões legislativas, sem perder a massa crítica necessária para que uma ideia seja adequadamente debatida. Ao invés de três senadores por estado, sendo dois eleitos em um ciclo eleitoral e outro eleito no seguinte, poderia haver apenas dois. Como cada senador custa cerca de R$ 40 milhões por ano, estamos falando aqui de uma economia de mais de R$ 1 bilhão por ano.

O mesmo deveria ser feito na Câmara dos Deputados. Com o voto distrital, em vez de 513 políticos, poderíamos ter cerca de 200 deputados, com economia de mais de R$ 3 bilhões por ano. Essa medida certamente não acabaria com a corrupção, mas ajudaria a reduzir os desvios, uma vez que 227 pessoas roubam menos que 594 (somando-se deputados e senadores). A redução no número de cargos também teria como efeito o aumento do controle dos parlamentares por parte da sociedade, já que haveria menos gente para vigiar.

Sobre os deputados federais, é preciso eliminar uma injusta distorção herdada do regime militar: atualmente, os estados elegem entre oito e 70 deputados, de acordo com a sua população. Essa regra ignora o fato de que alguns estados são incomparavelmente maiores do que outros. Em um sistema igualitário, onde o voto de cada brasileiro tivesse exatamente o mesmo peso, o Acre deveria eleger apenas um deputado (e não oito). Da mesma forma, o estado de São Paulo deveria eleger 108 deputados (e não 70). Ou seja, atualmente o voto de um acreano vale mais de 10 vezes mais do que o voto de um paulista, em termos de influência política em Brasília.

A lei prevê atualização periódica desses máximos e mínimos, porém desde 1993 não se aprova nenhuma mudança, algo que é bloqueado pelo *lobby* dos estados pequenos. Essa regra de mínimo e máximo deveria ser eliminada para que cada brasileiro goze de igualdade representativa. No Senado, por outro lado, os estados seriam igualmente representados.

Os benefícios de haver menos políticos não param por aí. Quanto mais políticos, maior é a quantidade de leis estúpidas a serem promulgadas. O excesso de leis atrapalha o país, obrigando pessoas e empresas a constantemente se adaptarem a regras sem sentido. A tentação de gerenciar a vida dos outros é algo a ser evitado com a redução na quantidade de políticos. Analisando um conjunto de mais de 1.000 leis promulgadas nos últimos anos, o autor deste livro observou que quase metade delas dizia respeito a temas irrelevantes, como troca de nomes de parques nacionais, feriados etc. Se há poucos políticos, eles precisam se concentrar nos temas de maior interesse e relevância nacionais.

Nesse ponto não estamos falando apenas do Brasil. Mesmo em nações prósperas e teoricamente avançadas, políticos têm o hábito de produzirem leis estúpidas a toque de caixa. Preocupado com a causa — justa — do combate à obesidade juvenil, o ex-prefeito de Nova York Michael Bloomberg impôs limites ao tamanho dos refrigerantes que podiam ser vendidos nos estádios. A lei só se aplicava aos estádios esportivos e nada impedia um jovem de tomar dois, três ou 10 refrigerantes na rua. No entanto, a lei gerou transtornos e custos desnecessários aos vendedores de refrigerante na cidade. Esse é apenas um exemplo entre milhares, que ocorrem todos os dias mundo afora.

É interessante notar que, nos Estados Unidos, cada unidade federal estabelece suas próprias regras em relação a salários e funcionamento da câmara legislativa estadual. Segundo a *National Conference of State Legislatures*, os salários chegam a US$ 90 mil por ano na Califórnia, o melhor pagador — mas ainda bem abaixo do que recebe um deputado brasileiro. Por outro lado, em outros estados os deputados recebem muito menos. No Kansas, o salário é de US$ 5 mil. No Alabama, US$ 1.000. Em New Hampshire, o governo paga apenas US$ 100 por ano e no Novo México o trabalho de deputado é completamente voluntário. Isso ocorre porque nesses locais o serviço público é considerado uma honra e as câmaras de deputados reúnem-se apenas esporadicamente. Coincidência ou não, o fato é que os estados em que os deputados são voluntários e trabalham pouco estão entre aqueles com os melhores indicadores econômicos dos Estados Unidos.

Juntamente com a redução no número de parlamentares, deve-se diminuir significativamente o número de funcionários por parlamentar, bem como os benefícios concedidos a eles. Hoje em dia, enquanto países como França e Inglaterra têm, respectivamente, cinco e três funcionários por parlamentar, no Brasil cada deputado dispõe de 32 funcionários, um recorde mundial.

Já no Senado existem 118 médicos, fisioterapeutas, nutricionistas e demais profissionais da saúde — número maior, inclusive, do que o de parlamentares. Todos os senadores têm direito a carro oficial com motorista e 25 litros de gasolina grátis por dia. Supondo-se que um carro roda em média dez quilômetros com um litro de combustível, são 250 km por dia. Em um mês (vinte dias úteis), são 5 mil quilômetros. Em um ano, cada senador poderia rodar nada menos do que 60 mil quilômetros, ao custo de R$ 27 mil somente em gasolina. Isso sem contar os R$ 24 mil mensais disponíveis para a compra de passagens aéreas. Tudo financiado com o dinheiro do contribuinte.

O mesmo se aplica às chamadas verbas de gabinete, que são despesas diversas para as quais os congressistas podem pedir reembolso. Os senadores, que já recebem um salário mensal de R$ 33.763,00 - mesmo valor pago a deputados federais e estaduais, e suficiente para colocar todos esses políticos no topo da pirâmide social brasileira com folga — ainda são contemplados, sem qualquer desconto, com assistência médica familiar vitalícia e sem limite de gastos. Os senadores também têm direito a 14º e 15º salários, R$ 4 mil por mês de auxílio moradia e inacreditáveis R$ 6 mil por mês para gastos com correios. É isso mesmo que você acabou de ler. Somente para o envio de correspondências, os 81 senadores gastam quase R$ 6 milhões por ano. Em um mundo cada vez mais digital, gastos desse tipo são uma verdadeira afronta ao contribuinte. E ainda tem político que desvia parte do salário dos funcionários de seu gabinete para complementar a própria renda.

É preciso uma mobilização da sociedade pelo fim dos privilégios a esses políticos. Antes de pensar em aumento de impostos para cobrir o rombo causado pela pandemia, é necessário cortar na própria carne, reduzindo o limite de gastos dos parlamentares e limitando a quantidade de assessores a, no máximo, três.

Outro item que precisa ser atacado com dureza é o uso de ativos do governo para fins particulares. Isso inclui a proibição de festas pessoais em imóveis públicos, viagens de lazer ao exterior rotuladas como "oficiais" e, especialmente, o fim do uso de aviões da Força Aérea para objetivos privados. Entre os diversos abusos, que custam aos cofres públicos R$ 25 milhões ao ano, chegou-se ao absurdo de enviar um jato para buscar a babá dos filhos de um alto político carioca no réveillon — em média, apenas 15% dos parlamentares retornam ao trabalho na data oficial do fim do recesso. Toda essa farra é paga com o dinheiro dos nossos impostos.

A redução do número de parlamentares é compatível com a definição mais estreita de governo que está sendo defendida aqui. Se a abrangência das atividades públicas será reduzida, se o número de leis e regras deverá ser mantido sempre no mínimo, por que manter tantas pessoas no Legislativo?

O Legislativo deve somente receber leis propostas pelo Executivo, assim como ocorre hoje, e avaliá-las em comissões específicas e especializadas. É preciso analisar com rigor se determinada lei é compatível com as limitações constitucionais, se ela é boa para o país e só então votar pela sua aprovação ou não. Acima de tudo, o Legislativo deve vigiar a Presidência da República, impedindo aventuras populistas ou flertes rumo ao autoritarismo.

O equilíbrio dos poderes é uma conquista da civilização e deve ser preservado. O Legislativo deve ter o poder de bloquear ações indesejadas do Executivo e esse, por sua vez, deve ter o poder de veto sobre as leis passadas no Congresso. Aqui vale um puxão de orelha também a nós, cidadãos: precisamos prestar mais atenção em quem elegemos para os importantíssimos cargos do Congresso Nacional.

## PODER JUDICIÁRIO

É o que interpreta e julga as disputas relacionadas às leis. O Poder Judiciário é extremamente importante para qualquer país, pois representa o fórum de resolução de conflitos dentro do sistema democrático. Em um cenário ideal, o judiciário é enxuto e eficiente, sendo que as instâncias mais baixas julgam rapidamente processos baseando-se na lei, no cumprimento dos contratos e especialmente nos processos similares já julgados pelas instâncias superiores.

Infelizmente, o Brasil possui uma das legislações mais extensas e confusas do mundo. Isso faz com que os casos de dúvida sejam muito frequentes e a demanda sobre o poder judiciário seja enorme, tornando esse ineficiente braço do Estado extremamente lento. Processos que poderiam ser resolvidos em poucos meses levam anos para serem concluídos, aumentando os custos para as partes litigantes e para o governo.

Apesar de o Brasil contar com 40% mais funcionários por vara do que a média mundial (14 versus 10) e gastar quatro vezes mais que países semelhantes (3,7% do orçamento público contra 1% no Chile), nosso judiciário não dá conta do volume de trabalho[43]. Atualmente existem mais de 77 milhões de processos em tramitação na Justiça brasileira. No total, o Poder Judiciário custa mais de R$ 100 bilhões por ano aos cofres públicos. As consequências dessa situação, para quem produz, são desastrosas.

Se um cliente deixar de pagar, por exemplo, uma dívida de R$ 50 mil, o custo judicial para recuperar esse valor será de cerca de R$ 37 mil, quase 75% do valor do crédito. Já o prazo para recuperar judicialmente um imóvel pode chegar a inacreditáveis sete anos. Isso aumenta os juros cobrados por bancos e empresas, uma forma de se protegerem, e impacta a economia como um todo. De acordo com o Instituto de Pesquisa Econômica Aplicada (Ipea), a taxa de crescimento do PIB poderia ser 25% maior caso o sistema judiciário funcionasse corretamente.

Os problemas começam no Supremo Tribunal Federal. Nos Estados Unidos, a Suprema Corte julga apenas cerca de 200 casos por ano, restringindo-se a casos extremamente complexos ou de forte impacto para a nação. Cada decisão da Suprema Corte costuma orientar milhares de decisões nas instâncias inferiores, de modo que um mesmo problema não tenha que tramitar diversas vezes pelos tribunais.

O Supremo Tribunal Federal é o equivalente brasileiro. Mas, por aqui, passam por ele anualmente mais de 100 mil processos, a maior parte dos quais exatamente iguais a ações anteriores já decididas. Isso torna muito difícil para esse órgão avaliar com calma as questões realmente importantes para o país e contribui para sua própria inoperância. Com 11 ministros e 2.450 funcionários (isso mesmo, uma média de 222 por ministro), trata-se possivelmente de um dos órgãos mais ineficientes da história humana.

Ainda assim, os ministros do STF não abrem mão das mordomias, muitas delas escandalosas. Somente com alimentação, são gastos anualmente R$ 12 milhões. Toda essa comida é servida por um batalhão de 27 garçons e 24 copeiros. De acordo com um levantamento do historiador Marco Antônio Villa, existem ainda 194 recepcionistas, 116 faxineiros, 293 vigilantes,

---

[43] "Por que a Justiça brasileira é lenta?" – 2019. Disponível em <https://exame.com/brasil/por-que-a-justica-brasileira-e-lenta/>. Acesso em abril de 2021.

85 secretárias e 19 jornalistas. O STF conta também com 25 bombeiros civis e, pasmem, 29 encadernadores. Haja papel! Em seus deslocamentos, os ministros ainda têm à disposição nada menos do que 58 motoristas.

Em 2019, o Supremo ignorou as críticas populares e decidiu acertar a compra de iguarias sofisticadas e vinhos importados premiados para as refeições servidas aos seus integrantes e convidados, ao custo de quase meio milhão de reais. No edital, a corte exigiu o fornecimento de pratos como bacalhau à Gomes de Sá, arroz de pato, vitela assada, codornas assadas, carré de cordeiro e medalhões de lagosta, obrigatoriamente ao molho de manteiga queimada, bem como vinhos que "tenham ganhado pelo menos quatro premiações internacionais".

O sistema judiciário trabalhista também apresenta sérios problemas. Nos últimos anos, segundo dados do sociólogo José Pastore, o judiciário brasileiro recebia uma média de dois milhões de novas ações trabalhistas por ano. Após a promulgação da reforma trabalhista, em 2017, esse número foi reduzido, mas hoje ainda existem cerca de 1,5 milhão de processos em andamento. Esse é, disparado, o maior número em todo o planeta. Para fins de comparação, nos Estados Unidos a média é de 75 mil e na França, 70 mil - uma quantidade 20 vezes menor.

Desde 2007, para cada R$ 1.000 julgados, a justiça do trabalho brasileira gasta cerca de R$ 1.300[44]. Ao longo do ano, isso dá mais de R$ 17 bilhões em custos, um valor absurdo, superior a todas as indenizações trabalhistas pagas no país. Pode soar absurdo, mas seria mais barato o governo simplesmente fechar a justiça do trabalho e pagar os reclamantes diretamente dos cofres públicos. Isso é o resultado do baixo nível de eficiência do judiciário, causado pelo anacronismo da legislação brasileira sobre o assunto. Veremos mais detalhes sobre isso no capítulo sobre a reforma trabalhista.

Uma pesquisa do Ipea com juízes demonstra que o respeito às leis e aos contratos não é prioridade para os magistrados. Quase dois terços dos entrevistados afirmaram que atender às necessidades sociais é mais importante do que respeitar as regras de um contrato. Apesar de soar bonito na teoria, essa

---

[44] "Brasil é campeão mundial de ações trabalhistas" – 2007. Disponível em <http://g1.globo.com/Noticias/Economia_Negocios/0,,AA1453494-9356,00-BRASIL+E+CAMPEAO+MUNDIAL+DE+ACOES+TRABALHISTAS.html>. Acesso em abril de 2021.

absoluta distorção do papel do judiciário causa insegurança e perda de investimentos, uma vez que toda empresa, instalada ou não no país, sabe que seus planos de negócio, mesmo assinados e confirmados pelo governo, estão sempre sujeitos às inclinações sociais e às preferências dos juízes. Quem arriscaria investir no Brasil sabendo que a empresa pode ser condenada de forma arbitrária, somente porque tem mais recursos do que o funcionário?

Existem inúmeras ações que poderiam ser adotadas para melhorar esse quadro. A primeira delas é a simplificação da estrutura judiciária. Atualmente existem diversos braços desse poder: os tribunais de alçada, os tribunais de justiça, os juizados especiais, as varas criminais, os tribunais de júri, os tribunais eleitorais, os tribunais do trabalho, os tribunais federais, os tribunais militares, o Superior Tribunal de Justiça, o Supremo Tribunal Federal, entre outros.

O ideal seria enxugar fortemente o poder judiciário, consolidando os diversos braços em apenas três, sendo a divisão feita por nível. Dentro de cada nível, haveria cortes especializadas nos diversos assuntos a serem tratados. Essas cortes usariam as referências do Supremo Tribunal Federal como guia para julgar casos similares. Ou seja, é imprescindível que haja juízes especializados em suas determinadas áreas jurídicas, como o direito do trabalho, o direito rural etc. O que não é necessário é haver complexas estruturas burocráticas independentes para apoiar cada um desses tribunais.

Além disso, é preciso melhorar as práticas de gestão, informatizando os fóruns, contratando administradores para gerenciar os tribunais e deixando os juízes com 100% de seu tempo focados em julgar os processos. Hoje, a maior parte do expediente dos magistrados é consumida em tarefas administrativas e burocráticas.

Todas as varas e os tribunais judiciários deveriam ter sua estrutura burocrática privatizada. Ao Estado caberia apenas escutar as partes, ter acesso a todas as informações possíveis e tomar uma decisão imparcial com base na lei. Para isso, é necessário apenas juízes e alguns assistentes. As empresas privadas responsáveis pelo trâmite das burocracias jurídicas poderiam ser remuneradas por seu desempenho e punidas, caso se constate alguma irregularidade no trabalho. Desta maneira, o tempo necessário para o julgamento dos processos diminuiria consideravelmente.

Outra iniciativa importante, que daria agilidade ao judiciário, seria o estímulo aos acordos extrajudiciais, usando a jurisprudência para evitar julgar diversas vezes a mesma questão. Assuntos já decididos pelo Supremo Tribunal Federal poderiam ser resolvidos instantaneamente.

É fundamental, também, que o poder judiciário garanta agilidade para a cobrança judicial e a execução de bens. Economias modernas são fundamentadas na concessão de crédito. Se o recebimento de créditos não for uma atividade protegida pela lei, todo o sistema sofre, uma vez que bancos e emprestadores de dinheiro tendem a embutir nos juros o custo esperado com a burocracia. Isso aumenta o custo do capital e prejudica toda a sociedade — exceto, é claro, os caloteiros.

Existe uma lei no Brasil que impede que a casa própria seja tomada como forma de pagamento de dívidas. Essa medida, de cunho humanitário, tem como objetivo proteger as pessoas contra o despejo. No entanto, a realidade é que a tal lei acaba impedindo que as famílias utilizem seu ativo mais valioso como garantia para obter empréstimos ou investir em um negócio. O México, por exemplo, constrói seis vezes mais metros quadrados por habitante do que o Brasil. Parte da explicação é que lá o acesso ao crédito imobiliário é muito maior, já que nem o judiciário nem a legislação protegem os caloteiros como ocorre por aqui.

A principal medida necessária para resolver os problemas judiciais no Brasil, no entanto, está fora do âmbito do judiciário. Boa parte dos processos só existem por causa de uma legislação confusa, longa, complexa, contraditória e em constante mudança. Como falaremos mais adiante, somente na área tributária, o governo cria em média 8 mil regras por ano. As dúvidas e os conflitos causados por essa monstruosidade são a causa da maioria dos processos tributários em trânsito atualmente.

Neste livro é proposta uma forte redução no tamanho da Constituição Brasileira, substituindo a "bíblia" promulgada em 1988 por algumas poucas páginas. O mesmo deve ocorrer com as leis ordinárias, que devem ser enxugadas ao máximo no país. Somente a simplificação das leis poderá reduzir a carga de trabalho do judiciário.

## PROPOSTAS PARA A ESTRUTURA DO PODER PÚBLICO

**Segue dividida em três poderes:** *Executivo, Legislativo e Judiciário.*

**Poder Executivo** - Deve ser enxugado, permanecendo apenas os Ministérios da Defesa, Economia, Relações Internacionais, Casa Civil, Educação, Saúde, Meio Ambiente e Assistência Social. Todos esses ministérios deverão reduzir seus quadros de funcionários e equiparar os salários dos servidores aos pagos pela iniciativa privada. Também deve regulamentar a avaliação de desempenho dos funcionários e reduzir drasticamente o número de cargos nomeados.

**Poder Legislativo** - O número de senadores deve ser reduzido de 81 para 54, e o de deputados federais de 513 para 200. O número de assessores parlamentares deve ser reduzido drasticamente e as verbas de gabinete eliminadas. Salários e benefícios devem ser balizados por cargos semelhantes na iniciativa privada

**Poder Judiciário** - As áreas administrativas devem ser privatizadas e os diversos tribunais consolidados em apenas três. É necessário simplificar a legislação, reduzindo assim o espaço para recursos intermináveis e impondo jurisprudência mais firme em relação às decisões tomadas pelo STF.

## CONSOLIDANDO AS ESTRUTURAS

### Os três níveis de governo

Além dos três poderes, o Estado brasileiro está dividido em três níveis: o federal, o estadual e o municipal. Na teoria, cada um dos níveis cuida de um conjunto de ações públicas: o municipal, com foco nas questões locais, o estadual, acompanhando os temas regionais, e o federal, cuidando dos assuntos de interesse nacional. Na prática, os três níveis acabam se misturando e gerando confusão sobre o papel de cada um. Existem escolas federais, estaduais e municipais. O mesmo ocorre com a polícia, hospitais e outros. Tal situação, além de inflar os custos de operação, também gera conflitos de ego e indefinição em relação ao papel de cada ente na prestação dos serviços públicos.

### *Municipal*

Sem dúvida, o caso mais preocupante. Existem milhares de povoados minúsculos com status de município. Muitas vezes, agrupamentos de 3 mil cidadãos pobres e sem recursos são chamados de municípios e ainda têm de sustentar uma prefeitura, câmara dos vereadores e outras estruturas básicas municipais. Na grande maioria dos casos, não conseguem. O Brasil possui hoje 5.570 municípios. Cerca de 70% deles só conseguem fechar as suas contas graças aos repasses dos governos estaduais ou federal. De acordo com dados do IBGE e do Ipea, municípios com menos de 10 mil habitantes possuem o maior custo per capita do país, sendo que 90% deles dependem de ajuda do governo federal para cobrir seus gastos. Já no caso das cidades com mais de 500 mil habitantes, apenas 3% delas dependem de repasses.

Desde a promulgação da Constituição, apesar do território brasileiro ter permanecido o mesmo, foram criadas mais de 2 mil novas cidades, quase sempre bancadas pelos repasses do Governo Federal. As cinco cidades mais novas do Brasil - Pescaria Brava (SC), Balneário Rincão (SC), Mojuí dos Campos (PA), Pinto Bandeira (RS) e Paraíso das Águas (MT) - foram fundadas simultaneamente em 1º de janeiro de 2013. De acordo com uma reportagem da BBC, apenas 8% do orçamento de Pescaria Brava é proveniente dos impostos municipais. Todo o restante é oriundo dos repasses do governo de Santa Catarina e da União. Mesmo sendo economicamente insustentáveis, existem hoje mais de 800 bairros ou distritos buscando a emancipação.

Os mais de 5.500 municípios brasileiros custam caro demais. A primeira recomendação seria reduzir drasticamente o número de cidades. As menores deveriam ser aglomeradas em áreas com, no mínimo, 100 mil habitantes, fazendo com que o país passe a ser composto por cerca de 400 municípios. Em alguns casos, como a cidade de São Paulo, com mais de 10 milhões de habitantes, seria interessante promover uma divisão em pelo menos cinco municípios distintos, de forma que cada parte seja mais facilmente administrada.

Em outros casos, como no interior do Pará, será preciso reunir diversos vilarejos atuais para formar um único município de 100 mil habitantes. O importante é manter dentro de cada cidade uma massa crítica de pessoas — e dinheiro que torne essa unidade administrativa governável e autossustentável. Diversos países estudam fundir pequenas cidades. Em Portugal, por exemplo, a proposta faz parte de um plano de reforma do Estado. No Japão, o número de municípios caiu 45% entre 1999 e 2006, com uma economia estimada em US$ 18 bilhões por ano.

Recentemente, o governo brasileiro fez uma proposta nesse sentido, que segue em apreciação na Câmara. Apesar de bastante tímida, impactando apenas cidades com menos de 5 mil habitantes, a proposta vai na direção correta. Caso aprovada, o gasto com prefeitos, secretários, vereadores e assessores será muito menor, liberando recursos para que os municípios executem projetos essenciais.

Atualmente, o contribuinte brasileiro sustenta dezenas de milhares de vereadores — pessoas que poderiam estar realizando trabalho mais produtivo do que definir nomes de ruas e escolher o animal símbolo da cidade. A câmara dos vereadores de Brasília, por exemplo, passou meses nessa discussão. Tal redução permitiria uma economia anual estimada de até R$ 30 bilhões por ano, quase o orçamento inteiro do Bolsa Família. Não estamos aqui falando em cortes das atividades-fim que as prefeituras prestam hoje (saúde, educação, zeladoria) e sim somente no corte dos cargos burocráticos de gestão, que deixariam de ser duplicados.

Além do enxugamento no número de cidades, é preciso redefinir claramente quais atividades ficarão a cargo dos municípios, que deveriam receber muito mais verbas federais do que recebem hoje. Pelo pacto federativo brasileiro, apenas cerca de 10% do dinheiro arrecadado pelo poder público é repassado às cidades. Os estados recebem algo em torno de 30% e o governo federal fica com o restante. É uma concentração sem sentido, justamente na esfera mais cara e ineficiente. Descentralização é a chave para a boa gestão. As cidades são os locais onde as pessoas moram, onde é mais fácil cobrar o poder público e fiscalizar o uso do dinheiro. Nos municípios, os salários são menores e o custo de execução de serviços públicos é mais baixo. Deveríamos fazer o oposto do que acontece hoje.

Uma vez unificadas as pequenas prefeituras em cidades com mais de 100 mil habitantes e destinado aos municípios o grosso dos impostos, é preciso concentrar lá, na ponta, os serviços públicos básicos. As cidades devem operar as redes de ensino e saúde, a zeladoria, a conservação das ruas e parques e outras atividades afins. A chance de ter uma rede educacional de qualidade é bem maior em um município com 30 escolas e 20 mil alunos do que em um estado com 5 mil escolas e 4 milhões de alunos para cuidar.

O caso da assistência social fundamenta-se no mesmo princípio. Ninguém é melhor do que o assistente social local para determinar quem está mais necessitado de ajuda e detectar as tentativas de fraude ao sistema. Cada município deve ser dotado de uma estrutura de assistência social. Essa unidade teria como tarefa manter um relacionamento próximo com as famílias mais carentes e acompanhar o progresso de cada cidadão para longe da miséria. É importante ter alguém local por perto para avaliar com conhecimento de causa os esforços de cada um para cumprir a sua parte no sistema de assistência social. Esse órgão deve identificar e alertar sobre aquelas pessoas que entrarem em um ciclo de dependência dos recursos da assistência social.

O planejamento urbano também deve ser função essencial do município. As autoridades locais devem traçar estratégias e definir limites para as construções, sob o risco de comprometer a beleza das cidades. É tarefa do município designar as áreas de parques e definir os locais onde poderá haver atividade econômica. Cabe à prefeitura defender um plano urbano consistente para a cidade, conciliando os diversos interesses no uso do espaço. De modo geral, é interessante fomentar a verticalização e adensamento urbano, com áreas mistas de residência e comércio. Isso reduz os deslocamentos, minimiza o trânsito e alivia a pressão para a expansão horizontal das cidades.

Por fim, as ruas internas devem pertencer ao município. É responsabilidade da prefeitura manter as vias em bom estado de conservação. No entanto, ela não deve fazer isso sozinha. As verbas devem ser públicas, mas o trabalho efetivo de manutenção deve ser licitado às empresas privadas. Com exceção das atividades citadas acima, as demais atividades deverão ser repassadas às mãos da iniciativa privada.

### *Estadual*

O mapa do Brasil como conhecemos hoje foi moldado entre os anos 1960 e 1980. A inauguração da capital Brasília e a criação do Distrito Federal (que não é um estado, mas sim um território autônomo), em 1960, abriu caminho para a promoção de territórios como Acre e Rondônia a estados e a divisão de Mato Grosso e Goiás para a criação do Mato Grosso do Sul e Tocantins, respectivamente. Após a Constituição de 1988, foi a vez dos territórios do Amapá e Roraima também ganharem o status de estados e definirem a configuração atual com 26 estados e o Distrito Federal.

Nos últimos anos, porém, passaram a pipocar no congresso diversos projetos para a criação de novos estados, como o Mato Grosso do Norte, o Maranhão do Sul, Rio Negro e Solimões (ambos no Amazonas), o Gurgueia (desmembramento do Piauí) e o do Rio São Francisco (separação de parte da Bahia), entre outros. Se todas as propostas de criação de estados fossem aceitas, o Brasil passaria a ter nada menos que 46 Unidades Federativas, 70% mais do que hoje.

Os grupos políticos que defendem aumentar a quantidade de estados afirmam que a divisão teria como objetivo melhorar os serviços públicos. Curiosamente, a população não pensa assim. Em 2011, o Pará convocou um plebiscito para ouvir a população sobre a possibilidade de dividir o estado em três, criando os estados de Carajás e Tapajós. Nas urnas, 66% dos paraenses optaram pela não divisão do estado.

Apesar do discurso em defesa da população, a hipótese mais provável é de que tais grupos estariam buscando um inchaço ainda maior da máquina pública, de olho em cargos, verbas e oportunidades para desviar dinheiro. Uma dúzia de novos estados significa uma dúzia de novas câmaras dos deputados, centenas de secretarias e milhares de cargos nomeados a mais. A festa dos saqueadores se ampliaria significativamente com a criação de dezenas de milhares de suculentos cargos em atividades que em nada beneficiam o cidadão comum.

É preciso primeiro enterrar de vez todas as propostas para aumento do número de estados e afastar a sangria que isso representaria para os cofres públicos. Em seguida, o movimento inverso deveria ser feito: consolidar pequenos estados, de modo que a quantidade de Unidades Federativas seja reduzida a 20 ou menos. Rio Grande do Norte, Paraíba, Pernambuco, Alagoas e Sergipe juntos, por exemplo, ainda teriam extensão territorial inferior à da Bahia e poderiam formar um único estado, muito mais forte, onde quatro câmaras dos deputados seriam eliminadas de uma só vez. Vários outros exemplos de racionalização podem ser encontrados. É especialmente urgente resolver os casos de estados sem a mínima condição de se sustentarem sem a ajuda do governo federal.

O Acre, por exemplo, apesar de ter arrecadado somente R$ 4,1 bilhões em impostos em 2019 (menos de 0,2% do total nacional), teve um gasto público total de R$ 6,5 bilhões. Parte dessa diferença será compensada com o repasse de impostos federais retidos. No entanto, sobrará ainda grande parte da conta para ser bancada pelos estados superavitários ou por dívida futura. O mesmo ocorre com diversos outros estados, que poderiam ser consolidados em unidades maiores e mais fortes economicamente.

Também seria interessante deixar os estados mais focados nas tarefas de segurança pública e, conforme dito anteriormente, deixar nas mãos dos municípios a gestão de escolas e hospitais. O governo estadual pode ajudar mais dando apoio e coordenação do que prestando esses serviços diretamente. Outro assunto que deve ser deixado a cargo dos estados é o meio ambiente. Esse, assim como a polícia, lida com questões que dificilmente se limitam à demarcação municipal. Uma discussão sobre efluentes poluidores em um rio, por exemplo, costuma impactar muitos municípios ao mesmo tempo. Não faria sentido cada prefeitura cuidar do seu quintal sem levar em conta os impactos nas cidades vizinhas.

### *Federal*

O governo federal deve assumir as demais tarefas públicas que não forem cobertas pelos estados e municípios. Isso inclui a Polícia Federal, o Exército, a regulamentação dos setores econômicos e a definição das políticas de Estado, conforme descrito no capítulo específico sobre os ministérios a serem mantidos no governo federal.

## PROPOSTAS PARA A ESTRUTURA DE GOVERNO:

### *Prefeituras*

Consolidação de pequenos municípios para que tenham, no mínimo, 100 mil habitantes, em um total de cerca de 400 cidades. Prefeituras seriam responsáveis pelas seguintes atividades: saúde, educação, assistência social, planejamento urbano e manutenção das vias públicas.

### *Governos estaduais*

Consolidação dos estados menores, de modo a reduzir para cerca de 20 o total de Unidades Federativas no Brasil. Foco em segurança pública e meio ambiente.

### *Governo Federal*

Responsável pelo Exército, Polícia Federal, regulamentação dos setores econômicos e definição de políticas de Estado.

CAPÍTULO 7

# Insegurança Pública

Crime e violência são elementos que fazem parte de toda e qualquer sociedade humana. No entanto, a intensidade do crime e da violência varia de país para país. Em uma ponta desse espectro encontram-se lugares como Finlândia e Canadá, onde os crimes são raros e a população leva uma vida relativamente despreocupada.

No caso do Brasil, como sabemos, ocorre o oposto. Bandidos perigosos lideram rebeliões de dentro das cadeias, guerras entre quadrilhas paralisam metrópoles inteiras, marginais queimam ônibus com pessoas dentro, criminosos roubam e matam, às vezes apenas pelo prazer de fazê-lo. Atualmente, o Brasil é palco de cenas de crueldade antes vistas somente nos filmes de terror. Enquanto isso, no topo do poder, novos escândalos de corrupção surgem todos os dias. O que causa tamanho desvio das normas legais?

Existem pensadores que atribuem a violência do Brasil à desigualdade social. Segundo eles, estamos entre os campeões mundiais em estupros e assassinatos porque uns são muito mais ricos do que outros. Essa explicação desmorona à luz dos fatos. A Índia, assim como o Brasil, tem miseráveis e bilionários. No entanto, o índice de criminalidade por lá é baixo. A média anual de homicídios na Índia é de apenas três por 100 mil habitantes — enquanto o índice brasileiro é de 27 assassinatos por 100 mil, ou seja, nove vezes maior. Já o Brasil tem uma taxa de homicídios maior do que os 52 países mais desenvolvidos do mundo[45].

---
[45] "Número de homicídios no Brasil supera outros 52 países somados" – 2017. Disponível em <https://www.diariodepernambuco.com.br/noticia/brasil/2017/12/numero-de-ho-

Nos Estados Unidos, as últimas décadas foram marcadas por um aumento da concentração de renda, ao mesmo tempo em que o país registrava um forte declínio na criminalidade. Algumas teorias propostas por conservadores também caíram em descrédito. É o caso da ideia de que a desintegração da família e valores tradicionais traria consigo uma onda de crimes. A proporção de jovens criados somente por um dos pais é cada vez maior nos países ricos. Eles também jogam cada vez mais games violentos. Ainda assim, os índices de criminalidade continuam caindo. Em 2012, por exemplo, foram registrados somente 69 assaltos à mão armada na Inglaterra, contra 500 em 1990. No mesmo ano, cerca de 147 mil veículos foram roubados em Nova Iorque. Em 2012, o número caiu para menos de 10 mil[46]. São apenas alguns exemplos de uma tendência que se propaga por todo lado.

Outro mito repetido à exaustão é o de que a ignorância e o desemprego seriam fatores determinantes para a criminalidade. Um estudo da Universidade de São Paulo (USP) mostra que, apesar de os jovens brasileiros terem hoje muito mais acesso à escola e empregos, a criminalidade só aumentou. Entre 1960 e 2002, a taxa de analfabetismo entre os criminosos caiu de 17% para 1,5%. Mesmo com dados indicando uma melhoria educacional nas últimas décadas, a criminalidade explodiu no período. O fenômeno se repete quando analisadas as taxas de emprego. Em 1960, apenas 9% dos criminosos estavam empregados. Em 2002, esse índice era de 30%. Ou seja, a criminalidade vem aumentando mesmo dentro da população com emprego e educação. Nos Estados Unidos, no auge da crise de 2008, com o desemprego dobrando para 9,6%, a quantidade de crimes violentos caiu de 1,4 milhão para 1,2 milhão, segundo dados do FBI. Esse fenômeno do desemprego ocorreu de formas distintas no Brasil e no mundo, segundo estudo elaborado na USP em 2017[47].

Não existe uma razão única para a redução da criminalidade nos países de primeiro mundo, mas sim um conjunto de fatores demográficos e

---

micidios-no-brasil-supera-outros-52-paises-somados.html>. Acesso em março de 2021.

[46] "Criminalidade nos EUA chega a nível mais baixo em 20 anos" – 2011. https://internacional.estadao.com.br/noticias/geral,criminalidade-nos-eua-chega-a-nivel-mais-baixo-em-20-anos-conheca-10-teorias,736116>. Acesso em novembro de 2020.

[47] "As causas do desemprego dos jovens no Brasil são semelhantes às observadas no mundo?" – 2017. Disponível em <http://www.econoteen.fea.usp.br/sites/default/files/ensaios/anderson.pdf>. Acesso em abril de 2021.

de políticas públicas. Em primeiro lugar, as sociedades ricas estão envelhecendo — e é sabido que a maioria dos delitos são cometidos por homens jovens. No entanto, o fator mais impactante para a redução da criminalidade nos países desenvolvidos pode ter sido o policiamento, que melhorou dramaticamente nas últimas décadas, especialmente nas grandes cidades. Sistemas computadorizados que mapeiam as áreas mais perigosas aumentaram a segurança nas ruas. Dispositivos para imobilizar carros à distância acabaram com as perseguições. Dinheiro marcado e vidros blindados reduziram a quase zero os assaltos a bancos. Registros de DNA aumentaram exponencialmente a chance de os criminosos serem pegos.

Ao mesmo tempo, o ganho esperado pelo roubo caiu, pois os dispositivos de segurança são cada vez mais baratos. Mesmo pequenas lojas já investem em circuitos internos de câmeras e alarmes inteligentes. Os crimes começaram a parecer cada vez mais arriscados. Isso é muito importante pois, como toda pesquisa criminal mostra, a maior barreira para alguém se tornar um bandido é o medo de ser pego.

É interessante notar que o foco precisa ser o aumento da chance de captura, não necessariamente o aumento das penas. Holanda e Alemanha, por exemplo, vêm reduzindo sua população carcerária ao mesmo tempo em que aumentam a chance de captura dos bandidos. É muito mais importante ter um sistema em que as penas são moderadas e a chance de captura é alta, do que o contrário. Criminosos não se deixam intimidar em um país que prevê penas duríssimas na teoria, mas onde ninguém, efetivamente, vai para a cadeia.

Estabelecer a certeza da punição é uma tarefa fundamental para se combater a criminalidade e a corrupção. O caso de Hong Kong é emblemático. Essa antiga colônia britânica sofria com a corrupção até o final dos anos 1970. Como as ramificações dos desvios de dinheiro iam longe na hierarquia governamental, parecia que a situação era incorrigível, uma vez que até o judiciário estava contaminado. Para resolver o problema, foi criada uma comissão especial de combate à corrupção. Ligada diretamente à coroa britânica, essa comissão gozava da independência necessária para investigar e punir os criminosos.

Com as primeiras punições exemplares, tornou-se evidente que o reinado da impunidade tinha chegado ao fim. Mais investigações levaram a mais punições e, pouco a pouco, começou a haver uma limpeza na condução pública de Hong Kong. Com o tempo - e o fim da impunidade -, foi criada uma cultura de honestidade nesse território. Atualmente, Hong Kong é reconhecida pela Transparência Internacional como um dos lugares menos corruptos do mundo para se fazer negócios. A lição de Hong Kong nos ensina que, em um ambiente corrupto, não adianta nada fazer campanhas de conscientização e educação enquanto houver impunidade. No caso de um país corrupto e violento, a punição dos criminosos é sempre a primeira etapa a ser perseguida.

Também é possível implementar outras iniciativas em paralelo. Existe um componente moral em cada sociedade que empurra as pessoas, desde que haja o incentivo apropriado, para longe da corrupção. Uma criativa iniciativa indiana pode ser apontada como exemplo nesse sentido. Uma organização chamada Quinto Pilar desenvolveu uma nota de zero rúpias. É uma nota praticamente idêntica ao dinheiro oficial do país, com a foto do estadista Mahatma Gandhi, mas com valor de zero impresso na frente. Evidentemente, o papel não tem nenhum valor legal. Os cidadãos são encorajados a guardar essas notas e, a cada vez que um oficial lhes pedir propina, entregá-la a ele como forma de negar educadamente e contribuir com o combate à corrupção no país. Pelos relatos da organização, o projeto tem dado resultados positivos. Um oficial do distrito de Tamil Nadu, por exemplo, ficou tão estarrecido ao receber uma nota de zero rúpias que alegadamente devolveu todas as propinas que ele havia extorquido de um vilarejo em troca da liberação de eletricidade para as pessoas.

O grande problema no Brasil é que, em virtude de uma série de distorções e ineficiências, o risco de punição é baixíssimo. A chance de alguém ser capturado por um crime é bastante reduzida. Mesmo se for capturado, a possibilidade de ir a julgamento é pequena e, mesmo em caso de condenação, não ficará na cadeia por muito tempo. Se o criminoso tiver boas conexões e dinheiro, a situação será ainda mais confortável: ele pode usar inúmeras brechas judiciais para protelar qualquer condenação até que o crime prescreva. O resultado disso é que, ao calcular suas chances de castigo e a recompensa, o balanço é amplamente favorável ao crime.

De acordo com o Conselho Nacional de Justiça, existem atualmente 462 mil pessoas procuradas (com mandados de prisão já expedidos) pela Justiça em liberdade — número que comprova a falta de capacidade da nossa polícia. Quase metade das vítimas de roubo desiste de realizar boletim de ocorrência por temer ou desacreditar das forças policiais. Por fim, apesar da corrupção ser uma praga que arrasta o Brasil para baixo e desvia meio trilhão de reais por ano, existiam em 2019, no país todo, apenas 697 pessoas presas por corrupção.

Nos últimos anos, o Brasil não avançou em nada no combate à corrupção. Ao contrário, andou para trás. Pela edição de 2019 do Índice de Percepção de Corrupção (IPC)[48], divulgado pela Transparência Internacional, o país caiu uma posição em relação às demais nações pesquisadas: está hoje na 106ª posição, ao lado da Albânia, Costa do Marfim, Argélia e Egito. Na edição de 2018, o Brasil aparecia na 105ª posição. Uma das iniciativas para equacionar esse problema e derrotar a onda criminosa é atuar em três frentes do sistema de punição brasileiro: polícia, judiciário e cadeias.

---

[48] "Índice de Percepção da Corrupção" – 2020. Disponível em <https://transparenciainternacional.org.br/ipc>. Acesso em abril de 2021.

CAPÍTULO 8

# Polícia

Cuidar da polícia é uma atividade governamental por natureza. Não existe nenhuma fórmula adequada para passar essa função ao setor privado. Em uma situação ideal, a polícia funciona bem: inibe o crime, orienta a população, combate os desvios, atua dentro da legalidade, sem abusos. Nesses casos, os cidadãos sentem-se seguros e confiantes em sua polícia. No entanto, como sabemos, a realidade brasileira é bem diferente. A polícia está dividida em diversos departamentos rivais, como Polícia Civil, Polícia Militar, Polícia Federal, Polícia Rodoviária, Bombeiros, cada uma com seu território estadual, federal ou municipal. Existe pouca cooperação. Com salários baixos, pouco treinamento e carente de recursos tecnológicos, a polícia acaba falhando em seu dever de proteger a população. Problemas de corrupção e de violência, muitas vezes com claro recorte racial, também existem, infelizmente, no Brasil.

O resultado é o vácuo de segurança pública e a sensação de pavor diário que assola a maioria dos brasileiros. Sem alternativa, a população mais pobre convive diariamente com o crime — às vezes com mais medo da polícia do que dos bandidos. De acordo com o sociólogo Cláudio Beato, menos de 15% dos homicídios são esclarecidos no país. A polícia carioca mata 8,9 pessoas por 100 mil habitantes. No Brasil, a média é de três por 100 mil, enquanto nos Estados Unidos esse índice é de apenas 0,12, o que torna a polícia carioca 74 vezes mais violenta do que a norte-americana. O assassinato de policiais por bandidos espanta igualmente, pela gravidade. Em 2019, segundo estudo realizado por ele, 159 agentes foram mortos em serviço no país, um número menor do que o registrado em 2018 (326), mas suficiente para fazer do Brasil um dos locais mais perigosos do mundo para se exercer essa profissão. Na França, por exemplo, apenas seis policiais perdem a vida por ano.

No Estado de Minas Gerais, segundo a Secretaria Nacional de Segurança Pública, menos de 30% das vítimas de roubo prestam queixa formal. O restante simplesmente fica em silêncio, com medo e desconfiança. Mesmo quando se sabe quem foi o autor de um crime, muitas vezes a polícia não consegue efetuar a prisão por falta de recursos para a investigação. Enquanto essa massa de traficantes, assaltantes e assassinos circula pelas ruas, os ricos se fecham em *bunkers* privados e contratam seguranças particulares.

De acordo com dados do Anuário Brasileiro de Segurança Pública[49], o Brasil possui cerca de 1 milhão de seguranças particulares — quase o dobro do efetivo das polícias militar, civil e federal de todos os estados que, somados, é de 531 mil agentes. Isso sem contar os seguranças informais. Segundo a Associação Brasileira de Cursos de Formação e Aperfeiçoamento de Vigilantes, para cada vigilante legal, existem três clandestinos, o que aumentaria o efetivo privado para quase 4 milhões.

Pode ser difícil solucionar a questão da segurança pública, mas algumas medidas eficazes devem ser tomadas. Em primeiro lugar, é preciso reconhecer a importância da polícia e realizar o devido investimento nela. Os contingentes devem ser ajustados à demanda de cada lugar, os equipamentos devem ser modernizados e é preciso investir fortemente em treinamento, inteligência e intercâmbio com outros países. Algumas tecnologias emergentes estão sendo utilizadas com muito sucesso no exterior e precisam ser implementadas também no Brasil.

Um exemplo é a chamada *life cam*, uma câmera filmadora com lente angular que fica acoplada ao colete do policial e registra tudo que está na frente dele, o dia todo, aumentando a transparência e segurança para todos envolvidos. Após a adoção do equipamento nos Estados Unidos, tanto o índice de ataques a policiais quanto o de abuso de poder por parte dos agentes caiu drasticamente, bem como facilitou a identificação de suspeitos.

---

[49] "Anuário Brasileiro de Segurança Pública 2020. Disponível em <https://forumseguranca.org.br/wp-content/uploads/2020/10/anuario-14-2020-v1-interativo.pdf>. Acesso em abril de 2021.

É necessário também melhorar as condições de trabalho para os policiais e a atratividade da carreira. Hoje em dia, os salários costumam ser tão baixos, que a esmagadora maioria dos soldados precisa procurar um segundo emprego — algo não permitido por lei. Trabalhando muito, ganhando pouco e correndo risco de vida diariamente, os policiais são a categoria profissional com maior nível de estresse no Brasil, segundo o *International Stress Management*[50]. Para aumentar a competitividade, os salários dos policiais precisariam aumentar consideravelmente.

Modificar a jornada de trabalho seria uma boa ideia. Atualmente, os policiais fazem turnos de 12 a 24 horas seguidas, folgando de 36 a 72 horas. Isso abre espaço para os empregos paralelos. O ideal seria encurtar esses intervalos e reajustar os salários para níveis condizentes com a importância do trabalho.

Também é importante valorizar os profissionais honestos para remover parte do estigma das instituições de segurança. Premiar os policiais de destaque e valorizá-los publicamente é um grande passo para aumentar a atratividade da carreira. Pouca gente sonha com um emprego que as demais pessoas encaram com nojo, o que acontece com frequência hoje em dia.

Por fim, é preciso unificar todas as polícias atuais em apenas três grupos: a Polícia Federal, a Polícia Estadual e a Corregedoria. Essa unificação tem como objetivo otimizar o uso dos recursos, evitando a rivalidade e facilitando a troca de informações. Hoje em dia, as polícias Militar, Civil e o Ministério Público pouco compartilham seus bancos de dados.

A Polícia Federal teria como função cuidar somente dos grandes casos, que envolvam assuntos internacionais, interestaduais ou que exijam recursos policiais além da capacidade das polícias locais. Nesse caso, a Polícia Estadual sempre pode requerer a ajuda de seus colegas e receber reforços.

A Corregedoria Federal seria uma unidade policial independente destinada a investigar exclusivamente acusações contra outros membros da polícia. Esse braço da polícia é de extrema importância para evitar crimes como abusos de autoridade e extorsão, muito comuns atualmente. A carreira

---

[50] Reportagem publicada pela Empresa Brasileira de Comunicação (EBC). "Brasil é o segundo país com maior índice de estresse relacionado ao trabalho no mundo, diz pesquisa" – 2020. Disponível em <https://radios.ebc.com.br/tarde-nacional-amazonia/2019/06/brasil-e-o-segundo-pais-com-maior-indice-de-estresse-relacionado-ao>. Acesso em fevereiro de 2021.

na Corregedoria deve ser independente dos demais departamentos. Existem inúmeros casos de policiais transferidos de volta para unidades comuns e forçados a trabalhar com profissionais que eles mesmos já investigaram por corrupção. Nesse cenário, a isenção necessária para esse tipo de trabalho dá lugar ao corporativismo.

Um estudo realizado pelos pesquisadores Sandro Cabral e Sergio Lazzarini, do Insper, aponta que, nos casos de homicídios cometidos por policiais militares, em somente 21% dos casos o agente é expulso da corporação. Dos 118 delegados de classe especial de São Paulo, 14 estavam sob investigação à época do levantamento, a maioria das vezes investigados pelos próprios colegas. É fácil entender as razões por trás de tão baixo índice de punição quando colegas investigam colegas. Criar uma corregedoria absolutamente independente é fundamental, bem como incentivar os demais policiais a colaborarem com a vigilância.

Na Nova Zelândia, por exemplo, uma vez por ano todos os policiais são convidados a responder anonimamente a um questionário na internet. Nele, podem contar se viram algum caso de abuso de poder, assédio ou corrupção por parte de um colega. Com essa informação, a Corregedoria pode identificar as delegacias mais problemáticas e fazer investigações direcionadas. Na Índia, o governo lançou um aplicativo para celular onde a população pode denunciar anonimamente os oficiais corruptos.

São inúmeras as ações que podem ser adotadas para aumentar a qualidade e a eficiência da polícia. Construir uma polícia que respeite os direitos fundamentais dos cidadãos e, ao mesmo tempo, conseguir realmente investigar e prender é o primeiro passo para se acabar com o reinado da impunidade que se instalou no Brasil. O segundo passo é julgar, como veremos a seguir.

## PROPOSTAS PARA A POLÍCIA

Unificar todas as polícias em três grupos: Estadual, Federal e Corregedoria Federal. Aumentar os salários dos profissionais, alterar a jornada de trabalho para que se assemelhe à jornada comum e realizar campanha de valorização dos bons policiais

CAPÍTULO 9
# Judiciário Criminal

De nada adianta uma força policial de excelência sem o respaldo de um sistema judiciário eficiente. Depois que a polícia fez a sua parte, é preciso que o judiciário também faça a sua. Se isso não ocorrer, a polícia se sentirá desmotivada, pois todo o seu trabalho irá por água abaixo assim que o criminoso voltar às ruas.

Atualmente, mesmo nos casos em que a polícia junta provas conclusivas a respeito de um crime, os processos ficam entalados nos corredores das centenas de fóruns brasileiros. De acordo com o CNJ, existem hoje mais de 77 milhões de processos aguardando julgamento no país. Isso equivale a um prazo médio de sete anos para que uma sentença chegue ao final. A lentidão do julgamento só reforça a sensação de impunidade.

Um dos temas centrais desse debate tem a ver com a prisão após julgamento em segunda instância. Em quase todos os países civilizados, se uma pessoa é condenada por um crime e se essa condenação é confirmada por um tribunal superior (um painel de desembargadores, por exemplo), a pessoa vai para a cadeia. Claro que em muitos lugares ainda há espaço para apelos e revisões do processo. No entanto, isso ocorre com a pessoa presa.

O Brasil é um caso raro. Como a Constituição prevê que "ninguém será considerado culpado até o trânsito em julgado da sentença penal condenatória" isso foi interpretado por ministros garantistas do STF como uma proibição de mandar qualquer um que tenha dinheiro e advogados para a cadeia. Na prática, enquanto houver recursos, apelações, embargos nas diversas instâncias do poder judiciário (ou seja, infinitos), a pessoa fica de fora da penitenciária. Essa regra já foi modificada e voltou algumas vezes, geralmente de acordo com o sabor político de cada momento e de quem estava sendo beneficiado. É um vergonhoso aceno para a impunidade e precisa ser cristalizado em lei que pessoas condenadas duas vezes sejam colocadas atrás das grades.

Além da demora, existe outro problema grave no sistema judiciário: a frouxidão da lei penal. A lei brasileira prevê uma quantidade tão impressionante de atenuantes e brechas que é difícil crer que ela foi criada para punir os criminosos. O Brasil possui uma lei bizarra que permite aos detentos sair da cadeia em certas ocasiões, o chamado indulto. Liberados para visitar a família em datas especiais, até 30% dos presos não voltam, fazendo cair ainda mais a taxa de permanência na cadeia. Apenas no Estado de São Paulo, 1.500 presos não retornaram à penitenciária após o indulto de Natal de 2020[51]. Um caso antológico da falta de bom senso nesse sistema foi a liberação, em 2018, de Suzane Von Richthofen, que matou os próprios pais, no indulto de Dia dos Pais.

Além do indulto, existe o sistema de progressão de pena, oferecido aos chamados réus primários. Atualmente, quem cumprir apenas um sexto da pena já pode ser admitido em regime semiaberto. Assim, assassinos condenados a vinte anos de prisão muitas vezes são colocados em liberdade depois de três a quatro anos, frequentemente voltando a matar.

A questão da maioridade penal é outro assunto polêmico que precisa ser melhor debatido. Hoje em dia, indivíduos com menos de 18 anos não podem ir para a cadeia, sendo levados a uma unidade da Fundação Casa, antiga Febem. Lá, eles permanecem por um prazo máximo de três anos — um projeto atualmente em tramitação no Congresso visa aumentar essa pena para até oito anos. O fato é que hoje, assassinos e estupradores de 17 anos acabam indo para essa entidade e são colocados na rua novamente aos vinte anos de idade. Entre os dez maiores países do mundo, nenhum possui legislação tão leniente quanto o Brasil.

Países considerados altamente liberais, como Alemanha ou Canadá, possuem penas de até 10 anos previstas em lei. Na França, cabe ao juiz definir se jovens de 13 a 15 anos responderão ou não como adultos. Somente na

---

[51] Reportagem publicada pelo jornal Diário do Rio Claro. "Mais de 1500 presos não retornam aos presídios após saidinha de final de ano" – 2021. Disponível em <http://j1diario.com.br/mais-de-1500-presos-nao-retornam-aos-presidios-apos-saidinha-de-final-de-ano>. Acesso em janeiro de 2021.

cidade de São Paulo, 277 crimes hediondos foram cometidos por menores de idade entre 2014 e 2017. Todos esses infratores seguirão com ficha limpa após breve internação. Para piorar, recentemente o STJ determinou que menores de idade só podem ser internados se forem pegos três vezes seguidas cometendo um delito.

Não há dúvida de que a decisão levará a um aumento imediato do número de jovens envolvidos com o tráfico. Para os chefões do crime, a mão de obra adolescente se tornará ainda mais vantajosa. "Os menores são o principal canal de venda de drogas. São fáceis, baratos e, agora, impunes", afirma Marcio Sergio Christino, procurador de Justiça de São Paulo. Segundo a Fundação Casa, 90% dos jovens detidos passam menos de um ano detidos, mesmo que o prazo máximo de internação seja um dos mais curtos do mundo. E a reincidência dos crimes supera 66%[52].

Dezesseis anos é a idade ideal para um jovem começar a responder criminalmente por seus atos. Nesse momento, ele já está próximo do ápice da sua força física e tem discernimento para distinguir o certo do errado. Se o jovem de 16 anos é considerado apto para votar pelo governo, ele certamente deve ser considerado responsável pelos crimes que eventualmente venha a cometer. Além disso, a fase dos 16 aos 18 anos é disparado o período com maior percentual de crimes juvenis.

Existem duas ações principais a respeito do sistema judiciário criminal. Em primeiro lugar, é preciso rever o Código Penal, estabelecendo prazos mais longos para revisão da pena e extinguindo os indultos. É necessário garantir que as penas sejam cumpridas e que elas tenham relação de proporcionalidade com os crimes cometidos. Devolver às ruas um bandido é não apenas um perigo à sociedade, mas também uma confissão de falência por parte do sistema, além de um sinal verde para a impunidade.

No caso das penas com aplicação de multas em dinheiro, a questão da proporcionalidade também deve ser levada em consideração. Peguemos, por exemplo, uma multa por excesso de velocidade. Se o condutor do veículo for um cidadão mais humilde, tal multa provavelmente representará uma real punição e prejudicará o orçamento familiar. No entanto, se o condutor

---

[52]Reportagem publicada pelo site G1. "Reincidência de adolescentes infratores detidos em SP é de 66,3%, aponta pesquisa" – 2018. Disponível em <https://g1.globo.com/sp/sao-paulo/noticia/2018/08/15/reincidencia-de-adolescentes-infratores-detidos-em-sp-e-de--663-aponta-pesquisa.ghtml>. Acesso em dezembro de 2020.

estiver entre as pessoas mais ricas do país, a multa será insignificante, incapaz de cumprir sua premissa moral de representar real punição.

Para os muito ricos, as multas de trânsito representam meras taxas insignificantes, não levando a um modo de dirigir responsável. É preciso seguir o exemplo de países como a Finlândia, onde as multas pecuniárias (em dinheiro) são sempre proporcionais à renda. Há alguns anos, um milionário finlandês recebeu uma multa por excesso de velocidade de mais de US$ 300 mil. Multas proporcionais à renda garantem o conceito de real punição para infrações. Caso entenda-se que tal cálculo seja muito complexo, pode-se ao menos atrelar o valor da multa ao preço do automóvel em questão. Esta seria uma medida de fácil implementação, que constituiria a necessária proporcionalidade entre infração e punição.

Conforme dito anteriormente a respeito do judiciário, é preciso informatizar os tribunais e terceirizar as tarefas burocráticas, de modo a acelerar a velocidade dos processos. Isso é especialmente importante no sistema atual brasileiro, em que grande parte dos acusados respondem aos processos em liberdade. Um sistema que leva 10 anos para finalmente colocar um corrupto na cadeia, por exemplo, é um sistema indigno de qualquer crédito.

## PROPOSTAS PARA A LEGISLAÇÃO PENAL

Consolidar na lei o conceito de prisão após condenação em segunda instância e restringir os regimes de progressão de pena, eliminando os indultos. Contornar a questão da maioridade penal, fazendo com que criminosos perigosos fiquem presos por um longo período, independentemente da idade. Estabelecer multas proporcionais à renda.

CAPÍTULO 10

# Cadeias

Quando o crime é finalmente julgado em definitivo pelo sistema judiciário e o bandido é, enfim, condenado, ele deve seguir para a prisão. Em tese, as funções do sistema prisional são, primordialmente, proteger a sociedade contra indivíduos perigosos e dissuadir potenciais marginais de praticar crimes. Se a estadia na cadeia contribuir para a reabilitação de criminosos, melhor. No entanto, essa função do sistema não deve estar subordinada às duas anteriores. Infelizmente, hoje as cadeias brasileiras não cumprem nenhuma dessas funções.

Em primeiro lugar, devido às fugas, "saidinhas" e frequentes rebeliões, a chance de alguém permanecer na cadeia por longos períodos é baixíssima. Como vimos, a lei permite inclusive que presos saiam da cadeia em datas especiais. Caso a família do preso resida em outra cidade, o Estado ainda é obrigado a arcar com os custos da viagem. Ou seja, enquanto cidadãos pobres honestos têm de passar o Natal longe da família, assassinos cruéis obtêm esse privilégio de graça. E como boa parte dos presos que recebem permissão para sair não voltam, cai ainda mais a taxa de permanência na cadeia. Atualmente, mais de 37 mil presos recebem esse benefício, um aumento de 483% na última década. A média dos pagamentos é de R$ 1.129, acima do salário mínimo de 2021, fixado em R$ 1.088.

Ou seja, existe no Brasil um benefício específico para as famílias dos bandidos, mas não existe benefício para as famílias das vítimas. Como todo dinheiro vem sempre dos pagadores de impostos, em certo sentido o Estado brasileiro obriga a família de uma vítima assassinada a sustentar os parentes do assassino.

Na prática, ao contrário de reabilitar o criminoso para que tenha condições de voltar à vida normal, hoje as cadeias se transformaram em verdadeiras universidades do crime, onde cada criminoso aprende uma série de outras especialidades com os demais, aumentando ainda mais o seu grau de periculosidade. Recentemente, os pesquisadores Keith Chen, da Universidade de Yale, e Jesse Shapiro, da Universidade de Chicago, fizeram um estudo comparando presidiários com perfis semelhantes que estiveram presos em cadeias diferentes. Eles observaram que os prisioneiros que estiveram em cadeias piores têm chance 15% maior de cometerem novos crimes do que aqueles presos em cadeias com condições de vida mais humanas.

Sujos e lotados, os presídios brasileiros são foco de proliferação de doenças e oferecem condições de vida subumanas aos que neles residem. A falta de controle sobre os detentos e as regras relaxadas permitem que os grandes criminosos, mesmo de dentro da cadeia, continuem a comandar suas organizações criminosas do lado de fora. Por fim, temos o paradoxo de um sistema ao mesmo tempo frouxo em termos de segurança e desumano em termos de condições de vida. Tudo isso gastando mais de R$ 23 mil anuais por preso, seis vezes mais do que o custo de educar um estudante de Direito em uma universidade pública e 22 vezes mais do que o investimento em um estudante do ensino fundamental.

O primeiro passo a ser dado para solucionar o problema é aumentar drasticamente a capacidade do sistema prisional. Existe um mito no Brasil de que há gente demais presa por delitos leves, o que estaria causando a aparente lotação nas cadeias. Nada mais distante da realidade.

De acordo com o Levantamento Nacional de Informações Penitenciárias, do governo federal, existem hoje mais de 773 mil encarcerados sob custódia do Estado no Brasil[53], para um sistema com capacidade oficial de apenas 415,9 mil vagas. Desse número, a Secretaria Nacional de Segurança Pública estima que existam pouco mais de 12 mil detentos por delitos leves, os quais poderiam estar em regime semiaberto. Ao mesmo tempo, existem 350 mil pessoas que já têm mandado de prisão expedido, mas que ainda estão em liberdade. Ou seja, para cada presidiário de delito leve, que poderia

---

[53]Reportagem publicada pela Agência Brasil. "Brasil tem mais de 773 mil encarcerados, maioria no regime fechado" – 2020. Disponível em <https://agenciabrasil.ebc.com.br/geral/noticia/2020-02/brasil-tem-mais-de-773-mil-encarcerados-maioria-no-regime-fechado>. Acesso em abril de 2021.

estar fora da cadeia, existem 33 outras pessoas que deveriam estar dentro dela. Se a polícia conseguisse prender toda essa gente, a população carcerária do Brasil cresceria quase 50%. Isso aumentaria ainda mais os gastos com o sistema prisional. No entanto, a punição ainda é a melhor e mais rápida forma de se combater o crime. E o custo adicional das prisões é muitas vezes menor do que os estragos causados por centenas de milhares de bandidos soltos pelo país.

Além do aumento da capacidade prisional, melhorar a segurança e a eficiência das cadeias também é essencial. Isso pode muito bem ser feito pela iniciativa privada. Como tenho defendido ao longo desta obra, na maioria dos casos a iniciativa privada pode fazer um trabalho melhor do que o governo. Com as cadeias não seria diferente. Os presídios poderiam ser concedidos a empresas especializadas, com o Estado ainda responsável por bancar o sistema e fiscalizar as operações. Uma agência reguladora, nos moldes da Anatel, deveria ser criada especificamente para controlar as atividades dos presídios. Seria preciso estabelecer metas claras, como taxa de fuga dos presos, limpeza, manutenção predial, índice de reclamação de abusos de presos, entre outras, e fechar contratos para que empresas assumissem o controle sobre os presídios.

O modelo ideal seria um sistema em que o Estado paga um valor pré-determinado por preso, dependendo do seu grau de periculosidade. Líderes de quadrilhas e presos com grande influência política, por exemplo, teriam um preço compatível com a estrutura exigida para mantê-los na cadeia. Na outra ponta, criminosos leves gerariam um valor menor para as empresas responsáveis pela segurança. Esses valores deveriam ser condicionados a alguns indicadores de desempenho. As cadeias devem, por exemplo, estar sempre limpas e oferecer condições decentes de vida. O percentual de fuga também deve ficar abaixo de uma meta previamente estipulada. As empresas que mantiverem esses padrões poderão receber o valor integral devido. Já os erros, devem trazer punições financeiras.

A iniciativa privada seria muito mais eficiente do que o Estado na administração das prisões — assim como o são em qualquer outro setor. Processos modernos de gestão, concorrência e avaliação de desempenho fariam nascer inúmeras empresas especializadas no setor prisional, sempre interessadas em manter um número maior de presos e assim aumentar as suas receitas, ao mesmo tempo em que atendem à legislação.

Presídio privatizado não é algo novo no mundo. Países como França e Estados Unidos já privatizaram boa parte das tarefas dos presídios, como a limpeza e a manutenção. Também existem experiências bem-sucedidas de privatização completa de presídios. Um desses casos é a empresa *Correctional Corporation of America* (CCA), localizada no estado do Mississipi, nos Estados Unidos, que administra presídios em troca de um valor mensal pago pelo Estado. A CCA é a responsável por uma das maiores prisões dos Estados Unidos, uma unidade que oferece ar-condicionado e muitas atividades esportivas para os presos.

Prisioneiros que passaram pela CCA e pelo sistema público garantem preferir a primeira alternativa. Segundo os diretores da empresa, o foco nos esportes tem uma razão muito distante da vontade de criar um resort voltado à diversão. Robert Adams, diretor da CCA, afirma que "a estratégia é deixá-los cansados com os esportes, de modo que eles terminem o dia exaustos e durmam como bebês". Além de oferecer infraestrutura muito mais digna e ter baixo índice de fugas e rebeliões, o custo por preso cobrado pela CCA é 15% menor do que o valor gasto pelo governo americano no sistema público.

Um aspecto importante a ser ressaltado é o trabalho na prisão. Na imensa maioria dos casos, os presos passam seu tempo de cadeia no ócio. O tempo livre é preenchido com temas como brigas, rebeliões e fugas. Quando o preso finalmente sai, ele estará desacostumado ao trabalho e sem nenhuma reserva financeira, fatores que estimulam o retorno ao crime[54].

Os presos deveriam trabalhar sempre, de preferência aprendendo algum ofício técnico durante o cumprimento da pena. Isso pode ocorrer se a empresa administradora da cadeia terceirizar mão de obra para alguma indústria local que precise dela. Nesse caso, seriam montadas linhas de produção dentro do próprio presídio, onde os detentos poderiam realizar tarefas industriais.

Isso já é uma realidade na Penitenciária Regional de Curitibanos, em São Cristóvão do Sul, Santa Catarina. Lá, os presos têm a possibilidade de trabalhar diariamente entre as 7 da manhã e as 4 da tarde, recebendo um

---

[54] "Brasil tem mais de 773 mil encarcerados, maioria no regime fechado" – 2020. Disponível em <https://agenciabrasil.ebc.com.br/geral/noticia/2020-02/brasil-tem-mais-de-773-mil-encarcerados-maioria-no-regime-fechado>. Acesso em abril de 2021.

salário mínimo por isso. 75% do valor fica retido em uma conta em nome do detento, que pode resgatar o montante, corrigido, ao final da pena. Nesse sistema é possível juntar cerca de 10 mil reais por ano. Em cinco anos, o detento tem a possibilidade de formar um patrimônio de 50 mil reais, além de receber uma qualificação profissional para recomeçar a vida. Os outros 25% do salário ficam para o presídio e são investidos em benfeitorias para os próprios detentos. Ainda que o trabalho não seja obrigatório, 98% dos 1.980 presos trabalham diariamente no local.

As indústrias da região também ganham, já que as operações dentro de presídios são isentas de encargos sociais e trabalhistas. Um verdadeiro ganha-ganha, que já é praxe em várias partes do mundo.

Na Inglaterra, por exemplo, dos 84 mil prisioneiros, já existem 10 mil empregados na indústria. O governo pretende dobrar o número nos próximos anos. Segundo estudos do Ministério da Justiça britânico, o fator mais importante que impacta na reincidência de crimes é a obtenção ou não de trabalho pelo ex-detento. Entre os que não arrumam emprego, 75% acabam condenados novamente após um ano. Entre os que conseguem emprego, somente 40% voltam a cometer crimes.

No Brasil, a renda obtida com o trabalho nas prisões deveria ser dividida em duas partes iguais. Metade iria para a empresa administradora da prisão, o que tornaria esse tipo de atividade mais atraente e ainda reduziria o valor pago pelo Estado às empresas administradoras dos presídios. A outra metade seria depositada em uma conta bancária do próprio preso, a ser sacada no momento da saída do cárcere. O fato de o preso ter trabalhado e juntado alguma economia terá grande valor no futuro e reduzirá as chances de ele voltar à criminalidade.

Para muitos cidadãos honestos, gastar dinheiro educando presos pode soar como um desperdício que deve ser deixado de lado frente às demais necessidades de investimento. No entanto, tais pessoas devem se lembrar do fato de que 95% dos presos eventualmente voltam às ruas algum dia. Você prefere que o ex-presidiário na casa vizinha tenha poupança e qualificação profissional, ou que esteja desempregado e sem perspectivas?

Investir em reabilitação também gera economia. Nos Estados Unidos, cerca de 40% dos criminosos voltam a cometer crimes em até três anos após a soltura. No entanto, segundo o pesquisador Adam Guelb, do Pew Institute, nos locais onde existem programas de reabilitação e acompanhamento de ex-presidiários a taxa de reincidência cai 30%. Isso economiza dinheiro imediatamente. Segundo o departamento correcional do Kentucky, o custo de manter alguém preso é de US$ 60 por dia, contra apenas US$ 3 para supervisionar alguém em liberdade condicional.

Outra vantagem oriunda da concessão dos presídios é a melhoria no aproveitamento de vagas. Atualmente, como cada estado paga os custos das prisões em seu território, existem poucos criminosos presos fora da sua região de origem — geralmente só os mais perigosos acabam em presídios federais. Isso ocorre porque nenhuma Unidade Federativa concorda em receber presos de fora e ainda arcar com os seus custos. O resultado disso é que existem presídios com superlotação, enquanto outros têm capacidade ociosa. Com a privatização, não importa onde o preso será mantido, pois quem pagará o custo é o estado onde ele foi capturado. Um criminoso preso em Recife pode perfeitamente ser enviado ao presídio de Salvador, por exemplo, pois o governo de Pernambuco é que será responsável por pagar as taxas cobradas pela empresa de presídios de Salvador.

Um sistema de concorrência surgirá e diversas empresas espalhadas pelo país competirão pelos prisioneiros gerados em cada cidade, oferecendo condições compatíveis com a regulamentação da agência reguladora e cobrando custos cada vez menores. Nesse cenário, a população carcerária ficará distribuída onde os custos forem menores e onde houver mais vagas, aumentando tanto a taxa de utilização quanto a eficiência e reduzindo a superlotação.

Por fim, não devemos nos esquecer que manter um preso na cadeia é inevitavelmente custoso ao país. É preciso rever as penas para crimes leves, tornando-as mais curtas e, sempre que possível, substituindo-as por serviços comunitários. Uma pena de 50 anos custa cinco vezes mais do que uma pena de 10 anos, porém o efeito para dissuadir criminosos é quase o mesmo. O crime, em geral, é coisa de gente jovem. Manter uma pessoa na cadeia a vida toda é cruel e caríssimo.

## PROPOSTAS PARA AS CADEIAS

Estabelecer concessões para os presídios já em operação, com o Estado pagando um valor fixo, por preso, à empresa concessionária. Criar uma agência para fiscalizar e regular os presídios. Implantar um sistema de trabalho remunerado na prisão, em que os presos recebem 50% do salário e a empresa administradora fica com os outros 50%. Aplicar penas alternativas para crimes leves.

CAPÍTULO 11

# Drogas: Se Quiser Comprar, Compre

A questão das drogas sempre foi um assunto polêmico, em que paixões e dados empíricos contraditórios servem como combustível para defensores e opositores da liberação. Este, no entanto, é um tema importante e que precisa ser seriamente discutido, já que tem profundo impacto na forma como o governo intervém na sociedade, na natureza do crime e na estrutura policial. Farei aqui uma defesa do caminho da legalização, mesmo sabendo que encontrarei feroz resistência por uma parcela dos leitores.

Se você concordar com a minha argumentação, ótimo. Se continuar discordando de qualquer movimento de legalização, espero que os argumentos aqui apresentados ao menos sejam úteis para reforçar ainda mais a sua convicção e embasar os seus argumentos. Tudo pelo debate livre de ideias.

Em primeiro lugar, é discutível se um governo pode impedir alguém de, conscientemente, fazer mal a si mesmo. É evidente que as drogas pesadas causam grandes danos à saúde, mas se uma pessoa decide, por livre e espontânea vontade, se tornar consumidora, isso não é um assunto que diz respeito ao poder público. Carnes gordurosas também fazem mal à saúde, mas ninguém concordaria em ter um policial dentro de cada churrascaria fiscalizando o que cada um está comendo e levando à cadeia quem engolir um bife gorduroso demais.

Evidentemente este é um exemplo extremo, já que drogas fazem muito mais mal do que gordura e quase sempre levam à alteração de consciência. Mas o princípio fundamental é o mesmo. Enquanto um consumidor de drogas estiver usando essas substâncias sem importunar os outros, isso não é assunto para o governo.

Apesar dos efeitos nefastos de substâncias como cocaína e crack, as drogas funcionam como qualquer outro produto: são determinadas pelas leis de oferta e procura. A rigor, um usuário de drogas não passa de um consumidor, disposto a pagar por tal produto. Da mesma forma, um traficante é nada menos do que um fornecedor, disposto a entregar produto em troca de pagamento. Atualmente o governo se coloca entre os dois, tentando impedir um de comprar e o outro de vender — uma posição inevitavelmente incômoda e ineficiente. No entanto, se não existisse proibição, provavelmente teríamos no mercado grandes empresas oferecendo substâncias de melhor qualidade, a preços mais baixos, para aqueles que quisessem comprar.

Neste caso, seriam observadas as mesmas características de outro mercado similar: o de cigarros, um segmento dominado por grandes empresas. A vigilância sanitária faria inspeções regulares às instalações produtoras de drogas e criaria regras para que a formulação dos produtos fosse desenvolvida de modo a causar o mínimo dano possível à saúde. Não seria impossível que os rótulos de um produto, por exemplo, viessem com os dizeres "30% menos alucinógeno".

Grande parte dos danos à saúde causados pelas drogas vêm da mistura das substâncias puras com produtos de aparência similar, incluídos apenas para baratear o produto final, como o caso da cocaína misturada ao pó de mármore. Paradoxalmente, a liberação das drogas tornaria os narcóticos menos nocivos à saúde humana.

O fato é que, após décadas de guerra às drogas, o resultado tem sido um fracasso retumbante. O consumo de drogas na maior parte do mundo não caiu. A proibição levou a danos maciços, através do crescimento do crime organizado, da morte desnecessária de viciados expostos a drogas adulteradas e do encarceramento em massa de jovens, especialmente entre as classes mais pobres.

Atualmente, quase todos os narcóticos são proibidos no Brasil. Até bem pouco tempo atrás, a simples posse de pequenas quantidades, ou o consumo, eram considerados crimes passíveis de prisão por até 1 ano e 8 meses. Com a lei das Drogas, de 2006, as penas foram flexibilizadas. Hoje, caso a quantidade de drogas apreendidas com o condenado não for expressiva (9 gramas de cocaína ou 33 gramas de maconha), o usuário poderá responder ao processo em liberdade e ter a pena convertida em trabalhos comunitários. O tráfico, no entanto, segue sendo considerado um crime, com pena prevista de 3 a 15 anos de prisão. Trata-se do delito que mais leva gente para a cadeia no país. Atualmente, existem 163 mil detentos cumprindo pena por tráfico de entorpecentes — a esmagadora maioria composta por jovens negros e pobres das periferias.

O risco de ser pego e o alto custo de se manter complexas cadeias de suprimentos para abastecer o mercado tornam os preços das drogas dezenas de vezes maiores do que seria sem a proibição. E o Brasil bateu, em 2020, recorde de apreensão de drogas em operações que custaram milhões de reais aos cofres públicos[55]. De acordo com um relatório sobre drogas da ONU, o preço do grama de cocaína varia conforme o grau de repressão governamental. No Brasil, onde a polícia é menos eficiente, estima-se em US$ 12 o preço por grama de cocaína. Na Inglaterra, o preço sobe cinco vezes, para US$ 62. Já nos Estados Unidos, onde a política de repressão às drogas é uma das mais severas do mundo, o valor chega a US$ 120. Nem mesmo a distante Austrália escapa da lógica econômica das drogas. O país é isolado e possui excepcional capacidade de vigiar as suas fronteiras. O resultado? Lá o grama de cocaína atinge US$ 420, segundo o Centro Europeu de Monitoramento de Drogas.

Apesar de os efeitos da repressão sobre o consumo serem discutíveis, uma coisa é inquestionável: quanto mais se combate as drogas, mais atraente se torna o negócio. A US$ 12 o grama, se um brasileiro vender apenas um punhado de cocaína por mês, ele terá renda superior à de um engenheiro recém-formado. Na Austrália, com o preço 35 vezes maior, vender drogas tem uma atração econômica irresistível.

Quando se multiplica esse alto preço pelo volume de entorpecentes consumido no mundo, chega-se a uma receita gigantesca auferida pelos fornecedores de narcóticos. Essa massa de dinheiro ilegal financia a formação de complexas redes do crime, a compra de armas pesadas que rivalizam com as do exército e a corrupção de agentes policiais, penitenciários e até políticos.

A proibição das drogas ofereceu aos bandidos a maior e mais rentável atividade criminosa com a qual poderiam sonhar. Nenhuma outra se compara. Sequestros, assaltos a banco, roubos de carros, entre outras ativi-

---

[55] "Por que a apreensão de drogas é recorde em 2020 — e o que isso significa" – 2021. Disponível em <https://www.bbc.com/portuguese/brasil-55264932>. Acesso em abril de 2021.

dades dos bandidos são configuradas em complexidade e escalas ínfimas, perto da enormidade que é o tráfico de drogas.

A Polícia Federal estima que o crime organizado brasileiro movimenta R$ 8,1 bilhões por ano. Desse total, R$ 5,2 bilhões seriam fruto do tráfico de cocaína e R$ 1,2 bilhão, de maconha. Somente essas duas substâncias proibidas, portanto, representam nada menos que 80% das receitas dos bandidos. Nesse sentido, legalizar as drogas seria tirar dos criminosos o seu mais valioso ganha-pão. Seria o mesmo que impedir o McDonalds de vender sanduíches, obrigando a rede de lanchonetes a se virar apenas com a venda de saladas e tortinhas de banana.

A liberação faria com que grandes empresas entrassem no mercado. Com técnicas de produção e distribuição modernas, o preço despencaria e as organizações criminosas teriam de procurar outras atividades ilícitas para compensar as perdas. Isso, infelizmente, aumentaria a criminalidade no curto prazo. No entanto, como nenhum outro negócio se compara com o tráfico, essas organizações teriam de diminuir dramaticamente sua estrutura.

Com as quadrilhas sufocadas financeiramente, a balança do poder passaria a pender fortemente para o lado da polícia. De acordo com um relatório da patrulha de fronteira dos EUA, após a legalização da maconha no Colorado as apreensões no país caíram 30%, de 1.000 para 700 toneladas. Estamos falando apenas dos efeitos de um único estado legalizando a maconha, e seu impacto em toda uma nação. Diversos indícios mostram que o crime organizado é diretamente impactado pela legalização.

O grande temor em relação à liberação das drogas é a possível explosão do consumo e o risco à saúde pública. No entanto, se essa liberação for bem conduzida, isso não precisa necessariamente acontecer. Os Estados Unidos têm quase o dobro da taxa de uso de maconha da Holanda, onde a substância já foi legalizada há décadas. Nos EUA, percebeu-se que mesmo nos locais onde a maconha é permitida, o consumo não explodiu, como temiam os opositores da liberação.

Uma pesquisa do instituto Gallup indica que, desde o início das liberações da maconha, a proporção de adultos americanos que admitem ter consumido a erva passou de 38% para 41%. Ainda assim, parte deste aumento pode ter se atribuído a pessoas que já usavam e agora passaram a admitir abertamente. Atualmente, a maior parte do investimento público relacionado às drogas é utilizado para a repressão ao tráfico. Isso reduz levemente o consumo, mas aumenta exponencialmente o preço, fortalecendo ainda mais os traficantes.

Caso as drogas fossem liberadas, o governo passaria a cobrar imposto dos fabricantes. Essa verba poderia ser investida em campanhas maciças de conscientização e informação da sociedade sobre os perigos ligados aos entorpecentes. Campanhas bem feitas podem ter efeitos benéficos. Desde 1989 a Austrália veicula uma premiada campanha de conscientização dos cidadãos sobre acidentes de trânsito. Na época, o país amargava cerca de 3 mil mortes por ano nas ruas e estradas. Hoje, apesar do aumento da população e da frota de veículos, esse índice caiu pela metade.

Trata-se de um trabalho lento e que exige paciência, mas educar a população a respeito dos perigos das drogas pode sair muito mais barato e ser mais eficiente do que a guerra contra o tráfico. Além disso, apesar de liberada, a venda de drogas pode estar restrita a alguns lugares específicos e bem controlados. Assim como no caso dos cigarros, a propaganda de drogas deve ser proibida. Felizmente, as sociedades mais avançadas já têm uma visão mais tolerante em relação ao tema. Em 1969, apenas 10% da população nos Estados Unidos apoiava a legalização da maconha. Com o tempo este apoio foi subindo até que, em 2010, pela primeira vez na história, a maioria dos americanos passou a ser a favor da legalização. Atualmente, esse índice já supera os 70%[56].

Os estados de Washington e Colorado (EUA) foram os primeiros a legalizar o uso da maconha, tanto para fins medicinais como recreativos, em 2014. O sucesso na experiência fez com que outros estados também flexibilizassem suas leis. Nas eleições de 2020, Arizona, Montana, Nova Jersey e Dakota do Sul também aprovaram a comercialização e uso recreativo da cannabis, elevando a 39 o número de estados que permitem a comercialização, o uso recreativo ou medicinal da substância. Já o Oregon foi além: liberou todas as drogas. A partir de agora, o tema será tratado como um assunto de saúde pública, e não mais na esfera criminal.

Em Portugal, os usuários de drogas são obrigados a assistir aulas sobre os perigos dos narcóticos. Já a Itália confisca a carteira de motorista dos usuários de maconha. Essas penas leves evitam que milhares de jovens

---

[56] "Por que a maioria dos americanos apoiam a legalização da maconha" – 2020. Disponível em <https://revistagalileu.globo.com/Sociedade/noticia/2019/02/por-que-maioria-dos--americanos-agora-apioa-legalizacao-da-maconha.html>. Acesso em abril de 2021.

acabem na cadeia e ainda economiza bilhões em impostos, antes investidos em ações para capturar, julgar e aprisionar usuários. Um movimento pela flexibilização também já pode ser visto em outros países desenvolvidos, como Suécia, Austrália e no Reino Unido.

A Nova Zelândia, por exemplo, criou um departamento de pesquisa de substâncias psicoativas para definir níveis máximos de toxicidade a serem permitidos nas drogas. Substâncias com índices abaixo do limite aceitável serão legalizadas. O argumento colocado pelo governo neozelandês é de que as novas regras protegem os consumidores, expulsam os criminosos do mercado e ainda aumentam a arrecadação de impostos.

A criminalização de pessoas que preferem maconha a martinis não tem qualquer base científica. A guerra às drogas é uma inquisição cultural fracassada, não uma campanha em prol da saúde pública. Enquanto a Nova Zelândia e o Uruguai estão discutindo cientificamente qual é a dose e o nível de toxicidade aceitáveis, o Brasil está deixando esse assunto para os traficantes, que não dão a mínima para o controle de qualidade e nem restringem a venda aos maiores de idade.

Pesando os riscos, vantagens e desvantagens da liberação das drogas, legalizar é o caminho mais correto.

## PROPOSTAS PARA AS DROGAS

Estruturar um plano lento e gradual para a legalização das drogas, começando pelas mais leves. Após o teste inicial e feitos os ajustes necessários, a legalização se estenderia para drogas mais pesadas. Os locais permitidos para consumo seriam restritos e a propaganda proibida.

## RUMO À PAZ

Uma reforma profunda, que abranja tanto as polícias quanto o judiciário criminal, o sistema penitenciário e a legislação sobre as drogas, poderia reverter a situação atual da violência e corrupção existente no Brasil.

Com o passar dos anos, um sistema que acabe definitivamente com a impunidade teria como efeito desestimular o crime. Enquanto isso, um complexo prisional que realmente contribua para a reabilitação ofereceria alternativas de vida para os que saíssem da prisão. Por fim, a legalização das drogas eliminaria a maior e mais rentável fonte de riqueza dos criminosos.

Com essas medidas, a balança entre as duas fontes de motivação, a pulsão de vida e a pulsão de morte, mudará radicalmente. A punição esperada ao se cogitar cometer um crime será muito maior, fazendo com que o indivíduo pondere muito mais antes de fazer algo errado. O resultado disso tudo seria a drástica redução nos indicadores de violência e a melhoria da qualidade de vida para todos os brasileiros.

CAPÍTULO 12

# Perdendo Mais Alguns Quilos

Ao longo do plano de desconstrução do Estado, todas as atividades públicas que se encontrarem fora do escopo de atuação proposto aqui devem ser privatizadas ou eliminadas.

No curto prazo, as empresas públicas como Correios, Petrobras e Banco do Brasil devem ser vendidas, em negociações abertas e transparentes. Como vimos antes, não é papel do Estado entregar cartas, perfurar petróleo ou administrar agências bancárias. Além de serem executadas de forma ineficiente pelo governo, essas atividades tiram o foco do que é realmente importante para o país.

É lamentável que o verdadeiro valor das privatizações ainda não esteja claro para a maioria dos brasileiros. Recentemente, em debates públicos sobre o assunto, vimos políticos competindo sobre quem é o maior amigo das estatais. Ao invés de falarem sobre os benefícios inequívocos das privatizações, muitos políticos fazem o jogo do medo, dizendo bobagens do tipo "estão vendendo o patrimônio nacional", ou "abrindo mão da nossa soberania". Na realidade, soberania nada tem a ver com o fato de o governo deixar de fabricar gasolina, por exemplo.

A experiência histórica nos mostra que as privatizações, em geral, levaram a um significativo aumento da produtividade e crescimento econômico. No final dos anos 1980, por exemplo, a Inglaterra só conseguiu reverter décadas de declínio devido às privatizações do governo de Margaret Thatcher. Atualmente, até a China passa por um forte processo de privatização. Segundo o Instituto Unirule de Economia, de Beijing, a participação do governo na economia chinesa caiu pela metade a partir dos anos 1990, possibilitando uma das maiores expansões econômicas de que se tem notícia, com crescimento médio da economia acima dos 10% ao ano.

Ainda de acordo com o Instituto Unirule, a rentabilidade média das empresas privadas chinesas foi de 12,9% nos últimos anos. Já as empresas públicas apresentaram resultados negativos: -1,47%. Globalmente, de 2007 a 2013 as empresas públicas perderam 37% do seu valor de mercado, enquanto as empresas privadas cresceram 5%. Isso significa que, enquanto as empresas privadas geraram empregos, lucros, e contribuem para o aumento da produtividade, as empresas públicas apenas destroem valor — e os seus prejuízos são pagos, é claro, pelos contribuintes.

Na América Latina também não faltam exemplos de melhorias nos preços e serviços pós-privatização. Quando o governo mexicano decidiu vender a Luz e Fuerza, o monopólio nacional de eletricidade, a empresa custava aos contribuintes US$ 3 bilhões ao ano em prejuízos. Foram necessários 1 mil policiais para ocupar os escritórios da empresa e vencer a resistência de sindicatos, grupos de interesse e todo o corporativismo que ali reinava. Os resultados, no entanto, não demoraram a aparecer. Atualmente, a espera para novas conexões de energia caiu de 10 meses para 4 dias e o custo despencou mais de 70%.

Pegando um caso inverso, podemos citar a companhia de aviação Aerolíneas Argentinas, antes privada, que foi estatizada pelo governo argentino em 2008. De lá para cá, apesar do número anual de passageiros ter permanecido estagnado, a quantidade de pilotos dobrou, o quadro de funcionários foi inchado e o prejuízo quadruplicou. Hoje a empresa depende da generosidade dos cofres públicos (ou seja, dos pagadores de impostos) para sobreviver.

A companhia de água e saneamento Aysa seguiu destino semelhante. Segundo o jornal argentino La Nación, após a tomada da empresa pelo governo, em 2006, foi entregue a sindicalistas e teve sua folha de pagamentos aumentada em 40% ao ano. Atualmente, especialmente a partir da pandemia da Covid-19, período em que a empresa foi proibida de suspender o fornecimento de água por falta de pagamento, a Aysa sobrevive graças a repasses de dinheiro público e emissão de títulos de longo prazo (debêntures).

No Brasil, um caso emblemático de privatização de sucesso foi o do Banespa, em 2000. O governo estabeleceu como critério um leilão com envelopes fechados, em que aquele com o maior valor ficaria com o ativo. O banco vinha apresentando resultados medíocres nos anos anteriores à privatização e uma oferta de algumas centenas de milhões de reais já era considerada pelos analistas como um bom negócio. O vencedor do leilão foi o banco espanhol Santander, que com a aquisição teve a oportunidade de entrar no mercado brasileiro. O valor pago — mais de R$ 7 bilhões — ficou muito acima das expectativas mais otimistas.

Não é preciso dizer que toda a população brasileira saiu ganhando com o processo. Um banco que prestava um serviço ruim à população e quase não dava lucro ao governo, foi trocado por uma bolada inicial e receitas recorrentes com impostos. O serviço aos correntistas melhorou drasticamente e agora eles podem usufruir de toda a tecnologia de um dos maiores bancos do mundo. O grau de concorrência no setor bancário também aumentou, o que é benéfico para os brasileiros, já que as empresas hoje precisam oferecer serviços cada vez melhores para atrair novos clientes.

O setor siderúrgico é outro exemplo. No passado, empresas como a Companhia Siderúrgica Nacional (CSN) e a Usiminas costumavam registrar prejuízos anuais, obrigando o governo a fazer aportes bilionários para tapar o buraco. Pagavam todos os brasileiros. Com a privatização, a eficiência do setor cresceu a um ponto em que até os Estados Unidos tiveram de tomar medidas protecionistas contra o Brasil. Essas empresas, hoje, pagam mais impostos e geram mais riqueza ao país. Com a Embraer foi a mesma coisa: uma empresa que estava à beira da falência e que, após a privatização, entrou em um processo de recuperação que a transformou em referência tecnológica com vendas anuais de bilhões de dólares.

O exemplo da telefonia, no entanto, é emblemático e mostra claramente os ganhos da privatização para a sociedade. Os mais jovens podem até não se lembrar, mas até o início dos anos 1990 o telefone era um ativo valioso, que não raro entrava até nos testamentos das pessoas. O sistema era operado pela Telebras, estatal que detinha o monopólio do serviço no Brasil e demorava meses, quando não anos, para instalar uma linha para um novo cliente. O serviço era ruim e os valores cobrados pelo uso, altíssimos.

Com a privatização, o cenário mudou radicalmente. Novos *players* entraram no mercado, aumentando a concorrência e a qualidade dos serviços ao mesmo tempo em que os custos foram caindo. Hoje, o investimento necessário para se obter uma linha telefônica é próximo de zero.

Desde a privatização, o número de telefones fixos mais que dobrou (de 17 milhões, em 2008, para 35 milhões, em 2020) e o número de celulares aumentou 52 vezes (de 4,6 milhões para mais de 230 milhões) no mesmo período, segundo a Agência Nacional de Telecomunicações (Anatel). Ou seja, atualmente existem mais linhas telefônicas do que pessoas no Brasil. As empresas concorrem pelos clientes, querendo sempre conquistá-los com melhores serviços e tarifas mais baixas. É verdade que as operadoras de telefonia são as campeãs de reclamações por parte dos consumidores, com grande parte das queixas relacionadas aos preços. No entanto, este problema também tem a ver com o governo.

Os preços são altos porque embutem uma das mais altas cargas tributárias do mundo — 30,1% de imposto sobre a conta telefônica, de acordo com a consultoria Teleco. É lógico que existem falhas e oportunidades de melhoria, mas ninguém em sã consciência trocaria Vivo, TIM, Claro e outras pela velha Telebras. Se o governo privatizasse as estatais remanescentes, a sociedade brasileira obteria benefícios semelhantes aos ocorridos nas telecomunicações.

A estatal Ceitec é outro exemplo de elefante branco. Com sede em Porto Alegre, no Rio Grande do Sul, a companhia é conhecida como "a estatal do Chip do Boi", por produzir os brincos utilizados no monitoramento de animais, além de componentes para pagamentos de pedágio, acesso a condomínios e estacionamentos. Queridinha dos discursos ideológicos de sindicalistas e nacionalistas, trata-se de um enorme cabide de empregos, repleto de indicações políticas, gordos salários, indícios de corrupção e produção próxima a zero.

Apesar de ser uma estatal ridícula em termos de produtividade e resultados financeiros, remunera muito bem seus funcionários. Na folha de pagamentos de maio de 2020, é possível encontrar cargos de confiança com salários de quase R$ 30 mil, mais até que o salário bruto do governador gaúcho, que em 2020 era de R$ 25,3 mil. É uma empresa teoricamente voltada para a fabricação de chips avançados baseados em semicondutores, uma tecnologia fundamental na indústria eletrônica. Porém, a incapacidade de gestão inerente às estatais impediu a empresa de ter resultados comparáveis à outra empresa do setor, a Smart Modular, uma companhia privada do mesmo segmento. Enquanto a Smart tem receita de centenas de milhões de reais e é lucrativa, a Ceitec segue após 12 anos amargando prejuízos anuais sem nunca ter visto um centavo de lucro nem ter produzido quantidade significativa de chips.

Não por acaso, o presidente Jair Bolsonaro assinou, em dezembro de 2020, um decreto que permite a liquidação da Ceitec, dando aval para que uma organização social gerencie a companhia no lugar do governo federal. A decisão já havia sido tomada em junho daquele ano, mas levou alguns meses para receber a canetada final. A proposta é reduzir os gastos estatais que, segundo a secretaria-geral da Presidência da República, chegam a R$ 80,5 milhões por ano. A Ceitec nasceu nos tempos do petista Olívio Dutra e ganhou musculatura durante o governo Lula.

Além das empresas públicas, é preciso passar à iniciativa privada também a totalidade de estradas, trilhos, portos e aeroportos brasileiros. A situação atual da infraestrutura de transporte no país é crítica — e não há qualquer indicativo de que isso vá mudar nos próximos anos. Segundo a escola de negócios COPPEAD, os custos de transporte no Brasil chegam a 12,7% do PIB[57], contra 8% nos Estados Unidos. Terminais lotados, atrasos e perda de mercadoria são a paisagem dominante hoje no Brasil.

---

[57] "Custo logístico consome 12,7% do PIB do Brasil" – 2016. Disponível em <https://www.cnt.org.br/agencia-cnt/custo-logistico-consome-12-do-pib-do-brasil>. Acesso em novembro de 2020.

CAPÍTULO 13

# Imóveis

Assim como as estatais deficitárias, outro sinal da incompetência administrativa da União é a quantidade absurda de ativos imobiliários sob gestão (quando há gestão) em todo o país. O Governo Federal é proprietário de milhares de imóveis, avaliados em R$ 68 bilhões (os dados mais recentes são de 2016). Segundo a ONG Contas Abertas, o governo seria a maior — e a pior — imobiliária do mundo se atuasse como uma empresa de gestão de imóveis.

Pelos cálculos do economista Gil Castello Branco, secretário-geral da ONG Contas Abertas, em 2019 a União gastou R$ 1,56 bilhão em aluguéis para acomodar órgãos públicos e recebeu cerca de metade desse valor (R$ 795,1 milhões) pela locação de imóveis próprios para terceiros. Sem contabilizar os prédios abandonados, como o da Polícia Federal de São Paulo. Esses números também só se referem aos três Poderes na área federal, sem contar estatais e imóveis de estados e municípios. Ou seja, se vendesse esses imóveis todos, o governo poderia reduzir suas despesas, aumentar a arrecadação com a desmobilização de ativos e ainda fomentaria os investimentos privados, já que os novos donos dos imóveis fariam reformas e criariam atividades produtivas nesses espaços.

Não há nenhuma dúvida de que o aumento da competitividade brasileira passa pela reforma e redução do tamanho do Estado. Hoje o Brasil é grande, obeso e ineficiente sob todos os aspectos. Não existe um índice aceitável em infraestrutura, por exemplo. Atualmente, um produtor de soja do Mato Grosso precisa gastar 25% da sua receita para levar seus produtos até o porto. Em Iowa, nos Estados Unidos, o mesmo agricultor gastaria apenas 9%, praticamente um terço do custo do Brasil. Apesar das dimensões continentais do país e da escassez de vias de comunicação, o investimento em infraestrutura é de míseros 1,5% do PIB, com grandes períodos de oscilação. Em 2015, o investimento em infraestrutura de transportes foi de somente 0,19% do PIB[58]. A média mundial é de 3,8%, lembrando-se que isso inclui países avançados, onde a estrutura já está pronta há anos. O valor do total da infraestrutura brasileira é de apenas 16% do PIB, contra uma média de 71% nas outras grandes economias.

Recentemente, alguns terminais de carga portuários foram privatizados e a produtividade triplicou, sendo que navios que esperavam até cinco dias para entrar no porto agora atracam imediatamente. Depois de privatizados, os aeroportos de Guarulhos, Viracopos e Brasília receberam em um ano investimento de R$ 2,6 bilhões, quase dez vezes mais que o valor investido pela Infraero anteriormente — apesar das dificuldades financeiras das concessionárias durante a pandemia, quando mais de 90% dos voos foram suspensos por tempo indeterminado. As melhores estradas do Brasil são as privatizadas. O mesmo precisa ser feito com o restante da estrutura. Governos não são a melhor alternativa para cuidar de portos e estradas — muito menos o governo brasileiro. Com exceção das ruas dentro dos municípios, o Estado não deve possuir nenhum tipo de estrutura de transporte.

O patrimônio de uma nação não é definido pelo tamanho de suas estatais, e sim pela capacidade da nação em criar riqueza e inovação. Privatizar não é destruir o patrimônio nacional. Só destrói o patrimônio aqueles que defendem empresas corruptas e deficitárias. Se houver uma vigilância efetiva por parte do setor público sobre as grandes empresas privatizadas, a exemplo do que foi feito na área da telefonia, o Brasil obterá imensos benefícios com o repasse das estatais para a iniciativa privada.

## PROPOSTAS PARA AS EMPRESAS ESTATAIS

Privatizar todas, como Correios, Petrobras, Banco do Brasil, além de toda a infraestrutura de transportes.

---

[58] *Op. Cit.*

CAPÍTULO 14

# Vigiando os Musculosos

Quando se fala em privatização, alguns setores da economia não despertam paixões. Pouca gente se oporia, por exemplo, à privatização de uma padaria. Adam Smith, o grande teórico do liberalismo do século XIX, já defendia os benefícios de um sistema em que a competição de interesses privados gerasse benefícios à sociedade. Adam Smith observou que a busca por lucros, realizada simultaneamente por milhares de empresários de determinado setor, invariavelmente fazia com que os produtos ficassem cada vez melhores e mais baratos, beneficiando toda a população.

No entanto, em algumas áreas isso não é tão simples. Estamos falando aqui de atividades como infraestrutura, petróleo e gás, geração e distribuição de energia, redes de fibra óptica, entre outros. Nesses casos, a escala da operação das empresas e a ordem de entrada no mercado são primordiais para gerar lucros. Considere, por exemplo, uma empresa provedora de internet, que já investiu na construção de toda a sua infraestrutura de cabeamento. Dificilmente outra empresa investiria em uma segunda rede, pois uma guerra de preços entre elas tornaria quase impossível recuperar o investimento.

Quanto maior a empresa, mais barato o produto e maior o seu poder de barganha junto aos clientes. Desta forma, esses setores tendem a formar monopólios ou oligopólios naturalmente, à medida que as empresas maiores começam a comprar as menores. Como a competição é muito pequena, invariavelmente poucas empresas acabam dominando o mercado e, se não forem devidamente reguladas, podem impor preços abusivos à sociedade.

Reformas que incentivam a competição são vitais, não apenas para aumentar o crescimento econômico, mas também para melhorar a distribuição de renda. Um dos principais fatores de concentração econômica é o lucro extraordinário obtido pelos donos de empresas que gozam de monopólios ou oligopólios, bem como políticos bem instalados em cargos estratégicos de estatais. No caso do México, por exemplo, governos sucessivos têm cedido à pressão dos oligopólios e permitido que, em diversos setores importantes, uma empresa domine o mercado.

Um estudo da OCDE e da Comissão Mexicana para a Competição (CFC) mostra que 31% do orçamento das famílias mexicanas são gastos em produtos providos por monopólios ou oligopólios. Quando analisados somente os lares mais pobres do país, tal proporção é ainda maior: 38%. Não é de se espantar que um dos homens mais ricos do mundo, Carlos Slim, dono de uma fortuna estimada pela revista Forbes em mais de US$ 62,8 bilhões em 2021, seja mexicano[59].

O custo desse fenômeno é bastante alto, pois setores com concentração abusiva tendem a causar aumento de preços. Remédios mexicanos são um terço mais caros do que o são na Inglaterra. Tarifas aéreas e de ônibus são 10% a 30% acima da média da América Latina, segundo a CFC. Linhas telefônicas custam 45% mais caro que a média da OCDE. Estima-se que a falta de competição nesse mercado reduza em até 1,5% o crescimento anual da economia, além de limitar o poder de compra da população mais carente.

Outro efeito colateral da falta de competição e do "capitalismo de amigos" é a dramática concentração de renda que se observa nesses casos. Em alguns países, as regras favorecem tão escandalosamente um pequeno grupo de privilegiados, permitindo monopólios e preços abusivos, que tal grupo rapidamente passa a controlar grande parte da economia. Na Rússia, por exemplo, os 0,1% mais ricos do país são donos de 18% do PIB nacional. Nos Estados Unidos, em contraste, os mesmos 0,1% possuem apenas 5% do PIB. Na Europa esse percentual cai para 3%, segundo estudo recente da OCDE.

Para contrabalançar os monopólios e oligopólios, os governos dispõem de alguns instrumentos bastante eficazes, como, por exemplo, os contratos de concessão e as agências reguladoras. Os contratos de concessão determinam como os ativos públicos devem ser passados às empresas e a que preço.

---

[59] "Lista de bilionários da Forbes ganha 20 brasileiros e tem crescimento recorde na pandemia". Disponível em <https://economia.uol.com.br/noticias/bbc/2021/04/07/lista-bilionarios-forbes-brasileiros-crescimento-recorde-pandemia-covid-19.htm>. Acesso em abril de 2021.

Evidentemente, a empresa concessionária deve obter uma rentabilidade com o ativo compatível com o tipo de negócio e grau de risco envolvido.

As agências reguladoras são, em geral, autarquias públicas, comandadas preferencialmente por técnicos experientes em suas respectivas áreas de atuação. Sua função é vigiar o setor econômico de sua responsabilidade, exigindo um mínimo de qualidade para os serviços prestados, bem como um preço justo. Apesar de haver instrumentos de controle, garantir que as empresas compitam em pé de igualdade não é uma tarefa fácil.

As empresas reguladas costumam conhecer muito melhor os seus negócios do que aqueles que estão as regulando. Por outro lado, os reguladores podem ser duros ou condescendentes demais. Não existe uma solução perfeita. Se o governo impuser uma margem de lucro fixa aos contratos, acabará o incentivo para as empresas aumentarem sua eficiência, Da mesma forma, se o governo impuser um preço fixo para os produtos e serviços, qualquer ganho conquistado pela concessionária ficará só para ela, sem beneficiar os consumidores. As melhores soluções envolvem um misto de várias políticas, negociadas por profissionais altamente capacitados.

Existem diversas agências reguladoras em operação no Brasil. A Anatel, por exemplo, é responsável pela vigilância do setor de telecomunicações e vem tendo um papel fundamental na melhoria desse serviço, averiguando desde a amplitude da cobertura e frequência do sinal de cada operadora até conflitos relacionados a contas telefônicas erradas. De 1997 a 2020, a Anatel aplicou R$ 11,5 bilhões em multas às empresas[60] que apresentaram baixa performance, forçando-as a melhorar os serviços. Na mesma linha, a Aneel é responsável pelo setor de energia, a Anvisa cuida da vigilância sanitária, a ANS dos planos de saúde, a Anac regula a aviação, a Ancine do setor audiovisual, e assim por diante.

É preciso destacar o papel do Conselho Administrativo de Defesa Econômica (Cade), uma autarquia ligada ao Ministério da Justiça que, embora não seja uma agência reguladora, trabalha para prevenir os abusos do uso do poder econômico. Esse tipo de instituição é fundamental para o bom funcionamento de qualquer economia e deve ser amplamente forta-

---

[60] "Em 23 anos, Anatel aplicou R$ 11,5 bilhões em multas, mas recebeu somente 7,5% desse valor, diz CGU". Disponível em <https://g1.globo.com/economia/noticia/2020/10/01/em-23-anos-anatel-recebeu-75percent-do-valor-das-multas-aplicadas-diz-cgu.ghtml>. Acesso em abril de 2021.

lecido. Ações antitruste e em favor da competição são historicamente fracas no Brasil.

Um estudo de 2007, do pesquisador Edmund Amann da Universidade de Manchester, analisou informações dos maiores segmentos econômicos do Brasil e observou que a participação de mercado das quatro maiores empresas em cada setor têm crescido constantemente.

O Cade é atrapalhado por regras que impedem o órgão de agir até que seja tarde demais. Isso ocorre pois ele não pode impedir uma junção de empresas que seja danosa ao consumidor antes dela ser consumada. A partir daí, as batalhas judiciais podem durar anos. Em 2004, por exemplo, o Cade ordenou à Nestlé vender a Garoto, que havia sido adquirida dois anos antes. A Nestlé continua discutindo nos tribunais essa decisão. Se, e quando, sair uma decisão definitiva, já será tarde demais. Outro caso emblemático é a BRF, empresa criada em 2009 pela união de Sadia e da Perdigão, criando uma perigosa concentração no importantíssimo mercado de alimentos.

Os casos mais recentes são tão complexos quanto esses. Em janeiro de 2021, ainda em meio à crise causada pela pandemia da Covid-19, o Cade enfrentava um aumento absurdo no volume de grandes transações para analisar. O cenário era um imenso desafio para a autarquia, que precisa evitar a quebradeira de empresas em dificuldades financeiras e, ao mesmo tempo, evitar a criação de uma concentração maior de mercado que prejudique o consumidor. Naquela época, havia uma série de casos emblemáticos na lista, como a venda da Liquigás, a compra da operadora Oi pelas concorrentes Vivo, TIM e Claro, a compra da Laureate pela Ânima, a fusão da Unidas com a Localiza, a incorporação da Linx pela Stone e a possibilidade de uma eventual união entre Latam e Azul.

Além da ação tímida na prevenção de monopólios, existem casos em que o governo foi o principal responsável pela concentração de mercado. O argumento que se usava era a criação dos chamados "campeões nacionais", que seriam em tese empresas brasileiras fortes o suficiente para competirem no exterior e fazerem fama como grandes empresas nacionais. Isso pode soar atraente à primeira vista, mas representa uma grande bobagem em termos do interesse econômico dos brasileiros.

A concentração de mercado, ao invés de aumentar as exportações, normalmente leva a perda de competitividade, aumento de preços e prejuízos para o bolso do consumidor. Isso sem falar no perigo de se deixar nas mãos do governo a escolha dos ganhadores, ao invés de permitir que as próprias empresas compitam e o mercado premie os melhores. Tais arranjos e arbitrariedades criam mais uma perigosa ligação entre governos e empresários, onde ser competente conta menos do que ter bons contatos políticos. Vejamos o exemplo do setor petroquímico.

No início de 2021 a Braskemhavia sido colocada à venda pelo seu controlador, o Grupo Odebrecht, que usou sua influência política para aumentar o imposto de importação sobre os materiais produzidos, de 14% para 20%, sendo que a média mundial desses impostos é de apenas 7%. Com isso, conseguiu bloquear o suprimento de insumos químicos aos seus clientes e forçá-los a comprar apenas da Braskem, a preços maiores. Isso machucou centenas de indústrias que precisam de materiais plásticos, aumentou os preços aos consumidores e beneficiou apenas a própria Braskem, que passou a gozar de lucros monopolísticos. Ainda assim, havia um discurso ideológico achando lindo que se estaria "defendendo a indústria nacional". Na verdade, isso faz apenas com que milhões de brasileiros pobres paguem mais para os cofres da Braskem. A venda da companhia é uma exigência do plano de recuperação judicial do grupo, homologado em julho de 2020, e que tinha um prazo de três anos para se concretizar.

Nos últimos anos, assistimos a grandes operações de empréstimos realizados pelo Banco Nacional de Desenvolvimento Econômico e Social (BNDES) às empresas escolhidas, como por exemplo a gigante de proteína animal JBS, a BRF, a Oi e o grupo EBX, esse último tendo recebido sozinho o valor de R$ 10,4 bilhões de dinheiro público subsidiado. Ou seja, em última análise, o governo brasileiro paga altas taxas de juros para captar dinheiro, que por sua vez é emprestado a preços camaradas para empresários amigos[61]. Quem cobre a diferença, como sempre, é o pagador de impostos brasileiro — um cenário surreal onde as pessoas mais humildes são obrigadas a financiar empréstimos baratos aos bilionários escolhidos.

O ideal seria o governo fazer exatamente o oposto: focar esforços em dar condições para que novas empresas entrem no mercado, aumentando as opções para os consumidores e obrigando os concorrentes a competirem

---

[61] "BNDES gastou R$ 1,2 tri com empresas "amigas", como JBS e BRF" – 2017. Disponível em <https://economia.uol.com.br/noticias/redacao/2017/03/21/analise-bndes-gastou--r-12-tri-com-empresas-amigas-como-jbs-e-brf.htm>. Acesso em abril de 2021.

ferozmente entre si para baixar preços. Só assim o trabalhador brasileiro sairá beneficiado. Por isso, as agências reguladoras são importantíssimas para o bom funcionamento da economia. Elas devem ser valorizadas e atuar com energia em todos os segmentos, agindo para evitar os monopólios. Você é contra lucros altos demais? O único remédio conhecido contra isso chama-se competição.

## PROPOSTAS PARA AS AGÊNCIAS REGULADORAS

Ampliar os recursos e fortalecer o trabalho das agências. Atuar obsessivamente para atrair novos competidores e aumentar a concorrência no Brasil, independentemente de serem empresas brasileiras ou estrangeiras.

CAPÍTULO 15

# A Raposa e o Galinheiro

Como sabemos, a corrupção é um dos fenômenos mais perigosos para uma nação. Os efeitos econômicos são devastadores. À medida que o custo das empresas sobe, os investimentos despencam. As pessoas começam a perder a confiança nas instituições e a democracia começa a ser ameaçada. Não é à toa que os países no topo do *ranking* da Transparência Internacional, como Finlândia e Singapura, estão entre os mais ricos, enquanto as nações mais corruptas do planeta, como Togo e Gana, estão entre as mais pobres. A correlação entre corrupção e subdesenvolvimento é fortíssima.

Nesse contexto, infelizmente, o Brasil encontra-se em péssima posição. Nossos índices de corrupção são africanos, os escândalos são frequentes, não raro envolvendo deputados, ministros, fiscais e funcionários públicos de todos os níveis. De acordo com uma pesquisa divulgada pelo instituto Sensus, para 41,3% dos brasileiros a corrupção é o principal motivo de vergonha nacional, superando de longe a violência (17,1%) e a pobreza (12,7%). Apesar de um caso ou outro de afastamento do cargo, rapidamente as mesmas pessoas de sempre voltam ao centro do poder.

Praticamente não existe punição. Um estudo da Associação dos Magistrados Brasileiros acompanhou as ações criminais contra políticos entre 1988 e 2007. Dos 463 processos contra autoridades, apenas cinco resultaram em condenação, cerca de 1%. Mesmo assim, todos esses cinco casos tratavam de crimes violentos como agressão e homicídio. Ou seja, até a Operação Lava Jato, nunca nesse período um político havia sido condenado por corrupção no Brasil[62].

Mesmo depois da Lava Jato, pouco restou do que se fez contra o combate à impunidade. Até 2019, o trabalho dos procuradores no combate à corrupção e à impunidade resultou em 285 condenações. As penas já somam 3.093 anos, 11 meses e 23 dias de prisão. Em janeiro de 2021, apenas 72 seguiam presos. Grande parte dessa impunidade se deve à impossibilidade de prisão após segunda instância.

Isso desmoraliza o governo e faz com que atividades públicas que deveriam ser admiradas, como o exercício de legislador, sejam, infelizmente, desprezadas pela população. Inúmeras pesquisas demonstram que os deputados lideram a lista de profissões detestadas pela população. Claro que é ingênuo pretender acabar com toda e qualquer forma de corrupção, mas reduzir drasticamente os níveis atuais é prioridade para o Brasil.

Existe um passo fundamental para se combater a corrupção com eficácia: a primeira coisa a ser feita é, nos casos de desvios de conduta, impedir que os próprios políticos investiguem e julguem seus colegas. Hoje em dia, qualquer escândalo dessa natureza é investigado somente por uma comissão parlamentar de inquérito (a CPI) e, em caso de indícios de desvio, só podem ser julgados diretamente pelo Supremo Tribunal Federal (STF). Isso significa que políticos estão investigando políticos, muitas vezes do mesmo partido, com os mesmos problemas (ainda que ocultos) daqueles que estão sendo investigados. E, depois das provas levantadas, a condenação só pode vir da caneta de um ministro da corte suprema. Por outro lado, tais ministros só podem ser julgados pelos senadores, fechando assim o círculo da impunidade. Ministros do judiciário "cozinhando" processos dos parlamentares e, por outro lado, senadores "sentando em cima" das investigações contra os ministros do judiciário. Uma mão lavando a outra, um afagando a cabeça do outro.

Isso ocorre devido às regras generosas do chamado foro privilegiado. Esse mecanismo é bastante comum mundo afora para evitar que chefes de estado tenham problemas jurídicos com qualquer magistrado de primeira instância. Imagine, por exemplo, o presidente dos Estados Unidos sendo

---

[62] "Operação Lava Jato - Números" – 2021. Disponível em <http://www.pf.gov.br/imprensa/lava-jato/numeros-da-operacao-lava-jato>. Acesso em abril de 2021.

convocado frequentemente para depor a juízes em todos os cantos do país. Isso impossibilitaria qualquer governo. Lá, então, existe a regra de foro privilegiado, garantindo ao presidente da república, bem como seus ministros diretos (Secretários de Estado, pela denominação americana) serem julgados somente pela suprema corte. O mesmo ocorre na França. A Alemanha é ainda mais restritiva, dando esse direito somente ao presidente, sendo que na Inglaterra nem o primeiro-ministro tem esse privilégio. Em estudo de 2017 da revista Época, nenhum país do mundo estendia os benefícios do foro privilegiado a tantas pessoas quanto o Brasil. Por aqui, nada menos do que 40 cargos dão direito a esse privilégio, num total de quase 60 mil pessoas — todos imunes a qualquer problema judiciário nas instâncias inferiores.

A farra do foro privilegiado precisa acabar. Esse benefício deve valer somente para 3 pessoas: Presidente da República e os presidentes da Câmara dos Deputados e do Senado Federal.

CAPÍTULO 16

# A Escada no Fundo do Poço

Conforme dito anteriormente, o Estado deveria ter somente seis atividades essenciais, entre elas proteger os cidadãos contra a miséria absoluta. Isso significa dar uma assistência básica pelo tempo que for necessário para que uma família possa sair da pobreza absoluta e ingressar no mercado de trabalho, passando a gerar riqueza por conta própria. Esse auxílio, porém, deveria ser concedido com muito critério e seriedade.

Em um país como o Brasil, com milhões de miseráveis, a assistência social movimenta recursos vultosos. É de se esperar que, com o tempo e o processo de enriquecimento dos brasileiros, as necessidades financeiras da assistência social passem a ser cada vez menores. Isso não significa que ela deva um dia ser eliminada. Mesmo nas nações mais ricas, ainda há aqueles que perderam tudo e precisam desesperadamente de ajuda. No longo prazo, o ideal é que a assistência social deixe de atender toda uma camada da população, como seria necessário no contexto atual, e passe a se concentrar apenas em casos pontuais.

Isso não é algo fácil de se fazer. A lógica comum diria que pessoas pobres tendem a querer progredir e escapar da miséria através do estudo e do trabalho. No entanto, como demonstraram estudos em países tão diversos como Etiópia e França, a pobreza extrema faz as pessoas se sentirem impotentes e suprime as suas aspirações, de tal modo que elas podem nem tentar melhorar de vida. E quando tentam, enfrentam obstáculos por todos os lados. Se você não sabe de onde virá sua próxima refeição ou se os seus poucos bens estão sob risco de roubo, planejar e investir para o futuro é muito difícil. Os miseráveis estão sujeitos a enormes níveis de stress: a doença de um filho tem mais chance de ser fatal, a perda de uma colheita pode causar fome, a violência está mais próxima. Algumas decisões aparentemente racionais como, por exemplo, garantir que os filhos terminem os estudos, não são decisões óbvias para quem está no extremo da pobreza.

A assistência social deve proporcionar condições para que a família possa sair desse ciclo e começar a gerar e gerar riqueza por conta própria. Ter um emprego, produzir e responsabilizar-se pelo sustento da sua família são as formas mais dignas de um ser humano viver. O papel do Estado é ajudar a totalidade dos cidadãos a atingir esse patamar de independência. Para isso, é preciso apoiar as famílias durante um longo período - não apenas com dinheiro, mas também com apoio psicológico, capacitação e uma boa dose de exigência de contrapartidas oferecidas pelos beneficiários. Frequentar cursos de capacitação profissional, vacinar seus filhos e enviá-los diariamente à escola são alguns exemplos dessas possíveis contrapartidas.

Nas últimas duas décadas, os programas sociais voltados para as famílias brasileiras mais carentes cresceram substancialmente. Um deles, inicialmente chamado de Bolsa Escola, foi fortemente ampliado sob a bandeira do Bolsa Família e conseguiu tirar dezenas de milhões de brasileiros da miséria absoluta. Bastante elogiado dentro e fora do país, tem como mérito ser relativamente simples de gerenciar e transferir recursos financeiros diretamente aos necessitados, sem intermediários. Ao custo anual de R$ 24 bilhões, apenas 0,5% do PIB, o programa cresceu de 3,6 milhões de famílias, em 2002, para 48,7 milhões em 2020[63]. Isso significa que quase um quarto da população brasileira é atualmente contemplada, e mais de 126 milhões de pessoas, considerando seus familiares, se beneficiam do programa direta ou indiretamente.

Apesar dos inegáveis méritos do programa, é preciso observar os riscos e efeitos colaterais que tamanha transferência de dinheiro, realizada durante tanto tempo e para tanta gente, pode causar. Nos dez primeiros anos de Bolsa Família, apenas 1,7 milhão de famílias haviam deixado o programa, o que significa menos de 3% por ano. Em cerca de 30% dos municípios brasileiros (1.750 para ser mais preciso), mais da metade da população vive

---

[63] "Orçamento 2021: governo propõe aumento de quase 20% nos recursos para o Bolsa Família" – 2021. Disponível em <https://g1.globo.com/economia/noticia/2020/08/31/orcamento-2021-governo-propoe-aumento-de-quase-20percent-no-bolsa-familia-para-r--3485-bilhoes.ghtml>. Acesso em abril de 2021.

do Bolsa Família. Existem cidades, como Sebastião Barros, no Piauí, onde 90% da população sobrevive graças ao auxílio governamental - sendo que o restante trabalha para a prefeitura.

Infelizmente, uma parcela significativa dos recebedores de benefícios abandona seus trabalhos prévios e passam a contar exclusivamente com o Bolsa Família. Segundo o Sindicato dos Oficiais Alfaiates, Costureiras e Trabalhadores da Indústria de Confecções do Rio Grande do Norte, uma das consequências diretas da implantação do Bolsa Família (que quase passou a ser chamado de Renda Brasil e Renda Cidadã no governo de Jair Bolsonaro) foi o abandono, por parte de centenas de milhares de donas de casa, de suas atividades remuneradas prévias como tecelãs independentes. Na visão delas, receber a ajuda governamental valia mais a pena do que permanecer no emprego.

A dependência absoluta em relação aos programas sociais e ao governo é danosa para o indivíduo, para a comunidade, para a economia e para a democracia brasileira como um todo. Para muitos, o Bolsa Família se transformou em um meio de vida — e não uma ajuda emergencial e transitória. O que estamos construindo com isso? Uma nação de famílias compradas mensalmente pelo governo? Vale lembrar que a parcela da população que considerava o governo Bolsonaro "bom" ou "ótimo" atingiu os maiores níveis desde a sua eleição em plena pandemia da Covid-19 e da crise causada pela paralisação de grande parte do comércio. O motivo é claro: o pagamento do auxílio-emergencial.

A correlação entre popularidade e distribuição de programas sociais ficou mais evidente em janeiro de 2021, primeiro mês sem o auxílio. A aprovação do presidente despencou de 37% para 26%. Por isso, é preciso que a população entenda que essa riqueza transferida como um presente pessoal do governante é, na verdade, vinda dos impostos extraídos dos que realmente produzem.

Não se deve, de forma alguma, abandonar esses programas sociais. O que precisa mudar são os critérios para a concessão, as regras de permanência e as contrapartidas exigidas pelo governo. Os gestores da assistência social deverão identificar as famílias que de fato se enquadram no perfil para receber ajuda. É preciso atingir primeiro os casos mais extremos de pobreza, em seguida os menos graves e assim por diante, de modo a priorizar as pessoas mais carentes.

Outro fator importante é que, salvo os casos permanentes, como, por exemplo, deficientes físicos, o valor da bolsa deve ser regressivo com o passar do tempo. Quando uma família se candidata para receber a bolsa é porque ela está precisando de ajuda para sair da pobreza - e não para viver eternamente com auxílio estatal. Assim, uma bolsa que vai diminuindo com o tempo gera o estímulo certo para que a família se esforce para voltar a produzir e gerar riqueza, e não se acomode de modo a viver eternamente às custas de um dinheiro que não lhe pertence.

A assistência social deve ser função do município. A administração municipal tende a conhecer muito melhor as necessidades da população do que o governo central. Apesar disso, deve haver um órgão centralizador na capital estadual para elaborar as diretrizes básicas e fiscalizar as assistências sociais locais, evitando abusos.

Caberá ao governo estadual fiscalizar as assistências sociais de cada cidade para evitar desvios de recursos ou gastos indevidos. O controle deverá ser forte, já que essa é uma área com muitas possibilidades de desvios. É preciso existir três tipos de controle. O primeiro é verificar se os recursos que uma família recebe não estão sendo maiores do que deveriam. Nesse modelo a verificação é simples, pois os valores deverão ser sempre baixos, já que o objetivo da assistência social é apenas garantir que a população saia do nível de miséria. A concessão deverá ser revisada periodicamente para se certificar se, passado algum tempo, os beneficiários ainda precisam do auxílio estatal.

O segundo é certificar que somente as pessoas que realmente precisam estejam recebendo o auxílio — e não famílias que já dispõe de uma situação econômica estável. Não é função da assistência social ajudar pessoas que já têm condições de seguirem suas vidas sozinhas, independentemente de ajuda governamental. Atualmente, centenas de milhares de pessoas recebem recursos do Estado indevidamente. Nesse aspecto, a legislação brasileira sempre deu ao Estado uma série de obrigações assistencialistas que fazem pouco sentido, como as pensões pagas às filhas solteiras de militares, das quais tratamos anteriormente, que custam bilhões de reais todos os anos aos contribuintes. Isso é mais um dreno para os cofres públicos.

Em vez de concentrar o dinheiro nas pessoas mais necessitadas, o Estado se incumbiu de um sem-número de obrigações que beneficiam uma casta de políticos, servidores públicos e grupos diversos de privilégio. Isso precisa acabar. O Estado deveria substituir imediatamente os subsídios universais por transferências diretas aos mais pobres. A assistência social deve estar inteiramente voltada para os excluídos.

O terceiro controle é garantir que as famílias não sejam beneficiadas por longos períodos. Já é conhecido o pernicioso efeito de se manter alguém sustentado por tempo demais na caridade do Estado. Após certo período, existe uma clara tendência a se acomodar, desistir de procurar trabalho e passar a depender cada vez mais profundamente de tal ajuda. Isso é o oposto do que se busca com a assistência social.

Outro ponto fundamental que o Estado precisa ter como diretriz de suas políticas de assistência social é a descentralização da gestão dos recursos e da distribuição de produtos de primeira necessidade. Ao invés de dar a cesta básica, o pagamento do benefício em dinheiro reduziria as chances de mau uso ou desvios dos produtos, além de dar mais liberdade para as famílias investirem no que for mais importante para elas no momento.

Um exemplo disso — mas da forma como não fazer — é o Projeto de Lei 428/20 proposto pela deputada federal Tabata Amaral (PDT-SP), cujo objetivo principal é a oferta de absorventes higiênicos em espaços públicos. Apesar de bem-intencionada, ela erra na maneira como estrutura sua ideia de ajuda aos mais carentes. Na justificativa, a parlamentar ressalta que essa medida tem sido adotada por vários países com o intuito de diminuir o constrangimento, absenteísmo escolar ou de trabalho e também o uso de materiais inadequados, que podem prejudicar a saúde das mulheres.

No entanto, caso implementado, o custo desta lei será de R$ 120 milhões por ano, e dificilmente conseguiria entregar esse investimento todo em absorventes para mulheres mais pobres. Já estabelecemos com amplo precedente a incompetência do Estado para adquirir, armazenar, distribuir e controlar materiais. As portas do superfaturamento, desvio e perda de absorventes pelo caminho estariam escancaradas. Seria mais inteligente e eficiente a distribuição, se é o caso de achar que cabe ao governo distribuir absorventes, de *vouchers* que pudessem ser trocados por esses itens em farmácias conveniadas. Ou, mais simples ainda, ampliar o valor dos programas atuais pagos em dinheiro de modo a permitir cobrir esse tipo de compra.

O Brasil, assim como os demais países em desenvolvimento, possui milhões de pessoas vivendo abaixo da linha da pobreza. É de se esperar que um programa de crescimento econômico acelerado por si só já possibilite que grande parte da população escape da pobreza por conta própria, à medida que as empresas contratam mais gente e novas oportunidades aparecem. Ainda assim, uma assistência social efetiva pode acelerar esse processo e melhorar rapidamente a qualidade de vida das pessoas, ajudando-as a ingressar no mercado de trabalho.

## PROPOSTAS PARA A ASSISTÊNCIA SOCIAL

Instituições de apoio devem ser geridas pelos municípios em parceria com entidades do terceiro setor. As ações devem priorizar a transferência de recursos em dinheiro às famílias que comprovarem dificuldades financeiras. O auxílio deve ser dado em caráter temporário e ir diminuindo com o tempo, sempre atrelado a contrapartidas por parte dos beneficiários, como capacitação profissional e educação dos filhos. Os repasses da assistência social são fiscalizados pelo governo estadual.

CAPÍTULO 17

# Educação: A Cura para Todos os Males?

De todos os clichês que se repetem a respeito do Brasil, nenhum é mais difundido do que a questão da educação. Qualquer conversa a respeito dos problemas brasileiros em algum momento passará pela afirmação de que "o problema é a educação" — ou a falta dela. Da corrupção à baixa eficiência industrial, da violência à mortalidade infantil, a responsabilidade é sempre atribuída a essa deficiência social. Isso deriva de uma visão ampliada do que seria educação. Ora, se excluirmos os fenômenos puramente naturais (como a existência da atmosfera, por exemplo), todo o resto é fruto do comportamento humano. E se considerarmos que esse comportamento deriva da educação que cada pessoa recebe, realmente é possível associar tudo o que o homem faz à forma como foi educado.

No entanto, essa visão um tanto quanto filosófica não nos ajuda em nada na hora de resolver de forma prática os problemas nacionais. A corrupção deve ser combatida colocando-se os corruptos na cadeia e mantendo-os lá. Esbravejar genericamente sobre a educação e esperar 20 anos para as crianças teoricamente mais bem-educadas governarem o país não resolverá o problema da corrupção agora nem no futuro.

A realidade é que a educação é um conjunto de influências diversas que moldam o caráter e a qualificação de cada pessoa. Ela é composta, antes de qualquer coisa, por valores transmitidos pela família, sua experiência escolar, as amizades e experiências extracurriculares. Portanto, não são poucas as influências. Trataremos da educação vista de forma mais estreita, ou seja, puramente no âmbito escolar.

## EDUCAÇÃO: A CURA PARA TODOS OS MALES?

A questão da educação escolar pode ser abordada sob diferentes pontos de vista. Diversas linhas pedagógicas convivem dentro de um amplo espectro de caminhos para se atingir a formação de um indivíduo. Algumas dessas correntes defendem a filosofia democrática, segundo a qual as crianças devem participar ativamente da condução dos assuntos escolares, inclusive decidindo o que devem e o que não devem estudar. Outras seguem caminhos mais tradicionais, valorizando a disciplina e a padronização.

Quase todas as linhas são válidas e, se bem implementadas, são capazes de atingir os objetivos a que se propõem. O território de Xangai e a Finlândia, por exemplo, possuem modelos muito diferentes de educação. Ambos, contudo, aparecem no topo dos *rankings* internacionais na área. Para tanto, basta que a linha pedagógica seja clara para pais, alunos e professores, e que a escola tenha uma boa gestão.

De acordo com o especialista em educação Claudio de Moura Castro, as melhores escolas são aquelas em que existe a figura de um diretor respeitado, metas claras de desempenho, avaliações regulares e incentivos para os professores que atingem as metas previamente estabelecidas. Instituições de ensino falidas, nas quais se gasta mais do que se arrecada e os salários atrasam, dificilmente produzem bons resultados acadêmicos.

Como sabemos, o Brasil não é um primor no quesito educação. Proporcionalmente, nossos gastos na área equivalem à média dos países ricos. Com 6% do PIB dedicado à educação, investimos proporcionalmente mais do que Japão, China e Coreia do Sul (todos abaixo de 5%). O maior problema é a má gestão e o desperdício de recursos causado por ineficiência, quadros administrativos inchados e corrupção. E os problemas no Brasil começam na educação básica. Em 2020, o país teve o menor investimento em uma década[64].

Segundo o Instituto Nacional de Estudos e Pesquisas Educacionais Anísio Teixeira (Inep), há 5 milhões de trabalhadores na área da educação no Brasil, fazendo com que essa seja a quarta maior categoria profissional do país, atrás apenas dos agricultores, vendedores e domésticas. Desse total, apenas 2 milhões são professores — os outros 3 milhões são funcionários

---

[64] "2020 foi o ano com menor gasto do MEC com educação básica desde 2010" – 2020. Disponível em <https://www.correiobraziliense.com.br/euestudante/educacao-basica/2021/02/4907686-2020-foi-o-ano-com-menor-gasto-do-mec-com-educacao-basica-desde-2010.html>. Acesso em abril de 2021.

administrativos e de apoio em geral. É uma ineficiência grotesca. De acordo com dados recentes do *Education-at-a-glance*, da OCDE, a relação entre funcionários e professores em seus países membros é de 0,4 ou seja, pouco menos de um colaborador administrativo para cada dois educadores. Por aqui, a relação é três vezes maior: 1,5. Se o Brasil tivesse a mesma proporção dos países desenvolvidos, teríamos 1,7 milhão de funcionários a menos no nosso sistema educacional, sem grande prejuízo para o aprendizado. Estamos desperdiçando mais de R$ 50 bilhões por ano, mais uma vez, pagos com dinheiro dos impostos.

Apesar de causar um rombo aos cofres públicos, esse batalhão de trabalhadores da educação se constituiu numa poderosa massa de manobra sindicalizada, cujo único objetivo é bloquear qualquer tentativa de reforma do sistema e pressionar o governo por mais verbas e cargos. Gritando contra as iniciativas de meritocracia, a demissão de profissionais por baixo desempenho e a modernização do setor, boa parte dos funcionários públicos da área da educação está pouco preocupada com os péssimos resultados em sala de aula.

O Pisa, índice internacional que mede o nível educacional de 40 países, ilustra bem a situação atual do país[65]. Em 2018, o Brasil ficou em último lugar em matemática e o penúltimo em leitura. Metade dos alunos de 10 anos ainda eram analfabetos funcionais. Naquele mesmo ano, uma nova pesquisa, conduzida pela Fundação Carlos Chagas, mostrou que apenas 2% dos estudantes do ensino médio demonstram interesse em seguir a carreira de professor. Ainda mais preocupante é que os poucos alunos interessados no magistério pertencem ao grupo dos 30% com as piores notas. Ou seja, escolhem pedagogia por acreditarem que essa carreira seria a única porta para o ensino superior.

E os problemas não param por aí. Os professores brasileiros têm um dos mais altos índices de faltas do mundo. Segundo o Anuário da Educação Básica de 2019, elaborado com dados do Ministério da Educação, em média, os docentes da rede pública de ensino no Brasil faltam a 15% das aulas, ou seja, 32 dias letivos por ano. Apenas para efeito de comparação, a média

---

[65] "Brasil é penúltimo em ranking de computador por aluno no Pisa" – 2020. Disponível em <https://tiinside.com.br/29/09/2020/brasil-e-penultimo-em-ranking-de-computador-por-aluno-no-pisa>. Acesso em março de 2021.

de faltas na Inglaterra, segundo a OCDE, é de cinco dias por ano. Na Coreia do Sul, a média é de apenas uma falta.

A assiduidade 30 vezes maior do que a dos professores no Brasil é um fator importante para explicar as diferenças de performance dos coreanos. As regras aplicadas aos educadores brasileiros são tão lenientes que, em tese, um professor poderia comparecer apenas 27 dias por ano à escola e faltar os demais 183 dias sem qualquer prejuízo à carreira ou ao salário, usando-se apenas das brechas previstas em lei. Os brasileiros estudam, em média, apenas 4,1 anos. Na China, esse índice é de seis anos e vem crescendo rapidamente.

Ainda de acordo com dados do Pisa, os países com melhor nível de ensino são os que menos reprovam alunos. Na Finlândia, apenas 4% das crianças são reprovadas ao menos uma vez durante a sua vida escolar. Na Coreia do Sul são 3%. Já o Brasil está entre os três piores países do ranking, com 36%. A repetência é um círculo vicioso que custa caro para todos. Em 2019, segundo o Conselho Nacional de Secretários de Educação, a repetência custou cerca de R$ 36 bilhões aos cofres públicos, nada menos do que 17% do orçamento total.

As consequências da má qualidade da educação são desastrosas. Em um mundo globalizado e baseado na tecnologia, a qualificação dos trabalhadores é um o fator primordial para o sucesso econômico de qualquer nação. Países como Japão, Coreia do Sul e Dinamarca, por exemplo, pobres em recursos naturais, tornaram-se nações muito ricas por meio da educação. Isso ocorreu porque esses países souberam traduzir o potencial econômico de uma população bem educada em altas taxas de produtividade e inovação.

Segundo dados de 2019 da Organização Mundial de Propriedade Intelectual, o Brasil registra anualmente apenas cerca de 2,3 mil patentes, muito atrás de países menores como Japão (238 mil patentes/ano) e a Coreia do Sul (95 mil). Estados Unidos (225 mil patentes) e China (172 mil) lideram hoje o ranking da inovação global. Brasil tem pior desempenho entre maiores escritórios de patentes do mundo[66].

---

[66] "Brasil tem pior desempenho entre maiores escritórios de patentes do mundo" – 2018. Disponível em <https://economia.estadao.com.br/noticias/geral,brasil-tem-pior-desempenho-entre-maiores-escritorios-de-patentes-do-mundo,70002631113>. Acesso em março de 2021.

Vale registrar que em 2000 os chineses registravam apenas quatro vezes mais patentes do que o Brasil. Em 2011, o número de patentes obtidas já era 60 vezes superior. Atualmente, são quase 75 vezes mais. O Brasil conta com apenas um pesquisador para cada 9 mil trabalhadores ativos, segundo o Conselho Nacional de Desenvolvimento Científico e Tecnológico (CNPq). Isso representa um sétimo da média das nações industrializadas. Enquanto a educação no Brasil permanecer no patamar atual, são pequenas as chances de desenvolvimento.

A melhoria da educação no Brasil passa por uma questão fundamental. Seria o Estado o gestor ideal para dezenas de milhares de escolas? Será que o controle estatal é realmente a melhor forma de se administrar um colégio, de escolher os materiais didáticos, selecionar e avaliar professores e cuidar da manutenção de toda a estrutura?

No caso da maioria dos países, a resposta ainda é sim - ainda que esse quadro esteja mudando rapidamente. Em boa parte do mundo, o governo ainda opera um sistema público e gratuito de educação. No entanto, uma série de casos inquestionáveis de sucesso, em nações avançadas como Estados Unidos, Inglaterra e Suécia, está mudando a visão dos especialistas a respeito da melhor estrutura educacional e apontando as vantagens dos sistemas de *vouchers*.

O *voucher* educacional é um sistema bastante simples de entender: os pais escolhem a escola e o Estado paga. Com isso, as instituições de ensino precisam competir entre si, elevando o nível de ensino. Todos saem ganhando. Nesse modelo, cada família recebe uma espécie de cupom com valor pré-determinado, com o qual pode matricular o seu filho em uma escola particular. O valor do cupom é pago diretamente à escola pelo governo. Nesse cenário, mesmo o Estado sendo o financiador da educação, o processo é gerido pelos princípios da competição e da livre iniciativa. Escolas boas recebem muitos alunos, ganham dinheiro e crescem. Escolas ruins perdem alunos e são estimuladas a melhorar — ou então fecharão as portas. Uma irresistível pressão por melhoria é formada.

Simples, porém controverso, o sistema tem sido atacado duramente por parte do *establishment* educacional. Até o momento, a visão predominante entre os educadores é a de que é papel dos profissionais do ensino escolher onde cada criança deve estudar, e não dos pais. As crianças, afirmam, possuem diferentes graus de habilidade para o aprendizado, que derivam tanto de fatores biológicos quanto do ambiente doméstico. Isso faria com que as crianças demandassem doses diversas de esforço para serem educadas.

O sistema de *vouchers* é atacado pelos críticos, em parte porque estes temem que as crianças mais problemáticas sejam deixadas para trás pelos colégios e por famílias negligentes. Apesar de algumas dessas premissas serem verdadeiras, essa visão tem lentamente sido superada por um grande volume de evidências, tanto de países desenvolvidos quanto nos emergentes, demonstrando que a simplicidade e genialidade desse sistema têm corrigido a maior parte das distorções.

Recentemente, a Colômbia criou um programa de *vouchers* com o objetivo de aumentar o acesso à escola secundária. Segundo Harry Patrinos, do Banco Mundial, por intermédio dessa iniciativa 125 mil crianças receberam *vouchers* com valor equivalente à metade da mensalidade das escolas privadas. Como havia muito mais candidatos do que vagas, foi instituído um sistema de sorteio para definir quem seria beneficiado. Essa metodologia se tornou um experimento perfeito, já que o sorteio garantiu uma amostragem aleatória. Os estudos subsequentes demonstraram que as crianças que receberam *vouchers* tinham de 15% a 20% mais chances de terminar os estudos, 5% menos chance de repetir de ano, notas melhores e chances muito maiores de entrar na universidade.

Sistemas de *vouchers* em diversas regiões dos Estados Unidos tiveram resultados semelhantes. Segundo Greg Foster, da Fundação Friedman, todos programas independentes de *vouchers* demonstraram ser superiores ao sistema regular de educação. Os alunos que usavam *vouchers* tiveram melhor desempenho, mesmo nos casos em que o custo para o governo foi menor do que o custo por aluno na escola pública. O valor do *voucher* nos Estados Unidos é metade do custo por aluno em escola pública.

Um levantamento do Centro de Pesquisa em Resultados Educacionais em 41 cidades mostrou que os estudantes das escolas "charter", com *vouchers*, estavam aprendendo 40 dias por ano a mais em matemática e 28 dias a mais de inglês em relação às escolas públicas. Os maiores beneficiados foram os estudantes negros e hispânicos. Outro estudo da Universidade Harvard demonstrou que a qualidade das escolas norte-americanas tende a melhorar quando elas precisam competir por alunos. Como afirmou a revista britânica The Economist, aparentemente as pessoas que trabalham em escolas públicas são exatamente iguais a todas as outras: elas tendem a trabalhar melhor quando confrontadas com um pouco de competição.

É preciso admitir que o sistema de *vouchers* ainda é visto por muitos como um "experimento", ou uma "privatização do ensino". No entanto, segundo o Departamento de Educação dos Estados Unidos, existem atualmente mais de 5,8 mil escolas, em praticamente todos os estados, que adotam esse modelo, atendendo a mais de 2 milhões de alunos. Apesar da oposição dos sindicatos de professores, quase sempre avessos a mudanças e receosos em perder seus privilégios, o sistema de *vouchers* cresceu 7,5% ao ano entre 2006 e 2020.

Em Nova Orleans, por exemplo, onde o sistema de educação foi revolucionado pela concessão massiva de *vouchers*, mais de dois terços dos alunos da cidade estão em escolas particulares bancados pelo governo. Essas instituições estão evoluindo mais rapidamente em leitura e matemática do que as públicas. Não por acaso, as filas de espera são maiores nessas escolas do que na rede pública. Outro estudo, do Departamento Nacional de Pesquisa Econômica de Massachusetts, concluiu que o sistema de *vouchers* é especialmente eficaz para educar alunos pobres, de minorias e com baixo aproveitamento pedagógico.

Os estudos indicam também que os melhores resultados são obtidos quando o Estado acompanha a performance das escolas, fechando as unidades com pior desempenho e incentivando o crescimento daquelas com melhores índices de aprendizado. O sistema de *vouchers* oferece vantagens em relação à escola pública, pois nesse caso elas estão livres para adaptar a instituição aos alunos — e não o contrário[67].

Com maior flexibilidade, essas escolas podem definir a duração do período letivo, têm liberdade para demitir os piores professores e investir seus recursos como quiserem. Elas representam também uma competição às escolas públicas e, ao demonstrarem que conseguem ajudar alunos pobres e com dificuldades de evoluir, destroem o argumento de certos sindicatos de professores que culpam o ambiente das famílias pelo baixo desempenho.

A Universidade de Chicago opera quatro escolas pelo sistema de *vouchers*, com foco especialmente nas crianças negras e pobres. Em 2019, a

---

[67] "Vouchers para a educação: entenda os prós e contras" – 2020. Disponível em <https://veja.abril.com.br/educacao/vouchers-para-a-educacao-entenda-os-pros-e-contras>. Acesso em janeiro de 2021.

taxa de aprovação de seus alunos em faculdades foi de 93%, percentual muito superior aos 35% obtido pelas escolas públicas da cidade.

Como todo novo projeto, porém, o sistema de *vouchers* não é perfeito. Sem um acompanhamento adequado, tais escolas podem ter resultados piores do que os observados nas instituições públicas. É preciso ter um controle para definir quais escolas teriam capacidade para operar nesse modelo, já que não estamos falando de pizzarias, que podem fechar a qualquer momento e pronto. Estamos falando da vida de crianças. Se uma escola encerra as suas atividades no meio do ano letivo, os alunos podem ficar o resto do ano sem aulas. Nas regiões onde o Estado fez um bom trabalho de seleção das escolas parceiras e depois acompanhou adequadamente o rendimento dos alunos, os *vouchers* trouxeram educação melhor a um custo mais baixo.

No Brasil, é desejável adicionar aos equipamentos atuais a concessão de *vouchers*. O sistema cresceria ou diminuiria de acordo com a adesão das famílias. No caso da educação fundamental, o *voucher* deve ser dado gratuitamente, enquanto no caso do ensino superior o *voucher* deve ser concedido em sistema de empréstimo estudantil, similar ao que ocorre em programas como o Fundo de Financiamento ao Estudante do Ensino Superior (Fies), criado em 1999, e que hoje possui uma série de falhas e distorções.

Além do valor recebido do Estado, cada escola teria autonomia para determinar o valor cobrado adicionalmente à verba paga pelo governo. Ou seja, se determinada escola possui mais candidatos do que vagas, ela pode cobrar um valor adicional para que se estude nela. Usando-se esse valor adicional como regulador, a demanda pela escola em questão será ajustada para a oferta disponível, equilibrando o sistema. Quem tiver condições e interesse de pagar o valor adicional o fará, enquanto os demais terão a opção de procurar uma outra escola que os atenda pelo valor fixo do governo.

À primeira vista, a questão do preço pode parecer um pouco mercantilista, uma vez que, na prática, deixará as famílias mais carentes de fora das melhores escolas. No entanto, não podemos nos esquecer que isso já ocorre hoje em dia, com o agravante que as escolas de base são hoje de péssima qualidade. Em nenhum momento propõe-se colocar a totalidade dos jovens dentro de ilhas de excelência, até porque isso seria praticamente impossível. O foco dessa proposta é elevar a eficiência e a qualidade da base da pirâmide educacional, permitindo que todos tenham acesso a escolas de nível ao menos aceitável. Com o passar do tempo e com o crescimento econômico, é de se esperar que as famílias migrem cada vez mais para escolas que apliquem preços adicionais e não dependam exclusivamente da verba do governo.

Os motivos para a introdução de *vouchers* em escolas e universidades são basicamente os mesmos já expostos nos casos anteriores: a iniciativa privada é muito mais eficiente na gestão de qualquer coisa. Como vimos, existe muito mais espaço para a corrupção na esfera pública do que em uma instituição privada. A meritocracia, o foco nos resultados e a ação da concorrência pressionando as escolas por melhores resultados certamente aumentarão a qualidade do ensino.

Assim como em qualquer atividade econômica, ter uma boa gestão é fundamental para o sucesso. No caso da educação, ter mais dinheiro não significa necessariamente que o ensino será melhor. A lógica da concorrência se aplica às escolas da mesma forma como em qualquer outro setor econômico. Assim, os administradores mais competentes farão com que as suas escolas ofereçam uma excelente qualidade de ensino a preços competitivos. Eles também passarão a selecionar melhor os professores, valorizando os que ensinam de forma adequada os seus alunos. As demandas por cursos e atividades extracurriculares também poderão ser atendidas com maior agilidade, já que isso poderá se tornar um diferencial competitivo na busca por novos "clientes".

O processo de transformação na área da educação deve ser lento e gradual, iniciado pela reforma do ensino superior, que é a instância onde ocorrem as maiores distorções. De acordo com o Ministério da Educação, quase metade do orçamento público da educação é hoje destinado ao ensino superior, inchado e ineficiente. Nossas universidades públicas viraram cabides de emprego. Há só dez alunos por professor nas universidades federais, ante 15,5 nos países desenvolvidos e 18 nas universidades privadas brasileiras.

Segundo o pesquisador Gustavo Ioschpe, se as universidades públicas passassem a cobrar mensalidades semelhantes às particulares, o governo teria uma receita adicional de R$ 7,4 bilhões por ano. Na maioria dos países desenvolvidos, incluindo Canadá, Itália, França e Japão, a universidade pública cobra mensalidade dos alunos. O Brasil é um dos poucos lugares do mundo onde o dinheiro dos impostos pagos pelas empregadas domésticas financiam o estudo dos filhos dos patrões.

Atualmente, as universidades públicas brasileiras educam um grupo de alunos relativamente pequeno, composto em sua maioria por jovens das classes mais altas. Na prática, funciona assim: enquanto a maioria da população estuda em instituições de ensino fundamental de péssima qualidade e sem recursos, os filhos da elite econômica estudam de graça em universidades públicas. De acordo com dados do Instituto Nacional de Estudos e Pesquisas Educacionais, o custo de um aluno no ensino público superior é 12 vezes maior do que no ensino fundamental.

Também se fala muito sobre a qualidade do ensino nas universidades públicas, geralmente consideradas de alto nível. No entanto, se considerarmos que essas instituições costumam receber a nata dos estudantes e que esses jovens costumam obter bons desempenhos independentemente da qualidade de ensino, ficam algumas dúvidas em relação ao verdadeiro mérito dessas universidades. Greves frequentes, estrutura administrativa inchada e burocrática e baixo grau de informatização dos processos são apenas algumas características do ensino público superior.

Pagar R$ 100 para uma escola particular é muito melhor para o governo do que gastar essa quantia operando diretamente o sistema educacional. Em primeiro lugar, a escola particular saberá fazer melhor uso dos recursos. Em segundo, o governo se livrará de uma atividade econômica direta. Em terceiro, isso será muito melhor para as contas públicas.

## PROPOSTAS PARA A EDUCAÇÃO

Implementar um sistema de *vouchers* no ensino fundamental. Para cada aluno matriculado, o governo paga um valor fixo diretamente à escola. Cada instituição de ensino poderá optar entre oferecer seus serviços pelo valor da verba do governo ou cobrar uma taxa extra.

CAPÍTULO 18
# Cheque em Branco, sem Fundos

Em 1988 a assembleia constituinte passou um cheque em branco para toda a sociedade brasileira. Segundo a Constituição, todo cidadão tem direito a tratamento de saúde completo e gratuito. Ideia bonita na teoria, impraticável na vida real. Uma nação pobre decidiu se comprometer com um benefício que apenas alguns poucos países ricos podem se dar ao luxo de oferecer, e mesmo assim às custas de déficits insustentáveis. Para atender a essa obrigação constitucional, o governo foi aumentando, regularmente desde 1988, as verbas destinadas à saúde — mesmo assim sem sucesso na tarefa de construir um sistema de qualidade. Temos um paraíso prescrito no papel, porém um inferno nas filas de atendimento do SUS.

A situação atual da saúde no Brasil é lamentável. Com exceção de algumas ilhas de excelência, a maior parte dos hospitais e postos de saúde encontra-se sobrecarregada pelo excesso de demanda, falta de médicos, remédios e estrutura insuficiente. Filas intermináveis fazem com que muitos doentes cheguem a esperar meses para obter uma consulta. Condições precárias de higiene possibilitam a transmissão de doenças dentro dos próprios postos de saúde.

Em 2020, o Brasil gastou 9,2% do seu Produto Interno Bruto (PIB) em saúde, dos quais menos de 4% foram gastos públicos[68]. Proporcionalmente ao PIB, os gastos brasileiros estão em nível semelhante aos de Japão,

---

[68]Reportagem originalmente publicada pelam BBC News – 2020. Disponível em <https://economia.uol.com.br/noticias/bbc/2020/07/24/pandemia-evidencia-que-brasil-gasta-mal-em-saude-publica-diz-diretor-da-ocde.htm>. Acesso em março de 2021.

Espanha e Suécia, países com tradição em medicina de qualidade. Ou seja, o grande problema não é o volume de recursos disponíveis, mas sim a forma como eles são aplicados.

Dirigir um hospital é uma tarefa bastante complexa, já que é preciso gerir as necessidades de milhares de profissionais especializados e administrar uma complexa cadeia logística de medicamentos, equipamentos médicos e materiais diversos. Isso sem contar a gestão de procedimentos delicados, que exigem atenção. Poucas atividades econômicas são tão complexas quanto a atividade da saúde. Se o governo não consegue nem tapar buracos em estradas, o que dizer de administrar um grande hospital, contratar e treinar enfermeiros, operar e dar manutenção a frotas de ambulâncias, comprar equipamentos sofisticados e controlar as inúmeras tarefas operacionais inerentes à atividade? Tudo isso milhares de vezes, em hospitais nos quatro cantos do país.

Assim como no caso da educação, é preciso privatizar parte dos hospitais e postos de saúde, estabelecendo parcerias onde for mais vantajoso e deixando os dois sistemas, público direto e privado financiado pelo governo, convivendo. Isso deve ser feito de forma ordenada, garantindo que mesmo as regiões mais isoladas e esparsamente povoadas mantenham acesso ao sistema de saúde. O importante é que as instalações, hoje sob o comando estatal, sejam vendidas — e que essas passem a atender tanto pacientes avulsos quanto membros dos diversos planos de saúde existentes no país.

O plano de assistência médica é peça chave na melhoria da saúde, pois é a forma mais barata e eficiente de se levar tratamento médico a milhões de pessoas. Pela lógica da concorrência, cada plano de saúde consegue agregar centenas de milhares de clientes, permitindo assim melhores condições de remuneração junto aos hospitais. Isso permite que eles cobrem preços cada vez mais competitivos dos pacientes.

Ao mesmo tempo, precisam se preocupar com a qualidade, pois se um determinado plano estiver abaixo do padrão do mercado, as pessoas tenderão a mudar de plano. Desse conflito entre qualidade e preço baixo saem as melhorias na saúde. Hoje em dia, existem planos de saúde básicos a partir de R$ 69,90 por pessoa. O sistema de planos de saúde já se provou ser um modelo de sucesso. Atualmente, segundo a Agência Nacional de Saúde (ANS), mais de 59 milhões de brasileiros, quase um terço da população, já possuem plano de saúde privado.

A venda dos ativos públicos da saúde e o incentivo aos planos privados constituem o alicerce da melhoria. No entanto, o que fazer com as famílias que estiverem passando por dificuldades agudas? Ora, como vimos, a assistência social municipal terá como função justamente identificar esses indivíduos. Para aqueles que comprovarem precariedade financeira, a assistência social incluirá na sua ajuda mensal valor suficiente para que a família possa pagar um plano privado durante o período da ajuda. Esse plano será escolhido pela própria família, desde que o custo não ultrapasse o valor teto determinado para cada região. Para fazer jus ao dinheiro, bastará que a família comprove o pagamento do plano de saúde.

Atualmente, a maioria das empresas oferece planos de saúde privados a seus colaboradores. Com a melhora da economia e o aumento do emprego formal, veremos uma parcela cada vez maior da população coberta pelos seus empregadores. Outros tantos pagarão de forma privada pelos planos de saúde. Quanto à parcela dependente da assistência social, deverá encolher gradativamente. Mesmo no início, período durante em que muita gente ainda dependerá de dinheiro público para ir ao médico, o custo total com saúde será muito menor do que o gasto atual do governo.

Os números comprovam essa realidade. Em 2021, as áreas de saúde, educação pública e assistência social receberam, juntas, R$ 374,5 bilhões. O valor, no entanto, corresponde a apenas 58% do piso mínimo emergencial considerado necessário para garantir esses direitos essenciais, calcula a Coalizão Direitos Valem Mais, formada por entidades da sociedade civil. O valor ideal totaliza R$ 665 bilhões.

Nesse modelo proposto, o foco da atenção do poder público deverá mudar. Em vez de gerir diretamente os hospitais, contratando e demitindo médicos, estocando remédios e consertando encanamentos, o governo terá o papel de fiscalizar as condições de saúde e práticas dos convênios médicos, bem como ajudar a financiar a população mais carente, sem acesso aos planos de saúde.

## PROPOSTAS PARA A SAÚDE:

Privatizar parte dos hospitais e postos de saúde. Incentivar cada pessoa a escolher um plano de saúde, sendo que a assistência social custeia os planos das famílias que comprovarem incapacidade de pagamento. E os pobres que não forem miseráveis poderiam receber um *voucher* mínimo universal, proposta semelhante ao da educação.

CAPÍTULO 19

# O Cofre Enferrujado

No final do século XIX, o chanceler alemão Otto von Bismark instituiu o que era, à época, uma generosa concessão social aos cidadãos mais idosos. Para os alemães que atingissem a idade de 65 anos, o governo pagaria uma pequena pensão mensal. Esse valor era financiado pelos impostos recolhidos aos cofres públicos e tinha peso ínfimo no total da economia. Realmente, para os padrões demográficos da época, atingir 65 anos era uma proeza semelhante a chegar aos 100 anos hoje em dia. Pouca gente recebia os benefícios — e mesmo os que recebiam, era por pouco tempo. Uma massa de jovens produtivos chegava ao mercado de trabalho anualmente para cobrir os pequenos gastos com os idosos.

Como sabemos, de lá para cá o panorama demográfico do mundo desenvolvido mudou radicalmente. Em primeiro lugar, os avanços da medicina e do saneamento básico fizeram saltar drasticamente a expectativa de vida. Isso fez com que a população com idade de receber os benefícios aumentasse exponencialmente ao longo dos anos. Ao mesmo tempo, a queda na taxa de natalidade fez com que o grupo dos jovens, como proporção da população total, diminuísse. Hoje, existem cada vez menos pessoas em idade produtiva para cada aposentado. Os rombos nas previdências sociais dos países ricos são tão graves que esse problema já é considerado como o maior desafio socioeconômico do mundo contemporâneo.

O Brasil ainda não atingiu um perfil demográfico semelhante ao da Europa, mas caminha a passos largos para tal. A expectativa de vida em 2020, segundo o IBGE, chegou aos 75,4 anos, menor do que nos países ricos, como o Japão (81,1 anos), porém com tendência de crescimento. A nossa taxa de natalidade, apesar de maior do que a do mundo desenvolvido, também vem caindo lentamente. Estamos passando pelo segundo estágio natural no perfil demográfico de todos os países. Entender esses estágios é muito importante para uma compreensão mais aprofundada dos problemas da previdência social.

O primeiro estágio do desenvolvimento ocorre quando um país muito pobre tem acesso aos avanços econômicos básicos. Neste momento, a economia cresce e os primeiros degraus da medicina são conquistados. Saneamento básico, hospitais e vacinas são difundidos, o que diminui drasticamente a mortalidade. Com o número de mortes reduzido e a natalidade ainda alta nessa fase, ocorre a explosão populacional. Muitas crianças, poucos idosos e uma população se expandindo rapidamente são as principais características desse estágio. A economia como um todo cresce, mas com a riqueza dividida entre cada vez mais gente, a qualidade de vida avança menos.

No segundo estágio do desenvolvimento há uma expansão da classe média. A urbanização transforma a vida das pessoas e a taxa de natalidade despenca. Isso faz com que o país comece a ter proporcionalmente muito menos crianças do que tinha durante o primeiro estágio. Por outro lado, ainda há poucos idosos. Nessa fase, que costuma durar de vinte a trinta anos, o país tem a maior proporção da população de trabalhadores ativos. Com menos crianças para educar e ainda poucos idosos para sustentar, a nação tem algumas décadas preciosas para enriquecer. Os pesquisadores batizaram esse estágio de "bônus demográfico".

Nações sábias como a Coreia, o Japão e a Alemanha usaram esse período como trampolim do desenvolvimento, preparando-se para um futuro mais apertado. Eles usaram a fase do bônus demográfico para poupar, investir em infraestrutura e se desenvolver, pensando nos anos mais apertados que viriam pela frente. Como veremos adiante, o Brasil está desperdiçando miseravelmente esse período precioso.

Por fim, no terceiro estágio, que ocorre cerca de trinta anos após o início do segundo, a população acima de 65 anos cresce rapidamente, há poucas crianças e cada vez menos adultos produtivos para sustentar a economia. O custo da previdência aumenta exponencialmente e torna-se um grande desafio para qualquer governo, mesmo os mais eficientes. Alguns países do leste europeu, como Lituânia e Estônia, estão vendo suas populações encolherem a um ritmo de 2% ao ano[69], enquanto as contas públicas estão sendo massacradas pelos compromissos previdenciários.

A médio e longo prazo, nosso perfil populacional tenderá a seguir o perfil dos países ricos. Isso significa que os mesmos desafios (que hoje já existem) tendem a se acentuar no futuro, ou seja, cada vez menos jovens brasileiros trabalhando para pagar aposentadorias a um grupo cada vez mais numeroso de idosos.

O Brasil tem o típico perfil de país jovem, onde apenas 10,5% da população tem mais de 65 anos, segundo o IBGE, contra 17% na média dos países desenvolvidos. Mesmo assim, nosso perfil de gastos previdenciários se assemelha ao de uma nação de geriátricos. Nossos gastos atuais com a previdência alcançaram 9,1% do PIB em 2021 — era de 12% antes da reforma —, índice superior à maioria dos países ricos e três vezes maior do que a verba da educação. Tudo isso apesar de termos proporcionalmente apenas um terço dos idosos desses países. Como a arrecadação é limitada, o rombo chega a R$ 237,9 bilhões por ano. Isso ocorre em virtude, principalmente, de algumas distorções ligadas à previdência.

No Brasil, durante décadas. a aposentadoria esteve ligada ao tempo de trabalho. Apesar de algumas tímidas mudanças, mais de 60% das pessoas se aposentavam por volta dos 54 anos. Somente alguns poucos países exportadores de petróleo possuem um sistema tão generoso. Na maior parte dos países ricos, a idade média de aposentadoria era 10 anos acima da brasileira.

Outro agravante é o fato de dois terços das pensões serem vinculadas ao salário mínimo. Governo após governo, em tentativas populistas, o salário mínimo vem subindo acima da inflação, inchando os compromissos públicos. Boa parte das pensões também é paga aos aposentados da área rural, a maioria dos quais nunca contribuiu com a previdência. Dados de 2020 mostram que apesar das receitas do regime previdenciário rural serem de apenas R$ 4,6 bilhões, os gastos são de R$ 44,9 bilhões, gerando mais de R$ 40 bilhões de déficit todos os anos. Mas, acima de tudo, existe outra distorção que é típica do Brasil: a existência de dois sistemas previdenciários que funcionam em paralelo, um para o setor privado e outro para o setor público.

---

[69]"Estes são os 12 países que mais encolhem até 2100 - e Portugal está na lista" – 2020. Disponível em <https:0//visao.sapo.pt/atualidade/mundo/2019-03-19-Estes-sao-os-12-paises-que-mais-encolhem-ate-2100-e-Portugal-esta-na-lista>. Acesso em março de 2021.

Quando se aposentar, digamos, aos 60 anos, o aposentado do setor privado passará a receber para o resto da vida um valor muito inferior ao seu último salário na ativa. É um péssimo negócio para quem está nesse regime — ou seja, a maioria da população. Por exemplo, se um trabalhador assalariado que recebe R$ 3 mil por mês aplicasse em um fundo qualquer com rendimento de 0,5% ao mês as contribuições que ele e o empregador fazem à previdência, ao final de 35 anos ele teria na poupança cerca de R$ 1,3 milhão. Isso seria suficiente para uma pensão próxima a R$ 10 mil por mês durante 20 anos. Em 2021, o máximo que a previdência paga é R$ 6.351,20, o que significa que mais de 54% do valor pago pelo trabalhador será roubado pelos saqueadores. Esse é um exemplo de alguém que ganha R$ 3 mil por mês. Quanto maior o salário, mais a pessoa é prejudicada pelo sistema previdenciário, conforme tabela abaixo.

| | |
|---|---|
| Salário na ativa | R$ 3.000 |
| Contribuição previdenciária (empregado mais empregador) | R$ 930 |
| Valor na poupança após 35 anos | R$ 1,3 milhão |
| Teto do INSS | R$ 6.351,20 |
| Pensão Privada | R$ 9.493 |
| Percentual Roubado pelos saqueadores | 54% |

Já os servidores públicos possuem um conjunto de regras próprias para definir suas aposentadorias. Eles têm descontos menores do que os demais e possuem privilégios na aposentadoria. Além disso, por meio de uma infinidade de minúcias e brechas legais, muitos servidores públicos acumulam mais de uma aposentadoria. Em nada ajuda o fato de o governo, ao contrário da iniciativa privada, não entrar com a contribuição da cota patronal sobre os salários dos servidores públicos. Enquanto o sistema de previdência da iniciativa privada consegue cobrir ao menos 80% dos gastos com recursos próprios, o dos servidores públicos cobre apenas 30%. Com uma arrecadação de R$ 20 bilhões e gastos de R$ 67 bilhões por ano, a previdência dos servidores públicos gera um rombo anual de R$ 47 bilhões.

Existem atualmente quase 11,4 milhões de funcionários públicos aposentados, recebendo valores muito acima dos pagos aos ex-trabalhadores do setor privado. O país é o sétimo colocado no *ranking* mundial dos que mais gastam com aposentados no funcionalismo[70]. O Governo Federal, por exemplo, pagou em 2020 quase R$ 6 mil mensais aos aposentados do Executivo, o triplo da média nacional. Para o Legislativo e Judiciário a média foi acima de R$ 18,6 mil mensais.

As regras escandalosamente generosas do sistema de previdência dos servidores são típicas de um regime em que as raposas tomam conta do galinheiro. Tais regras fazem com que uma quantidade astronômica de recursos dos impostos seja transferida das camadas mais humildes para os funcionários públicos aposentados das classes A e B — uma clara inversão de qualquer propósito distributivo de renda.

Outro problema sério relacionado à previdência são os beneficiários-fantasmas, pessoas que retiram dinheiro em duplicidade dos dois sistemas (público e privado) sem terem cumprido as devidas contribuições em nenhum dos casos. O governo estima que existam centenas de milhares de aposentados nessa situação.

Existem ainda casos em que a lei brasileira força trabalhadores ativos e produtivos a pararem de trabalhar, contra a sua vontade, gerando custos adicionais para o país. A Constituição brasileira perpetua os efeitos da aposentadoria precoce ao definir para uma série de profissões a regra da aposentadoria compulsória por idade. Em setembro de 2012, por exemplo, na fase mais crítica do julgamento do Mensalão, o juiz do Supremo Tribunal Federal Cezar Peluso completou 70 anos. Nem mesmo o fato de ele estar em meio ao trabalho mais importante da história do tribunal até então foi considerado para evitar o sumário afastamento do juiz. A aposentadoria compulsória impôs um custo a mais para a sociedade e nos privou de mais um talento produtivo.

A primeira ação para resolver o problema da previdência é recalcular todos os benefícios dos servidores públicos usando como base as regras dos trabalhadores da iniciativa privada. Deve-se trazer os valores pagos para a média do mercado privado e eliminar abusos e brechas. Isso

---

[70] "Brasil é o 7º país que mais gasta com servidores públicos, aponta estudo" – 2020. Disponível em <https://oglobo.globo.com/economia/brasil-o-7-pais-que-mais-gasta-com-servidores-publicos-aponta-estudo-24713686>. Acesso em março de 2021.

reduziria fortemente os valores pagos e eliminaria parte das distorções do sistema.

Em seguida, é preciso revisar as regras, de modo que o sistema seja sustentável a longo prazo. O modelo atual está criando uma bomba-relógio financeira, que certamente explodirá nas próximas décadas, com o envelhecimento da população. O Brasil ainda possui um percentual relativamente baixo de idosos comparado ao resto do mundo — 10,53% da população têm 65 anos ou mais — e mesmo assim a previdência já gera um grande rombo. Com as inevitáveis mudanças no perfil etário, o buraco crescerá exponencialmente e engolirá a economia como um todo. A bem acertada decisão implementada pela última reforma da previdência, em 2019, de aumentar a idade mínima para aposentadoria, será essencial para incentivar as pessoas a trabalharem até muito mais tarde e investir em reciclagem de qualificação profissional.

Nenhum país tem lidado tão bem com o problema do envelhecimento como a Finlândia. Em 2001, apenas 5% dos finlandeses acima de 65 anos estavam empregados. Dez anos depois, já eram 12%. Atualmente, segundo o departamento de estatísticas sociais do país nórdico, já são 15,7% Isso é o resultado de uma série de políticas inovadoras[71]. Desde a década de 1990, a Finlândia criou um fundo para financiar o treinamento de trabalhadores idosos e lançou uma campanha de conscientização e incentivo para que as empresas os contratassem. Além disso, quem decide se aposentar aos 62 anos (idade mínima nacional) recebe apenas 70% da média dos salários recebidos na vida, ao contrário do Brasil, que durante muitas décadas pagou sobre o último salário (hoje o cálculo é feito sobre a média das contribuições).

Os que continuam no mercado de trabalho mais seis anos passam a receber 90% da média salarial. Com as mudanças, a população idosa e economicamente ativa explodiu, o que reduziu bastante o peso da previdência social sobre as contas públicas. É um exemplo que deveria ser seguido pelo Brasil. Outra iniciativa valiosa ocorreu na Inglaterra. Lá, um programa conseguiu recrutar milhares de executivos aposentados para voltarem ao mercado de trabalho como mentores e professores.

No entanto, o objetivo final, a longo prazo, é a completa extinção do conceito de previdência pública no Brasil. Dados os compromissos já assu-

---

[71] "Os velhos trabalham cada vez mais tempo na Finlândia" – 2013. Disponível em <https://exame.com/revista-exame/saindo-de-uma-fria/>. Acesso em dezembro de 2020.

midos e o tamanho da mudança, é evidente que isso levaria décadas para ser feito. Mas é preciso, desde já, estarmos conscientes de que é preciso mudar o paradigma atual. O modelo criado por Bismark partia do pressuposto de que a geração atual deve ser sustentada às custas das gerações futuras. Em um mundo em que as "gerações futuras" serão cada vez menos numerosas, tal visão é impraticável.

O governo não deve fazer promessas aos aposentados usando o bolso dos que ainda nem nasceram e nem obrigar todos os cidadãos a destinar parte de sua remuneração à aposentadoria. Esses recursos também não devem ficar nas mãos dos bancos públicos. Cada pessoa deveria ser livre para poupar quanto quisesse, se quisesse, colocando o dinheiro onde bem entendesse. Uns podem preferir fazer poupança e viver de renda ao invés de receber pensão mensal. Outros podem escolher um plano de previdência privada. Outros, menos prudentes, podem acabar sendo sustentados pela família. Nos casos mais extremos, a pessoa ainda poderá contar com a assistência social.

No entanto, é inadmissível que todos os trabalhadores brasileiros sejam obrigados a poupar o valor estabelecido pelo governo em aplicações pouco rentáveis também determinadas pelo governo. Cada pessoa deve responsabilizar-se ao longo da vida pelo seu próprio futuro. Cada pessoa terá a oportunidade de escolher se quer fazer um plano particular ou não. As estruturas ligadas à previdência devem ser fechadas, e os funcionários públicos que trabalham nesses órgãos devem ser realocados ou demitidos.

## PROPOSTAS PARA A PREVIDÊNCIA SOCIAL

Reformar radicalmente a previdência, eliminando todos os privilégios e estabelecendo uma regra única para todos. Também devem haver incentivos para que os aposentados complementem a sua renda com planos de previdência privada, caso julguem necessário.

CAPÍTULO 20

# Reforma Fiscal

O Brasil tem hoje uma das mais elevadas cargas tributárias do mundo. Além de pagarmos mais impostos do que a média mundial, temos serviços públicos de qualidade inferior à imensa maioria dos países, fazendo com que estejamos na pior posição entre os 30 países comparados pelo Instituto Brasileiro de Planejamento Tributário (IBPT) no índice de retorno de bem-estar à sociedade. Soma-se a isso outros dois problemas: a complexidade e a injustiça do nosso sistema tributário. No caso da complexidade, pode-se afirmar que temos um dos sistemas mais insanos do planeta. Esse autor recebe frequentemente, em sua atividade profissional, estrangeiros interessados em investir no Brasil e tentando entender nosso sistema tributário. Invariavelmente desistem, desesperados, após horas de explicação, repetições e gritos de "como assim?", "qual o sentido disso?" e "você só pode estar brincando".

As empresas gastam mais de 2 mil horas por ano só para calcular quanto terão que pagar de imposto, ao custo de R$ 150 bilhões anuais apenas para manter grandes estruturas de profissionais das áreas fiscal e tributária só para entender os impostos — cinco vezes mais do que o governo investe no Bolsa Família. Já os trabalhadores dedicaram 151 dias de seus trabalhos em 2020 apenas para pagar impostos[72]. Nessa selva tributária, cobrada por meio de 60 impostos e tributos diferentes, corrói a economia, destrói empregos e estrangula o setor produtivo, funcionando na prática

---

[72] "Brasileiro trabalhou 151 dias em 2020 somente para pagar tributos" – 2021. Disponível em <https://impostometro.com.br/Noticias/Interna?idNoticia=768>. Acesso em abril de 2021.

como uma bola de chumbo presa aos pés dos empreendedores. Evidentemente, os impostos têm de existir para financiar o governo, mas a dose não pode ser tão exagerada.

Em termos de distribuição de renda, seria de se esperar que os impostos recaiam proporcionalmente mais sobre as camadas mais ricas da população, ou no mínimo, que recaiam igualmente sobre todos. O Brasil é um caso surreal em que pobres pagam mais, proporcionalmente, que ricos. Cobramos menos do que a média mundial em tributos que incidem sobre os mais abastados e, por outro lado, cobramos mais impostos em modalidades que machucam especialmente as camadas mais baixas da pirâmide social.

A tabela abaixo ajuda a exemplificar essa distorção, com cinco das principais classes de impostos, bem como a média da carga no Brasil comparada à média dos países desenvolvidos, segundo a *Tax Foundation*.

| Recai mais sobre: | Brasil | Países ricos | |
|---|---|---|---|
| Imposto sobre o consumo | **48%** | 37% | Pobres |
| Imposto de Renda PJ | **34%** | 23% | Investimentos |
| Folha de pagamentos | **27%** | 16% | Empregos formais |
| Imposto de renda PF | 17% | **39%** | Quem ganha mais |
| Imposto patrimonial | 4% | **7%** | Os muito ricos |

Esta tabela demonstra a forma como o estado brasileiro prejudica mais os pobres, deprime investimentos produtivos e desestimula o emprego formal. Por outro lado, nosso regime de impostos representa um grande alívio para quem tem alto rendimento (inclusive funcionalismo público) e grandes fortunas.

## ROMPENDO OS GRILHÕES

Todos os brasileiros pagam impostos. Mesmo sem saber, a criança de oito anos que compra um chocolate na escola está destinando cerca de 40% do valor do doce para os cofres públicos. Na média, cada cidadão do Brasil passa cinco meses por ano trabalhando apenas para pagar impostos.

Como vimos, a carga tributária brasileira sobre o setor produtivo é uma das mais altas do mundo. Ela avançou em apenas 10 anos de 28% para cerca de 40% do PIB - contra 18% na China e 27% nos EUA. Considerando-se que o PIB é composto também pelo setor informal (sonegação), a carga tributária sobre a parcela oficial da economia é ainda maior. De acordo com análise feita pelo IBPT, o Brasil apresenta a terceira maior carga tributária entre as maiores economias mundiais, ficando atrás somente de França e Itália. Se levarmos em conta que esses dois países são muito ricos e que seus governos oferecem serviços públicos melhores, a situação do Brasil é lamentável.

A elevada carga tributária brasileira e os demais itens que compõem o chamado "custo Brasil", fazem com que os produtos custem muito mais caro por aqui. Um iPhone, por exemplo, custava no final de 2020, na loja oficial da Apple nos Estados Unidos, o equivalente a R$ 3.739. Na filial brasileira, o mesmo aparelho era vendido por R$ 7.999, preço 114% superior. Já uma caixa de som JBL, vendida pelo equivalente a R$ 800 nos Estados Unidos, estava disponível no Brasil por R$ 1.799, uma diferença de 124%.

O efeito perverso dos tributos recai sobre todos os segmentos, inclusive as indústrias de base. Impostos abusivos, cobrados em cascata e com regras opacas aumentam drasticamente o preço dos produtos e serviços no Brasil e dão ao Estado uma fatia obscena da riqueza produzida.

Voltemos ao exemplo da caixa de som, mas agora usando como referência um produto produzido no país, vendido no varejo a R$ 300. Antes de chegar à loja, esse produto passou por um distribuidor, que por sua vez o adquiriu junto ao fabricante. Neste caso, depois de pagar os custos, juros e impostos, o lucro líquido unitário do fabricante é de cerca de R$ 8, enquanto o distribuidor ganhará R$ 6 e a loja terá um lucro de R$ 30. Ou seja, as três empresas da cadeia de distribuição ganharam, juntas, R$ 44. Esses são os que arriscaram, investiram, trabalharam e criaram para que os consumidores pudessem ter o produto à disposição. Já o total de impostos cobrados pelo Estado, que nada fez, é de absurdos R$ 170 – quatro vezes mais do que o lucro de todas as empresas que trabalharam para que a caixa de som chegasse às mãos do consumidor. Dos R$ 300 pagos pelo consumidor final, nada menos do que 56% foram direto para o governo. Esse tipo de cálculo é válido para os demais setores produtivos.

Do preço do ar-condicionado, 48% é composto por impostos. Na bola de futebol são 46%. Escolas particulares pagam 38%. E assim por diante... Todos os dias, em cada compra realizada pelos brasileiros, o leão devorador avança voraz e saqueia parte do trabalho duro das pessoas.

Na composição descrita acima, encontram-se algumas dezenas de taxas, impostos e contribuições. Segue abaixo uma lista de alguns desses encargos:

- IR — Imposto de Renda
- CSLL — IContribuição Social sobre o Lucro Líquido
- IPI — IImposto sobre Produtos Industrializados
- ICMS — IImposto sobre Circulação de Mercadorias e Serviços
- PIS — IPrograma de Integração Social
- Cofins — IContribuição para o Financiamento da Seguridade Social
- IST - Imposto de substituição tributária
- IOF — IImposto sobre Operações de Crédito, Câmbio e Seguro, ou relativas a Títulos e Valores Mobiliários
- INSS - Instituto Nacional de Seguridade Social
- ISS — IImposto sobre Serviços
- IPVA — IImposto sobre a Propriedade de Veículos Automotores
- IPTU — IImposto sobre a Propriedade Predial e Territorial Urbana
- II — IImposto de Importação
- ITBI — IImposto sobre a Transmissão de Bens Imóveis
- ITCMD — IImposto sobre Transmissão Causa Mortis e Doação sobre Quaisquer Bens ou Direitos
- SAT — IContribuição ao Seguro Acidente de Trabalho
- Incra — IContribuição ao Instituto Nacional de Colonização e Reforma Agrária
- Sebrae — IContribuição ao Serviço Brasileiro de Apoio a Pequena Empresa
- Sesi — IContribuição ao Serviço Social da Indústria
- Sesc — IContribuição ao Serviço Social do Comércio

- Senac — IContribuição ao Serviço Nacional de Aprendizado Comercial
- Senai — IContribuição ao Serviço Nacional de Aprendizado Industrial
- Cide Combustíveis — IContribuição de Intervenção do Domínio Econômico
- Cide Remessas Exterior — IContribuição de Intervenção do Domínio Econômico
- Contribuição para Custeio do Serviço de Iluminação Pública
- Contribuição aos Órgãos de Fiscalização Profissional (OAB, CRC, Crea, Creci, Core etc.)
- IE — Imposto sobre a Exportação
- ITR — Imposto sobre a Propriedade Territorial Rural

Cada um dos encargos acima possui um regulamento específico. O ICMS, por exemplo, muda de estado para estado, aumentando a complexidade do cálculo. Isso significa que, para estar dentro da lei, uma empresa de atuação nacional precisa conhecer 27 legislações diferentes sobre ICMS, em um total de mais de 3500 normas espalhadas por calhamaços de legislação, do Rio Grande do Sul a Roraima.

Como se já não bastasse a complexidade dos impostos existentes, o governo ainda criou nos últimos anos 91 das chamadas "obrigações acessórias", os guias, formulários e livros que precisam ser preenchidos pelas pessoas ou empresas após o pagamento do tributo. Segundo a compilação legislativa do advogado Vinicios Leoncio, entre 1988 e 2011 foram criadas 275.095 regras tributárias. Desde então, pouca coisa mudou para melhor. O recolhimento de alguns impostos e tributos foram unificados, como ocorre no Simples Nacional, mas o manicômio tributário prevalece no país. De acordo com a Fiesp, o custo total das empresas com contadores e advogados tributaristas é de R$ 45 bilhões por ano.

Caso uma empresa precise apresentar algum documento, deve-se "autenticá-lo" em um dos mais de 14 mil cartórios existentes no Brasil. Raros no exterior — nos Estados Unidos, por exemplo, eles não existem — temos por aqui cartórios de registro civil, de notas, de registro de imóveis, de distribuição, de protesto, de registro de títulos, entre outros, que arrecadam R$ 15,9 bilhões por ano, aumentando ainda mais os custos e a burocracia no país. O faturamento médio de um cartório no Distrito Federal é de R$ 3,6 milhões por ano, à frente de São Paulo (R$ 2 milhões) e Rio de Janeiro (R$ 1,9 milhão). Todo esse dinheiro poderia irrigar a economia com mais consumo e investimentos produtivos, em vez de ser utilizado para vitaminar a burocracia brasileira.

A burocracia é infernal: abrir um novo negócio no Brasil demanda 17 diferentes procedimentos, em diversas repartições públicas. Deve-se pagar inúmeras taxas e, em muitos casos, ainda o chamado "imposto da pressa", pequenos subornos destinados a fazer com que o burocrata de plantão efetivamente faça o trabalho para o qual foi contratado. De acordo com o relatório "Doing Business", do Banco Mundial, o tempo médio para se abrir uma empresa no mundo é de 30 dias. No Brasil, são necessários 119 dias, ou seja, quatro meses de espera para alguém poder finalmente começar a gerar empregos e produzir. Outro estudo, realizado pelo Fórum Econômico Mundial em 144 países, colocou o Brasil em último lugar no quesito regulamentação governamental.

Fechar empresas é ainda pior. Mesmo firmas inativas há mais de dois anos e há mais de 10 anos sem empregados ainda precisam enfrentar uma avalanche de certidões, balanços, contratos, guias e pedidos de baixa em cartório, conselho profissional, prefeitura e receita federal, num processo que pode levar quase cinco meses. Isso tudo aumenta ainda mais os custos para quem produz. Em Hong Kong, por exemplo, abre-se uma empresa e uma conta bancária em uma única tarde.

Frequentemente, empresários brasileiros tentam explicar aos estrangeiros o sistema tributário nacional. Nunca são bem-sucedidos. Após algumas horas debruçados sobre as planilhas, eles invariavelmente desistem, perplexos. Mesmo esforçando-se para cumprir a lei, investindo em um exército de analistas fiscais, contadores e consultores tributários, a complexidade da selva legal brasileira é tamanha que leva muitas empresas a deslizes.

Agentes fiscais ambiciosos escrutinam as minúcias operacionais para encontrar brechas e pretextos para multas. Abre-se espaço para os chamados "vendedores de facilidades", onde gordas propinas podem ser pagas para comprar a "vista grossa" dos fiscais. A indústria do jeitinho vai se solidificando nesse processo, prejudicando a competitividade do Brasil e reduzindo a arrecadação. Também serve para enriquecer muita gente pelo caminho e engordar contas no exterior.

Além da complexidade e do peso dos tributos, outro problema que aflige a produção é a capacidade financeira das empresas. Na maioria das vezes, as empresas vendem a prazo, chegando em alguns casos a parcelar em 24 ou 36 meses seus produtos. No entanto, os tributos são sempre cobrados à vista. Isso significa que o fabricante precisa pagar os seus tributos antes mesmo de saber se o cliente pagará, de fato, pela mercadoria. Conclusão: quem produz precisa financiar tanto o cliente quanto o governo.

Isso sem contar alguns aspectos bizarros e injustos da legislação tributária. Peguemos, por exemplo, o caso de uma empresa que vende determinado produto para outra, e a compradora vem a falir, deixando de pagar a dívida. Mesmo tendo prejuízo por ter entregado uma mercadoria e não ter recebido por ela, o vendedor, ainda assim, é obrigado a pagar os impostos relativos ao produto em questão. Outro caso curioso ocorre quando uma empresa tem a mercadoria roubada em seu armazém. Da mesma maneira, ela é obrigada a emitir nota fiscal e recolher todos os impostos de circulação de mercadorias.

Por fim, o sistema tributário brasileiro é muito opaco. Nos Estados Unidos, por exemplo, o imposto sobre a venda vem em destaque na nota fiscal. Cada consumidor sabe quanto está pagando pelos produtos e em impostos.

Espertamente, o governo brasileiro não optou pelo mesmo caminho. Imagine a alegria de um jovem brasileiro, que suou a camisa para comprar um celular de R$ 3.000, vendo na nota fiscal que o produto custou apenas R$ 1.300 mas foram cobrados mais R$ 1.700 em impostos. Após mais de mais de 20 anos de discussões, o Congresso finalmente regulamentou, em 2013, a lei que obriga a discriminação do valor dos impostos incidentes sobre cada produto e serviço listado nas notas e cupons fiscais. É um ótimo avanço, desde que seja implementado e torne-se uma realidade em todo o país.

O economista Adam Smith defendia a ideia de que impostos devem ser eficientes, convenientes, justos e inescapáveis. No Brasil de hoje, o sistema é ineficiente, inconveniente, injusto e fácil de sonegar. É preciso reformular com urgência as regras de tributação no país.

Para solucionar o problema tributário brasileiro, seria ideal redesenhar todo o sistema, zerando as regras atuais e estabelecendo uma nova lista de impostos, mantidos em patamar moderado e com regras simples para cálculo.

É importante entender claramente como a redução de impostos afeta o crescimento econômico. Peguemos o mercado de geladeiras, por exemplo. O que aconteceria se o governo, de repente, reduzisse a carga tributária desse item em 10%?

Quando caem os impostos, cai também o custo dos fabricantes. Em um primeiro momento, a margem de lucro das empresas aumentaria. No entanto, como existe um sistema de concorrência, em pouco tempo cada empresa estaria oferecendo mais descontos aos clientes buscando aumentar as vendas. Esse processo costuma fazer com que o preço comece a baixar até que as margens de lucro atinjam o mesmo nível de antes da redução dos impostos. O que isso importa para as demais pessoas? Muito. É uma pena que muitos cidadãos desavisados e sem treinamento formal em economia ainda tenham dúvidas sobre esse ponto.

Sempre que se fala em reduzir a carga tributária, muita gente de boa-fé pergunta "ah, mas quem garante que os fabricantes não vão embolsar esse valor e simplesmente aumentar o lucro? Eles não estão sempre atrás de lucro? Até parece que vão repassar o benefício ao preço!". Trata-se de um ceticismo compreensível, porém errado em última análise. Sem dúvida os fabricantes de geladeira querem maximizar seus lucros. Todas as empresas querem isso. Todos os empregados querem maximizar seu salário. Isso é de se esperar. Mas em um regime de concorrência, apesar de cada um buscar o melhor para si, todos precisam se curvar aos preços de mercado. Se o fabricante de geladeiras pudesse cobrar o que quisesse, sem dúvida ele dobraria os preços ou triplicaria. Não faz porque seus concorrentes não deixam. Quando algum custo é reduzido, as empresas logo repassam isso para os preços, buscando ganhar participação de mercado. O mais importante é o governo criar um ambiente aberto e livre que atraia inúmeras empresas de todo o mundo para competir.

Quando o preço da geladeira cai, mais pessoas passam a ter condições de comprá-la, o que gera uma melhoria imediata na qualidade de vida. Como mais gente está comprando geladeiras, aumentam as vendas das fábricas, que precisam investir em mais máquinas e contratar novos trabalhadores para a produção. Com esses novos investimentos, cai a taxa de desemprego, fazendo com que mais pessoas tenham renda e possam comprar ainda mais geladeiras (além de outros produtos e serviços), alimentando esse círculo virtuoso de produção, consumo e crescimento. Cada mercado que é incentivado dessa forma gera centenas de milhares de novos empregos diretos e indiretos. Assim, o investimento aumenta e a economia cresce.

Por outro lado, quando se aumenta uma taxa — como vem sendo feito no Brasil há mais de uma década —, ocorre um nefasto círculo vicioso. Os custos aumentam, elevando os preços, gerando inflação, perda de poder aquisitivo e desemprego. Nesse caso, a economia fica estagnada e o governo costuma aumentar ainda mais a carga tributária para cobrir seus gastos crescentes. Esse processo, como vimos, tem envenenado a economia brasileira e limitado o nosso desenvolvimento. Estamos há mais de 40 anos entre as piores economias do mundo em termos de crescimento. A combinação de carga tributária elevada, governo inchado e economia estagnada tem condenado o Brasil ao atraso.

Há um consenso entre economistas de que o corte de gastos públicos seria uma alternativa mais eficiente e menos prejudicial à economia. Segundo a OCDE, quando um governo reduz seus gastos em 1% do PIB, há uma queda de arrecadação de apenas cerca de 0,15%. Por outro lado, quando o governo aumenta impostos, uma fatia muito maior da arrecadação é perdida devido ao esfriamento da economia. Impostos reduzem a eficiência e espantam empresas produtivas. Na Inglaterra, por exemplo, o gasto público foi cortado de 45,7% do PIB, em 2010, para 39,3% em 2019, incluindo o corte de 1,28 milhão de funcionários públicos. Nesse mesmo período, os indicadores de satisfação com a qualidade dos serviços públicos subiram e o desemprego geral caiu de 7,9% para 3,9%, de acordo com o Escritório Nacional de Estatísticas britânico.

Apesar de o corte de gastos ser mais eficiente, a maioria dos governos acaba fazendo o oposto: aumentando os tributos. Isso ocorre por razões políticas e não tem nada a ver com racionalidade econômica. Aumentar tributos é mais fácil, pois os impostos acabam sendo cobrados diretamente das empresas, que por sua vez embutem esse custo extra nos preços de seus produtos — o que em geral passa despercebido do público. Já o corte de gastos envolve demissão, redução de benefícios e atinge diretamente poderosos grupos de interesse organizados, como sindicatos de professores, deputados e fornecedores bem conectados com o governo. É preciso criar uma forte conscientização entre a população de que a causa da redução e simplificação de tributos é de suma importância para todos.

## UMA POSSÍVEL SOLUÇÃO

Como vimos, a discussão tributária é complexa. Apresentarei aqui uma ideia que poderia ajudar a tirar o nosso país do atoleiro atual. O objetivo é ser algo extremamente simples de entender e calcular, que gere arrecadação suficiente para financiar as atividades essenciais do Estado, que tenha caráter progressivo (cobrando mais de quem tem mais) e que seja relativamente difícil de fugir.

Idealmente, deveríamos ter somente três impostos no país, cobrados nacionalmente:

1. Imposto de Valor Agregado (IVA)
2. Imposto de Renda (IR)
3. Imposto sobre Heranças e Doações (IHD).

As alíquotas deveriam ser fixadas dentro da média dos países mais livres e avançados do mundo e o governo precisa ser forçado, por lei, a "caber" dentro dessas alíquotas. Todos os anos, o departamento de planejamento faria um orçamento público com a arrecadação prevista desses três impostos, e as despesas teriam que bater com a receita. Caso haja falta de verba, automaticamente o governo seria obrigado a aplicar um deflator (ou desconto) em todos os salários e pensões públicas para que as contas fechem. Por exemplo, se um determinado ano for calculado que a despesa será 4,5% maior que a receita de impostos. Ao invés de o governo assumir o déficit, essa diferença seria compensada pela redução dos salários dos servidores públicos, que naquele ano teriam um desconto automático de 4,5% nos seus vencimentos, garantindo assim o equilíbrio das contas.

A seguir veja uma breve explicação desses três impostos e porque eles seriam os mais indicados para o Brasil:

## IMPOSTO DE VALOR AGREGADO (IVA)

O IVA incide essencialmente sobre bens e serviços consumidos pela população. É, portanto, menos progressivo, já que acaba cobrando proporcionalmente mais dos pobres. Por isso, é preciso mantê-lo com uma alíquota baixa, próxima aos 10%. Nesse patamar, já teríamos um alívio em relação ao que vemos hoje no Brasil, onde a carga sobre o consumo ultrapassa 40% do preço dos produtos. Trata-se, no entanto, de um método útil de se cobrar tributos e em linha com as economias mais modernas do mundo. A cada etapa da cadeia produtiva, as empresas emitem nota fiscal umas para as outras e destacam claramente o valor do IVA que está sendo pago. Cada empresa toma crédito de IVA nas notas de compras e gera um débito de IVA nas notas de venda, pagando com isso a diferença.

Por exemplo, uma fábrica de bicicletas compra R$ 100 de alumínio, recebendo uma nota fiscal claramente destacada com os R$ 10 (10%) de IVA que foi pago na etapa anterior da cadeia de produção. Ela toma crédito de outras despesas também, como por exemplo borracha, energia elétrica, serviços de contabilidade externa etc. e faz a venda por R$ 200, gerando um débito de R$ 20 (10% também). No final do mês, essa fábrica de bicicletas apura todos os débitos e todos os créditos e paga ao governo a diferença.

O mesmo ocorre na etapa seguinte. A loja que vende a bicicleta recebe a nota de R$ 200 e toma crédito do IVA que já foi pago, R$ 20. Ela revende o produto a R$ 400 e tem um débito de R$ 40 (10%) e assim por diante. No final de todo o processo, cada empresa paga o IVA somente sobre o valor que ela efetivamente agregou ao processo e a soma de tudo, no final, dará exatamente os 10% de imposto, que acabará embutido no preço. Tudo simples e transparente.

A implementação de um IVA nacional unificado e com taxa fixa diminuirá barbaramente o custo das empresas com contadores, analistas fiscais, advogados tributaristas, cartórios e multas. A redução da carga terá como consequência preços mais baixos para a população, especialmente em produtos essenciais como alimentos, remédios e roupas.

Nenhum programa social já criado no país, nenhuma "bondade" do governo, nenhuma ONG, por mais bem intencionada que seja, conseguirá chegar aos pés em termos de impacto positivo quanto a adoção de um IVA barato e simples. Você quer ajudar milhões de famílias humildes a terem acesso a comida e remédios? Apoie a simplificação e redução da carga tributária.

Outro benefício advindo dessa medida é o grande potencial de se reduzir o mercado informal, eliminar os produtos contrabandeados e trazer uma maior fatia da economia para o setor pagador de impostos. Altas taxas de impostos definitivamente não são o melhor caminho para o aumento da arrecadação. Conforme as alíquotas aumentam, cresce também o potencial para contrabando, falsificação e sonegação. Pegue-se por exemplo o caso dos cigarros, onde a carga de imposto passa dos 71%. A consequência é que, segundo o Instituto Brasileiro de Ética Concorrencial (ETCO), atualmente mais de 57% do mercado é informal e, apesar dos constantes aumentos de impostos, a arrecadação do governo com o setor tabagista caiu pela metade nos últimos 10 anos.

Nos Estados Unidos, por exemplo, o estado de Washington taxou a maconha em 28%, enquanto o Colorado estipulou um imposto bem maior: 44%. Como consequência, em Washington mais de 70% do consumo já passou para o mercado formal, contra apenas 30% no Colorado. Nesse contexto, a maconha pode gerar US$ 132 bilhões em impostos e 1 milhão de empregos nos Estados Unidos até 2025, segundo um estudo[73].

Essa lei universal se aplica especialmente ao Brasil, onde os controles são mais frouxos e os incentivos para a informalidade são maiores. Imposto demais destrói as empresas sérias e coloca o mercado nas mãos de bandidos.

## IMPOSTO DE RENDA (IR)

O imposto de renda deveria reinar soberano como sendo a principal fonte de financiamento do Estado. Menos nocivo que o IVA, ele é muito comum em todas as economias avançadas do mundo. Atualmente, as maiores alíquotas são cobradas sobre o lucro das empresas (34%), seguidas pelos salários (até 27,5%), sendo que o imposto sobre aplicações financeiras é bem menor (até 15%). Isso desestimula a criação de riqueza, pois quem paga mais são as empresas, que deveriam ter recursos para realizar investimentos e promover o crescimento econômico.

O imposto de renda corporativo brasileiro está entre os maiores do mundo[74], perdendo apenas para um punhado de pequenos países subdesen-

---

[73] "Maconha pode gerar US$ 132 bilhões em impostos e 1 milhão de empregos nos EUA, aponta estudo" – 2019. Disponível em <https://www.hypeness.com.br/2018/01/maconha-pode-gerar-us-131-bilhoes-em-impostos-e-1-milhao-de-empregos-nos-eua-aponta-estudo/>. Acesso em abril de 2021.

[74] "35 países que mais pagam imposto de renda no mundo". Disponível em <https://forbes.com.br/fotos/2016/04/35-paises-que-mais-pagam-imposto-de-renda-no-mundo/>. Acesso em janeiro de 2021.

volvidos. Após sobreviverem ao massacre de regras, burocracia e outros tributos, as empresas brasileiras ainda têm que pagar um imposto de renda maior do que o da França (33,3%), Índia (33%), Alemanha (29%), Finlândia (26%) e outras nações desenvolvidas. Enquanto isso, muitos países têm definido alíquotas menores para estimular o investimento, como a China (25%), Rússia (20%), Taiwan (17%) e Chile (17%).

O imposto de renda deveria ter uma alíquota única para todos, estabelecida em torno de 20% dos lucros ou do salário acima de um piso de isenção. Ou seja, supondo-se que o piso seja de 2 mil reais por mês. Qualquer valor abaixo disso estaria isento de imposto e renda e, sobre o que ultrapassar esse valor (somente o que ultrapassar) seria devido um percentual por exemplo de 20%. Como contrapartida a esse valor mais baixo do que o patamar atual, e como forma de simplificar e garantir a aplicabilidade do sistema, o Brasil deveria abolir as brechas, deduções e abatimentos que existem hoje. Melhor um percentual mais baixo que todos paguem igualmente do que alíquotas altas cheias de furos e privilégios.

Um brasileiro só é um cidadão de verdade se ele sente na pele o que é pagar impostos. Nas palavras da ex-primeira-ministra britânica Margaret Thatcher, "como esperar de um cidadão que ele ajude a manter as ruas limpas se ele não paga nada para bancar o recolhimento do lixo? Se uma pessoa não paga nada, como esperar que ela cobre as autoridades, exija qualidade, faça seu papel de cidadão? Todos devem pagar impostos para poderem cobrar o governo e se sentirem donos do patrimônio público".

Quem não paga nada, não exige nada e não espera nada. Essa regra de imposto de renda garantiria que a maior parte dos cidadãos trabalhadores tenha algum valor a pagar (ainda que bem moderado para as pessoas mais humildes) — e mesmo os que estivessem abaixo da faixa de isenção estariam a dando sua contribuição através do IVA pago em produtos e serviços, bem destacado e adicionado nas notas fiscais.

## IMPOSTO SOBRE HERANÇA E DOAÇÕES (IHD)

No Brasil, quando ocorre um óbito, incide o imposto de apenas 4% sobre o patrimônio a ser passado aos herdeiros. É muito pouco, especialmente quando se compara ao imposto de renda atual de 34% para empresas.

Uma boa oportunidade de aumentar a arrecadação, sem prejudicar a economia, seria cobrar uma taxa maior sobre as heranças. Impostos sobre consumo reduzem o incentivo para que as pessoas comprem. Imposto sobre a renda reduzem o incentivo para que as pessoas trabalhem. Já o imposto sobre heranças não atrapalha ninguém. Cobrar uma taxa de 30% a 40% sobre o patrimônio dos falecidos é coerente com a ideia de dar oportunidades a todos. Por que um herdeiro, que pode ter ou não méritos próprios, deveria receber a quase totalidade dos bens? Um princípio fundamental da Constituição brasileira deveria ser o da igualdade de oportunidades.

Os recursos advindos do imposto sobre as heranças poderiam ser utilizados, por exemplo, para financiar a educação — via *vouchers*, como já falamos anteriormente. Na prática, estaríamos investindo parte da riqueza da pessoa falecida na educação de crianças mais humildes, ao invés de repassar a totalidade dos bens aos herdeiros.

Uma medida adicional que ajudaria nesse aspecto seria fazer com que o imposto sobre a herança recaia sobre o beneficiário e não sobre o inventário de bens total, o que já ocorre hoje na Alemanha. Isso seria um incentivo para que as pessoas ricas espalhem ao máximo seu patrimônio, reduzindo a concentração de renda, já que quem receber menos bens pagará uma alíquota menor, em um sistema progressivo. Essa medida reduziria bastante a tendência de formação de elites hereditárias, hoje comuns no Brasil.

Nenhum imposto além dos três citados acima deveria ser tolerado. A Constituição deve proibir a criação de novos tributos, salvo via aprovação popular e maioria absoluta no parlamento. Em relação à cobrança dos impostos, essa deverá ficar a cargo exclusivo do município. É a cidade que melhor conhece as pessoas e empresas que lá se encontram. Quanto menos centralizada for a cobrança, mais barato e eficiente fica o processo. Caberá ao governo federal, através do Ministério da Economia, fiscalizar, auditar e garantir que a parcela correta dos recursos seja repassada adequadamente.

Quanto às alíquotas a serem cobradas, é preciso refletir um pouco a respeito da dinâmica econômica dos países para definirmos as políticas mais sensatas. Um caminho apressado seria simplesmente proibir o governo de ter déficit — gastar menos do que arrecada ou ter despesas acima do teto apenas em caso de aprovação do Congresso, dentro da chamada Lei de Responsabilidade Fiscal — e exigir que as contas estejam equilibradas sempre. No entanto, isso nem sempre funciona.

# REFORMA FISCAL

Quem acompanhou a rotina fiscal do governo durante a pandemia do Covid-19 vai se lembrar da situação difícil em que as contas públicas ficaram. Com despesas em alta e arrecadação em baixa, o país precisou ter orçamento complementar aprovado pelo Congresso para que as ações de combate ao coronavírus não ficassem comprometidas. Situações como essa nos mostram que a vida econômica de uma nação ocorre em ciclos naturais. Por um determinado período, a economia cresce vigorosamente, as pessoas investem mais, consomem mais e os preços dos ativos (casa, terreno, ações) sobem, bem como a dívida das empresas e pessoas físicas. Quando se percebe que as coisas estão caras demais, é natural haver uma retração. As pessoas, endividadas, cortam gastos. As empresas veem suas vendas caírem e demitem funcionários, que por sua vez cortam mais gastos e o círculo vicioso se forma. Se nada for feito, a economia pode sofrer durante anos.

Num cenário de retração, a coisa mais estúpida que um burocrata de plantão poderia dizer é "estamos arrecadando menos. Vamos cortar investimentos e aumentar os impostos! O Estado não pode ter déficit". Se fizer isso, o governo só irá piorar o cenário, aprofundando a crise e causando uma depressão econômica, como a que ocorreu, por exemplo, em 1929.

Nesses momentos, é preciso utilizar uma política que os economistas chamam de anticíclica. Ou seja, nas épocas boas, de crescimento, deve-se tributar um pouco mais, gastar um pouco menos e ter superávit nas contas públicas. É preciso reduzir ao máximo, por exemplo, os gastos com seguro-desemprego, para economizar dinheiro e incentivar as pessoas a buscarem trabalho, uma vez que a economia está forte e o desemprego está baixo. No entanto, quando vem a parte negativa do ciclo, o governo deve inverter sua política, reduzindo impostos e colocando mais dinheiro no bolso das pessoas. O Estado deve também aumentar os seus gastos, especialmente com assistência social, para amenizar o impacto da crise entre os mais vulneráveis, e com seguro-desemprego, buscando preservar a renda e estimular o consumo.

Desta forma, poupando nos períodos de bonança e usando suas reservas para acelerar a economia em tempos difíceis, o Estado pode suavizar bastante os ciclos econômicos, mantendo a economia equilibrada e protegendo os cidadãos. É uma pena que esse conselho sensato, que qualquer criança entende simplesmente ao ler o conto "A cigarra e a formiga", esteja tão distante da compreensão da maioria dos governantes mundo afora. Com poucas exceções, os países costumam desperdiçar seus ciclos de crescimento, torrando suas economias para obter ganhos políticos de curto prazo. O Brasil é um dos campeões mundiais no quesito irresponsabilidade fiscal.

A implementação dessas reformas aqui descritas causará queda dramática na carga tributária, na burocracia e na ineficiência que hoje sufoca o setor produtivo. De todos os fatores que emperram o crescimento econômico brasileiro, nenhum chega aos pés do caos tributário. Eliminar a carga estratosférica de impostos que existe hoje, cobrada de forma confusa e caótica por uma enorme burocracia pública, é a tarefa mais importante a ser realizada no país.

## PROPOSTAS PARA A REFORMA FISCAL

Todos os tributos, as taxas e os impostos devem ser eliminados. Deve permanecer apenas o Imposto sobre a Herança e Doações (30%), o Imposto de Renda (20%) e o Imposto de Valor Agregado (10%). O governo precisa ser obrigado constitucionalmente a se adequar à arrecadação, sendo que qualquer buraco nas contas públicas seria resolvido com um deflator a ser aplicado a todos os salários do setor público.

CAPÍTULO 21

# Dispensando a Babá

As leis trabalhistas brasileiras são uma herança da era Vargas. Em um período em que a industrialização começava a despontar na paisagem econômica brasileira e as fábricas passavam a absorver centenas de milhares pessoas vindas do meio rural, essas leis eram vistas como importantes conquistas para os trabalhadores. Quase 80 anos depois, porém, essas leis já não fazem mais sentido. Em um mundo globalizado e cada vez mais digital, com diversas novas categorias de trabalho autônomo surgindo, essas regras se tornaram verdadeiras amarras para o trabalhador e um fardo para o empregador. Enquanto o mundo inteiro se moderniza e cria formas mais flexíveis de trabalho, que adapta horários, salários e atividades à necessidade do momento, o Brasil insiste no velho modelo.

Em primeiro lugar, ao impor um conjunto de regras rígidas para as relações de trabalho, o governo assume a premissa de que os trabalhadores são absolutamente incapazes de tomar decisões próprias. Quanto tempo cada um trabalhará, quantos dias de férias serão tiradas, em que investirá sua poupança de aposentadoria — todas essas questões são definidas pelo governo por intermédio da legislação trabalhista.

Para a empresa, a situação também é ruim, pois é tão caro demitir uma pessoa que as empresas pensam muitas vezes antes de abrir novos postos de trabalho. Em 2020, existiam no Brasil 30,1 milhões de trabalhadores com carteira assinada e 38,8 milhões atuando na informalidade, de acordo com o IBGE. Está comprovado que os países com menor desemprego são justamente aqueles com leis mais flexíveis, enquanto os países mais regulamentados apresentam as maiores taxas de desemprego.

No final do século XX, França e Alemanha tinham regimes trabalhistas bastante rígidos e uma taxa de desemprego alta, na casa dos 8%. A Alemanha, porém, embarcou em um programa de simplificação das leis, flexibilização do trabalho, reduziu os encargos e investiu em programas de treinamento, especialmente para os jovens. Em 15 anos, o desemprego já tinha caído para 5%, o segundo mais baixo do mundo desenvolvido. Já a França continuou complicando suas regras, reduziu a jornada de trabalho e passou a fazer ainda mais exigências aos empregadores. O livro de regras trabalhistas francesas cresceu 45% e já possui 3.809 páginas, sendo que os encargos trabalhistas somam 80% do salário. Somente as regras impostas pelo sindicato dos cabeleireiros, por exemplo, ocupam 196 páginas. O resultado disso é que hoje o desemprego ultrapassa os 10%, percentual que dobra quando se fala de jovens.

No quesito burocracia trabalhista, no entanto, o Brasil é campeão mundial[75]. Apesar de sermos muito mais pobres do que a França, os nossos encargos somam espantosos 103% do salário — nos Estados Unidos, os encargos são de apenas 9%. Em vez de tentar proteger os poucos privilegiados com carteira assinada através de uma muralha de benefícios, os americanos preferem deixar que o próprio mercado, sempre aquecido e em mutação, possa absorver todos os que buscam emprego. Países nórdicos estão limitando o tempo de benefícios de desemprego e implementando planos individualizados de treinamento e retorno ao mercado de trabalho. Isso tem gerado rendas comprovadamente maiores e índices de desemprego menores.

Apesar dos pequenos avanços conquistados nos últimos anos, muitos legisladores brasileiros ainda acreditam que um sistema rígido e burocrático é a melhor forma de preservar postos de trabalho. Não poderiam estar mais errados. A história mostra que as ações de desregulamentação são as que tradicionalmente geram mais empregos. Agilizar a abertura de novas empresas, acelerar as licenças de construção ou permitir que lojas funcionem até mais tarde são alguns exemplos de medidas rápidas que poderiam ter grande impacto sobre a geração de empregos.

---

[75] "Brasil é o campeão mundial da burocracia" – 2019. Disponível em <https://www.em.com.br/app/colunistas/amauri-segalla/2019/11/29/interna_amauri_segalla,1104570/brasil-e-o-campeao-mundial-da-burocracia.shtml>. Acesso em março de 2021.

Acima de tudo, é preciso acabar com as amarras que tornam a vida de qualquer empregador brasileiro um inferno e que, na prática, só servem para deprimir ainda mais os salários e empurrar empresas e empregos para a informalidade. Abaixo, listamos alguns exemplos de regras trabalhistas praticadas no Brasil e o que deveria ser feito com cada uma delas.

## DÉCIMO TERCEIRO

Imaginem uma pizza. Como todos sabem, o padrão é se cortar em oito pedaços. Agora, pensem se um deputado muito bonzinho apresenta um projeto de lei para obrigar as pizzarias a vender com nove pedaços. Muitos vão comemorar porque terão um pedaço a mais. Não é bem assim. O tamanho da pizza será o mesmo, só que as fatias serão menores, dando a impressão de ter conquistado um benefício que, na prática, não existe.

O 13º salário, apesar de ser muito querido pelos trabalhadores, não passa de uma ilusão. Todo empregador sabe que terá que pagar esse valor adicional e já subtrai da conta quando faz qualquer proposta de emprego. Não imaginem que chega em dezembro e o patrão diz: "puxa vida! Apareceu aqui um 13º. Que surpresa! Que novidade! Vou ter um custo a mais que eu não previa." Não tenham dúvida. Esse valor já estava na conta e foi deduzido do salário normal. Na prática, a única coisa que o 13º salário faz é segurar parte da massa salarial do empregado até o final do ano e pagar sem correção. Além disso, ele dá um recado estranho, pois para muitas empresas dezembro é um mês fraco, com menos dias úteis e parada do setor produtivo, não sendo o melhor momento para custos adicionais. O correto seria dividir o 13º em doze partes iguais e incorporar esse valor aos salários mensais, para que os trabalhadores recebam antecipadamente o que lhes é de direito.

## ADICIONAL DE FÉRIAS

Aqui pode-se seguir a mesma lógica do 13º salário. De certa forma, a lei está tratando o empregado como incapaz. Cada um deveria saber como gastar seu próprio dinheiro, ser responsável por suas decisões e ser incentivado a fazer uma reserva para um passeio nas férias. Mas no Brasil não é assim. As empresas reservam uma parte da remuneração do trabalhador para conceder 1/3 a mais no mês do descanso. E não para por aí: as empresas ainda são obrigadas a antecipar o salário do mês porque o governo pressupõe que o trabalhador vai precisar de todo o dinheiro para viajar. Não tenha dúvida de que esse terço adicional foi já subtraído antecipadamente pelos empregadores na hora de fazer a proposta de trabalho. Ou seja, todo o valor desse benefício sai previamente do próprio salário do funcionário. O correto seria dividir esse terço adicional em doze parcelas e incorporá-las aos salários mensais.

Não bastasse isso, a Consolidação das Leis do Trabalho (CLT) determina também como o trabalhador deve tirar suas férias. Dividir o descanso em quatro períodos de uma semana, por exemplo, é ilegal. Uma empresa como a Netflix, com sua política flexível de concessão de férias, não pode, no Brasil, praticar o mesmo benefício que seus funcionários têm nos Estados Unidos — ainda que todos os funcionários quisessem.

## FGTS

Mais uma jabuticaba brasileira que só aumenta a injustiça e as desigualdades no mercado de trabalho e na economia. Cobrado sobre a folha de pagamento, o Fundo de Garantia por Tempo de Serviço (FGTS), é uma poupança forçada, obrigatoriamente depositada em um banco público que, por sua vez, financia a construção civil e o BNDES — a fonte de crédito a juros baixos das grandes empresas amigas do governo. Ou seja, o pobre trabalhador financia as grandes corporações, queira ele ou não. Ainda pior é o fato de a remuneração paga pelo FGTS muitas vezes não superar sequer a inflação. Na prática, o trabalhador acaba perdendo dinheiro. Deve-se abolir por completo o FGTS e incorporar esse valor aos salários. O governo não tem o direito de tomar uma parte dos ganhos dos trabalhadores e congelar em um investimento pouco rentável.

Incorporar o 13º, adicional de férias e FGTS aos salários, irá aumentar significativamente a renda mensal do trabalhador brasileiro, estimular o consumo e o investimento, além de simplificar bastante os cálculos trabalhistas.

## PROPOSTAS PARA OUTRAS QUESTÕES SALARIAIS

**Valor do salário**

De acordo com a legislação brasileira, os salários podem aumentar a qualquer momento. Mas não podem, em hipótese alguma, ser reduzidos. Na prática, quando ocorre uma crise, muitas empresas acabam demitindo bons funcionários, os quais, caso houvesse flexibilidade, aceitariam de bom grado permanecer na empresa mesmo ganhando um pouco menos ou trabalhando meio período. Na maioria dos casos, funcionários que perderam produtividade ou que trabalham em setores com dificuldades econômicas acabam ficando desempregados ou aceitam empregos de remuneração inferior em outras empresas.

Essa lei deveria ser abolida e os salários deveriam ser negociados livremente entre empresas e trabalhadores. No setor de transporte aéreo americano, por exemplo, houve diversos casos após os atentados de 11 de setembro em que as companhias aéreas renegociaram os salários dos funcionários. Em 2020, quando a pandemia atingiu em cheio a economia brasileira, a MP 936 também permitiu que empresas reduzissem salários de seus funcionários por três meses, renováveis por mais três, para evitar uma quebradeira generalizada, principalmente de pequenas e médias empresas, que têm menos capacidade de resistir a períodos longos de faturamento baixo. Essa flexibilização viabilizou a manutenção de mais de 1 milhão de empregos[76]. O valor dos salários deve ser um assunto particular entre empresa e funcionário. Qualquer decisão sobre a qual ambos concordem é soberana e não deve ser alvo de intervenção do Estado.

**Equiparação de atividades**

De acordo com a legislação trabalhista brasileira, dois funcionários com a mesma atividade devem ter, obrigatoriamente, o mesmo salário. Essa excrescência jurídica joga um banho de água fria na tentativa de premiar o

---

[76] "MPs de contratos trabalhistas preservaram mais de 1 milhão de empregos" – 2020. Disponível em <https://lopescastelo.adv.br/mps-de-contratos-trabalhistas-preservaram-mais-de-1-milhao-de-empregos>. Acesso em abril de 2021.

melhor desempenho. O correto seria abolir essa regra, deixando as empresas livres para pagar conforme o desempenho de cada um.

### Cipa

Empresas brasileiras de médio e de grande porte são obrigadas a manter um grupo chamado Comissão Interna de Prevenção de Acidentes (Cipa). Composto por membros eleitos pelos empregados e indicados pela diretoria, a função da Cipa é aumentar a segurança do trabalho, propondo e implementando melhorias de segurança. Como faz frequentemente, a legislação brasileira conseguiu transformar uma boa ideia em um pesadelo trabalhista ao conceder aos membros da Cipa estabilidade de emprego por dois anos. Se a empresa quiser demitir um membro da Comissão, deve pagar os salários até o limite da estabilidade.

Na prática, a existência da estabilidade atrai para a Cipa os piores elementos do quadro de empregados das empresas. Essas pessoas muitas vezes usam a politicagem e a pressão sobre os colegas e, uma vez eleitos, se aproveitam da estabilidade para parar de produzir e garantir uma permanência folgada — ou, no mínimo, uma demissão custosa para a empresa. Deve-se eliminar a estabilidade dos membros da Cipa o mais rápido possível.

### Multas rescisória

De todas as benesses trabalhistas, as multas rescisórias estão entre as mais danosas à economia. Trata-se de um conjunto de custos em que as empresas incorrem na demissão de um funcionário, como aviso prévio, multa sobre o FGTS, entre outros. À primeira vista, parece justo que um funcionário com longo tempo de casa receba recursos extras na hora de ser demitido. Infelizmente, na prática essa lei desestimula a contratação e incentiva o trabalho informal. Caso não houvessem multas rescisórias, as empresas contratariam pessoas muito mais rapidamente, reduzindo o desemprego. Países em que a empresa não é multada quando tem que demitir alguém têm níveis de desemprego muito menores. Todas as multas rescisórias devem ser abolidas.

## Abandono de emprego

Caso um funcionário simplesmente abandone a empresa de uma hora para outra, é preciso passar por um longo processo até que a lei brasileira finalmente reconheça o direito de demitir por justa causa. O artigo 130 da CLT determina que, até o limite de cinco faltas, o empregado perderá apenas o repouso semanal remunerado. Já entre 6 e 14 faltas, pode ter o seu período de férias reduzido a 24 dias — ou menos, à medida que aumentam as faltas. As ausências injustificadas somente são reconhecidas como abandono de emprego se perdurarem durante 30 dias consecutivos, o que permitiria uma dispensa por justa causa. No entanto, o empregador precisa, nesses 30 dias, enviar três ou mais telegramas registrados para a residência do empregado, convocando-o a voltar para o trabalho. Se o empregado retornar após 29 dias sem dar nenhuma satisfação, ele pode retomar normalmente o seu trabalho. Segundo a interpretação de alguns juízes, tal empregado pode, apenas um dia após retorno, desaparecer novamente, de modo que a empresa é forçada a indenizar o funcionário ou aguentar essa situação.

## INSS

Provavelmente o mais pesado entre todos os encargos trabalhistas é o Instituto Nacional de Seguridade Social (INSS), que tem como finalidade financiar o sistema previdenciário, o seguro-desemprego e o auxílio-doença. Uma parte dos repasses para o INSS vem do desconto direto na folha, teoricamente pago pelo empregado, enquanto a outra parte é paga pelo empregador. Atualmente, quando um funcionário fica doente, o INSS paga até 70% de seu último salário durante um período específico, bem como as pensões dos trabalhadores após a aposentadoria. A cobrança do INSS faz com que milhões de brasileiros sejam forçados a escolher o sistema previdenciário público para garantir sua aposentadoria, um sistema que paga pouco para a maioria da população e muito para uma minoria de privilegiados. Insustentável, o INSS é uma bomba-relógio que pode explodir a qualquer momento.

## Feriados

Os feriados, sejam eles nacionais ou locais, não podem ser considerados encargos trabalhistas diretos. Indiretamente, porém, eles aumentam o custo para as empresas e forçam o empregador a pagar os seus funcionários por dias não produtivos, o que reduz a eficiência. O Brasil, com 12 feriados nacionais oficiais, está bem acima dos Estados Unidos, que possui apenas oito. Isso sem contar inúmeros feriados estaduais ou municipais. Além disso, ao contrário dos EUA, onde os feriados sempre caem na segunda ou na sexta-feira, aqui existe a figura do "dia enforcado", ou seja, aquele feriado de quinta-feira que acaba sendo emendado com a sexta. Pode parecer pouco, mas jogar fora cinco dias úteis significa cerca de 2% de todo o tempo trabalhado no ano.

A recomendação neste caso seria seguir o modelo americano e definir que cada feriado seja sempre transferido para a segunda-feira ou sexta-feira mais próxima. Isso aumentaria a eficiência e ainda proporcionaria finais de semana mais longos para todos, uma medida que deixaria a economia mais produtiva e os empregados mais satisfeitos, uma vez que teriam sempre feriados colados aos finais de semana.

**Dissídio**

Anualmente, cada categoria profissional recebe o seu dissídio, um aumento salarial obrigatório. Normalmente, tal reajuste é baseado na inflação passada, acrescido de algum percentual de aumento real. Funciona assim: se a inflação foi, por exemplo, de 3%, é comum o aumento acabar sendo de 5% ou 6%, o que eleva, de fato, os salários. Soa bem na teoria, mas tal regra traz graves prejuízos econômicos a todos.

Em primeiro lugar, ao incorporar forçadamente a inflação às negociações salariais, o dissídio coloca uma pressão desnecessária sobre os preços. Fazendo com que a inflação passada seja obrigatoriamente incorporada nos custos de mão-de-obra das empresas, o dissídio praticamente garante a inflação futura. Além disso, o dissídio não leva em consideração a situação da empresa onde as pessoas trabalham, ignora se o setor em questão está indo bem ou mal e, pior de tudo, não leva em conta quem fez por merecer ou não o aumento. Em muitos casos, a obrigação do dissídio leva ao aumento do desemprego e à perda de qualificação profissional.

Se uma empresa estiver em dificuldades financeiras e perceber que os salários de mercado estão abaixo daqueles que está pagando, a tendência no momento do dissídio é que essa empresa demita grande parte dos empregados — evitando assim dar o aumento — e contrate outros funcionários mais baratos, ainda que menos preparados. É preciso acabar com o dissídio e tornar a negociação salarial um assunto a ser tratado diretamente entre empresas e empregados.

**Piso diferenciado**

Como se já não bastassem as dificuldades para as empresas crescerem, muitos sindicatos adotam ainda os pisos salariais diferenciados. Isso significa, por exemplo, que empresas com até 100 funcionários terão que pagar um certo salário. Se passarem deste número, o piso sobe. É uma estupidez sem tamanho. É uma punição para as empresas que crescem e uma forma de desencorajar o emprego. Diversas empresas deliberadamente deixam de contratar para não mudarem de patamar e terem que aumentar o custo operacional da empresa como um todo. É um grande tiro no pé aumentar o piso salarial somente porque a empresa cresceu.

**Transporte grátis**

A lei exige também que o empregador arque com o custo total de locomoção do empregado, de casa para o trabalho e do trabalho para casa. Independentemente de onde morem ou quantas conduções tenham que pegar, a empresa deve arcar com esse custo. Isso tem um efeito perverso, especialmente quando combinado à obrigatoriedade de isonomia salarial — pagar o mesmo valor para todos. Se o salário é fixo e travado, então existe um incentivo para as empresas não contratarem pessoas que vivem longe do emprego, já que o custo de transporte pode chegar a até 30% do custo total do empregado. Esse é um dos fatores que causam aumento do desemprego em bairros mais distantes dos centros produtivos.

Ao mesmo tempo, para o caso das empresas que recrutam funcionários em regiões distantes, aumenta a pressão sobre os meios de transporte público, o trânsito e a emissão de gases poluentes. Se a regra do transporte grátis fosse removida, haveria um incentivo econômico natural para que as pessoas buscassem empregos mais próximos de casa.

Um estudo realizado há alguns anos pela Companhia de Engenharia de Tráfego de São Paulo (CET) estima que uma redução de 10% na distância média percorrida entre a casa e o trabalho teria como efeito direto uma redução de mais de 20% nos congestionamentos na cidade. Isso certamente valeria também nas demais metrópoles brasileiras.

### Horas *in itinere*

Desdobramento bizarro do item anterior, a legislação trabalhista brasileira também prevê o pagamento da hora *in itinere*. Isso significa que, se por algum motivo não houver oferta de transporte público entre a residência do trabalhador e a porta da empresa, e se, como consequência disso, a empresa oferecer seu próprio sistema de transporte, todo o tempo de deslocamento entre os dois pontos deverá ser considerado como hora trabalhada e pago integralmente ao trabalhador.

Neste caso, as empresas, além de assumirem uma responsabilidade que é do Estado — prover transporte acessível a todos — precisa fazer isso de forma gratuita e ainda pagar aos funcionários o valor do tempo de deslocamento, como se eles estivessem dentro da empresa produzindo. Essa regra não faz o menor sentido e, felizmente, ela caiu na última reforma trabalhista. Porém, pressões sindicais seguem tentando reintroduzir esse benefício.

### Faltas e atestados

Caso um funcionário venha a adoecer e não possa comparecer ao trabalho, diz a lei que ele pode apresentar um atestado médico e receber seu salário normalmente. À primeira vista, nada pode soar mais justo e humano. Afinal, como é possível punir alguém por estar doente?

O lado ruim foi o surgimento de uma verdadeira "indústria de atestados" no país. É notório, ao se conversar com grande parte dos empregados, que as pessoas frequentemente fingem doenças ou compram atestados médicos que lhes dão dias, às vezes semanas, de licença, sem necessidade real. Todo esse custo é jogado sobre as empresas, que por sua vez os repassam aos consumidores, encarecendo ainda mais os produtos.

Um caminho mais justo e equilibrado seria estabelecer formas mais eficazes de fiscalizar a veracidade dos atestados.

**PLR**

Talvez entre todos os dispositivos absurdos exigidos em lei, a participação nos lucros e resultados (PLR) seja o campeão. Trata-se da obrigação legal que cada empresa tem de pagar uma parcela dos lucros aos trabalhadores. Até aí, tudo bem. O problema é que essa obrigação ocorre mesmo quando as empresas não têm lucro. É bastante comum que estabelecimentos com graves prejuízos ou em risco de falência tenham que pagar uma participação sobre os lucros que não existiram. Neste caso, o valor a ser pago é definido por Convenção Coletiva com os sindicatos ou, na ausência de um acordo, é estabelecido por um juiz.

Essa regra estimula a falta de comprometimento por parte dos colaboradores. Se o funcionário recebe em dia, é isento dos riscos do negócio, tem todos os direitos trabalhistas assegurados e ainda recebe participação nos lucros, mesmo quando não há lucro, o que isso está ensinando aos trabalhadores?

**Estabilidade pré-aposentadoria**

É possível que nenhuma minúcia legal seja tão injusta ou bizarra quanto essa. Diz a lei brasileira que um determinado funcionário que esteja a 24 meses ou menos da data de aposentadoria tem estabilidade no emprego. Isso significa que uma empresa que precise demitir um colaborador dois anos antes de ele se aposentar precisará pagar até 24 salários adicionais a título de indenização. Mais um absurdo jurídico do país.

Para agravar a situação, é muito difícil para as empresas saber se a pessoa está ou não no período pré-aposentadoria. Tal informação não consta necessariamente na carteira de trabalho nem nas fontes oficiais. Empresas desavisadas que ousarem demitir alguém nesse período precisarão contar com a boa vontade do empregado para aceitar ser reintegrado ao trabalho ou então arcar com a indenização.

**Disputas judiciais**

Outro grande empecilho à competitividade é o fato de as empresas, invariavelmente, perderem disputas judiciais trabalhistas. Tradicionalmente, a justiça do trabalho brasileira segue uma linha paternalista e tem como princípio a ideia de que as empresas são sempre culpadas. Isso vem mudando nos últimos anos, principalmente após a reforma trabalhista, mas ainda está longe de patamares justos e equilibrados. Muitas vezes, mesmo após a apresentação de provas definitivas favoráveis às empresas, existem juízes que sentenciam a favor do empregado com base no argumento de que essa é a parte mais fraca. É uma clara distorção do papel da Justiça.

O resultado prático dessa situação é que as empresas incorrem em altos custos para se defender da enxurrada de processos trabalhistas. Essas despesas, como sabemos, acabam embutidas nos preços dos produtos e, no final das contas, são pagas pela sociedade como um todo. É preciso acabar com essa situação e colocar empresas e funcionários em um mesmo patamar: ganha quem estiver mais bem ancorado nos fatos. As ações judiciais de cunho trabalhista atingiram tal grau de banalização, que hoje em dia se processa por qualquer motivo.

Uma alternativa para reduzir este problema seria o pagamento dos custos do processo pela parte perdedora ou mesmo uma indenização contrária (quando quem acusa por má fé tem que pagar para a parte acusada). Esse mecanismo, regido pelo princípio da sucumbência, tem funcionado bem desde a implementação da nova legislação trabalhista. Assim, caso um funcionário entre com pedido absurdo, desprovido de qualquer evidência, caberia ao juiz determinar um valor a ser pago pelo litigante. O objetivo é desencorajar pessoas com causas frívolas que sobrecarregam o judiciário.

CAPÍTULO 22

# A CLT é Inimiga do Trabalhador

Estima-se que, para cada R$ 100 que uma empresa desembolsa com a folha de pagamento, apenas R$ 43 vão de fato parar no bolso do funcionário. O restante é desviado para cobrir os custos dos benefícios e encargos trabalhistas. Em um sistema de alta competição como o nosso, caso os encargos fossem abolidos, esse dinheiro extra seria canalizado ou para o aumento dos salários ou para redução dos preços dos produtos. Em ambos os casos, os trabalhadores sairiam ganhando.

Um trabalhador que recebe, por exemplo, R$ 1.500 de salário, poderia ter seus rendimentos mensais dobrados caso a legislação trabalhista atual fosse desmantelada. Com o dinheiro extra, esse trabalhador poderia escolher o seguro saúde que bem entendesse, comprar os presentes de Natal quando quisesse e ainda fazer investimentos com uma rentabilidade maior do que a do FGTS.

Isso sem contar a queda do desemprego, que interessa tanto às empresas como aos trabalhadores. Uma economia de pleno emprego é o primeiro requisito para um crescimento ainda maior dos salários e melhoria das condições de trabalho. Nessa situação, os funcionários não precisam das regras do governo para obter boas condições de trabalho. A simples competição entre as empresas por mão de obra qualificada já contribuiria para o aumento dos salários e benefícios oferecidos aos trabalhadores. Ou seja, ao invés de impor regras rígidas que desafiam as leis de mercado, a lei deveria facilitar o emprego, aumentando a flexibilidade e o espaço para negociação. Foi por meio do pleno emprego — e não de legislação —, que países como o Japão viram a produtividade e os salários subirem, elevando a qualidade de vida de todos.

Por fim, a atual legislação trabalhista tem um impacto negativo sobre a forma como os trabalhadores administram o seu dinheiro. Os funcionários com carteira assinada geralmente gozam de um amplo pacote de benefícios, não apenas os previstos em lei. Eles sabem que todo mês receberão um valor fixo, que suas férias serão pagas pela empresa mesmo quando não estão produzindo, que receberão um bônus todo fim de ano e que provavelmente terão as suas despesas médicas cobertas. Mesmo se forem demitidos, sabem que receberão uma gorda indenização que os permitirá buscar outro trabalho com relativa tranquilidade. Obviamente que isso gera uma sensação de segurança, aparentemente positiva quando vista de forma superficial.

Já um professor de inglês autônomo, ou seja, sem carteira assinada, recebe somente um valor fixo por aula. Se por acaso ficar doente, não receberá nada durante o período de afastamento. Se quiser sair de férias, terá que usar as suas próprias economias. Se perder um cliente, não será indenizado por isso. É verdade que esses fatores de incerteza aumentam a insegurança econômica do professor em questão. No entanto, fazem com que a pessoa precise ser muito mais conservadora na hora de cuidar do seu dinheiro.

Quando comparamos o trabalhador com carteira assinada ao professor autônomo, é muito provável que o segundo seja um poupador de recursos enquanto o outro seja um gastador. O nível de endividamento privado dos empregados com carteira assinada é de 71%, segundo pesquisa divulgada pela consultoria Onze. Esse índice é muito maior do que o dos trabalhadores autônomos, de 62% na média dos últimos cinco anos. Como sabemos, o motor de crescimento econômico de qualquer nação é o investimento — e investimentos só podem ser feitos quando há poupança. A legislação trabalhista superprotetora contribui para o fato de os brasileiros serem, culturalmente, notórios gastadores endividados.

Em termos trabalhistas, a grande decisão que precisa ser tomada é: queremos que as pessoas sejam donas do próprio destino ou será que precisam de uma babá autoritária e ineficiente para tomar decisões por elas?

## PROPOSTAS PARA A REFORMA TRABALHISTA

Eliminar todos os encargos trabalhistas atuais e permitir negociações salariais diretas entre empresas e funcionários. Em casos de disputas judiciais, é preciso um julgamento justo, baseado em evidências, sem favorecimento automático da "parte mais fraca".

# [PARTE 3]
## CONCLUSÃO

CAPÍTULO 1
# A Direção da Estrada

Há alguns anos, o autor deste livro esteve em Nova York e, caminhando pelo Central Park, escutou dois passantes falando português. Ao abordá-los e cumprimentá-los, descobriu que se tratavam de dois jovens profissionais formados pelas melhores universidades brasileiras e que agora trilhavam brilhantes carreiras nos Estados Unidos. Um deles era analista financeiro e o outro trabalhava em pesquisas na área de biotecnologia. Por que esses dois jovens deixaram família, amigos e a calorosa cultura brasileira para enveredar-se numa das cidades mais competitivas do mundo? A resposta de ambos foi direta: "a busca por oportunidades".

Outro caso é o de um pesquisador na área de energias alternativas, também entrevistado pelo autor. Formado pelas melhores escolas do Brasil, fluente em cinco idiomas e com um currículo recheado de especializações, esse profissional sofreu longos anos no Brasil sem encontrar oportunidades condizentes com a sua qualificação. Acabou emigrando para o Canadá e, hoje, ocupa um alto posto técnico no centro de pesquisa eólica de Toronto.

Assim como eles, milhares de brasileiros fazem o mesmo caminho todos os anos, sejam eles jovens brilhantes, pesquisadores qualificados ou mesmo pessoas menos graduadas, porém com energia e ambição maiores do que as poucas oportunidades disponíveis no Brasil. Atualmente, uma parcela significativa dos brasileiros altamente qualificados está vivendo no exterior ou buscando oportunidades por lá.

Uma forma objetiva de medir a qualidade de vida é verificar para onde estão se mudando as pessoas. Na época da Guerra Fria, sob a camada externa de propaganda de cada lado (comunista e capitalista), os povos dos dois lados se moviam. Quantas pessoas por ano fugiam da União Soviética para tentar a vida no Ocidente? Por outro lado, quantas pessoas deixavam os Estados Unidos para ir morar em Moscou? Como sabemos, a pressão exercida pelas pessoas para escapar do mundo comunista foi um dos fatores que aceleraram o colapso do regime. As cenas da queda do muro de Berlim e dos milhares de alemães orientais correndo para o Ocidente ficarão gravadas para sempre na memória de todos como a prova final do fracasso do socialismo soviético.

Evidentemente, o Brasil não é um país totalitário como a antiga União Soviética, mas se analisarmos a nossa realidade atual, podemos fazer a mesma pergunta: quantos brasileiros com alto nível de educação se mudam para os Estados Unidos em busca de melhores condições de vida? Quantos jovens americanos altamente qualificados se mudam para o Brasil pelos mesmos objetivos?

De acordo com a Polícia Federal, existem cerca de 22 mil cidadãos norte-americanos no Brasil. Por outro lado, segundo a socióloga Teresa Sales, pesquisadora do Núcleo de Estudos de População da Unicamp, existem 1,4 milhão de brasileiros vivendo nos Estados Unidos. O que faz com que um país consiga atrair para seu território mais de 60 vezes mais pessoas do que o outro?

Mais relevante até do que o número total de imigrantes é a qualidade dessa imigração[77]. Um dos fatores mais importantes de diferenciação entre países é a capacidade de uma nação absorver imigrantes altamente qualificados e bem educados. O fluxo de pessoas capacitadas estimula dramaticamente a economia, pois os imigrantes apresentam alta probabilidade de serem cientistas de sucesso, pesquisadores e empreendedores. No Brasil, infelizmente esse número não chega a 0,1% da população economicamente ativa, muito pouco se comparado à Europa, com 1,7% (17 vezes mais) ou Estados Unidos, com 3% (30 vezes mais que o Brasil).

Nesse quesito, a Austrália (10% da população ativa) e Canadá (7%) são os campeões mundiais, sendo que a maior parte dessas pessoas atua em áreas estratégicas como engenharia, sistemas de informação e tecnologia

---

[77] Reportagem publicada pelo site Ecodebate.com – 2020. Disponível em <https://www.ecodebate.com.br/2020/02/14/paises-com-maior-emigracao-e-maior-imigracao-entre-2015-e-2020-artigo-de-jose-eustaquio-diniz-alves>. Acesso em abril de 2021.

médica. Entre vários fatores, esses países possuem sistemas de pontuação para atrair e agilizar a concessão de vistos para jovens de alto potencial. A vantagem competitiva de um país ser um polo de atração é imensurável e é possível afirmar com segurança que boa parte do dinamismo dessas economias se deve à imigração qualificada.

## A TURMA NO RESTAURANTE

Depois de observar tantos exemplos de sonhos e ilusões desfeitos, tantas oportunidades e talentos perdidos, a pergunta clara que vem à mente é: por que continuamos na mesma situação?

Nem todos perdem com a atual configuração socioeconômica e política do Brasil — como em qualquer lugar do mundo, existem grupos que perdem e grupos que ganham. Seria um conflito de ricos contra pobres? Ou se trata de empresários contra trabalhadores? Ou burgueses contra proletários, para usarmos termos tirados do museu ideológico comunista?

Para entendermos essa questão, é preciso primeiro compreender o verdadeiro embate que ocorre dentro de cada pessoa, opondo dois impulsos que todo ser humano tem dentro de si.

Um dos impulsos é o da produção. É da natureza humana ser produtivo, querer fazer alguma coisa útil com o tempo, criar riqueza, fazer algo melhor do que foi feito antes. Isso inclui ficar rico por meio do próprio trabalho, inventar um remédio novo, ser reconhecido, prover recursos para a família pelo próprio trabalho.

O homem produtivo sabe que não pode consumir mais do que produz, pois forçará alguém a cobrir a diferença. O impulso para a produção presume que uma pessoa será premiada ao criar riqueza e que a maior parte dessa riqueza ficará para ela, seja para consumir, poupar ou mesmo para doar aos mais necessitados.

O segundo é o impulso do saqueador. Aqui a pessoa se acomoda e tende a acreditar que os bens necessários para o seu consumo e conforto devem vir do trabalho alheio. Em vez de acreditar em seu próprio trabalho, esse impulso leva cada um a querer tirar uma fatia do bolo geral. É a tendência à mediocridade, a ficar na média, aparecer o mínimo possível e sugar ao máximo a riqueza coletiva. As pessoas que se orientam com base nesse impulso desconhecem o verdadeiro significado da riqueza e do trabalho. Elas acham que essas coisas vêm com facilidade e que podem indefinidamente tomar a riqueza daqueles que produzem.

Como dito anteriormente, todo ser humano possui dentro de si a propensão para os dois impulsos, desenvolvendo mais um ou outro lado, dependendo da vocação natural e dos estímulos externos. Enquanto o impulso do saqueador é mais cômodo, o impulso da produção é o que oferece mais chances de autorrealização. Enquanto o primeiro torna as pessoas medíocres e assustadas, o segundo permite o desenvolvimento de seres humanos destemidos e confiantes. O primeiro leva uma sociedade à estagnação, enquanto o segundo leva ao crescimento. O sistema político e econômico de cada país pode ser desenhado para favorecer um impulso ou o outro. Um sistema pode ser produtivo ou saqueador.

As consequências de se manter um sistema saqueador podem ser catastróficas para todos. Imagine uma cena em que um navio transatlântico afundou e milhares de pessoas nadam amontoadas entre si, desesperadas, buscando salvar as suas vidas. Como a proximidade entre as pessoas é grande, alguns espertalhões percebem que podem, discretamente, se apoiar nos vizinhos e parar de nadar. No início são apenas alguns poucos, portanto o coletivo não é afetado.

Em um sistema voltado à produção, os demais passageiros percebem o que está acontecendo e expulsam os aproveitadores do grupo. No entanto, em um sistema onde imperam as relações cordiais e a impunidade, os demais farão vista grossa para o que está ocorrendo. Dirão algo do tipo "coitado, ele está cansado". Lentamente, mais e mais pessoas descobrirão que podem também ficar na posição confortável de se apoiar nos demais, e o restante das pessoas terá de nadar cada vez mais forte para se manter acima da água. No final, se esse processo não for revertido, todos afundam. Essa cena não é muito diferente do que ocorre atualmente no Brasil. Cada vez mais e mais pessoas estão "se apoiando" sobre cada vez menos gente produzindo.

Quando um homem vai ao restaurante com a esposa e os filhos, tende a olhar os preços do cardápio e pedir os pratos com cautela. Ele sabe que o valor da conta estará diretamente ligado às suas escolhas. Pensará duas vezes antes de pedir um vinho caro e possivelmente dividirá as sobremesas entre duas pessoas. Essa situação muda quando a mesma pessoa vai ao restaurante com mais 30 amigos e sabe que a conta será dividida igualmente entre todos.

As pessoas com mais espírito produtivo provavelmente farão seus pedidos com modéstia, ou então se oferecerão para pagar a sua parte caso comam mais. Já as pessoas com espírito saqueador pedirão os pratos mais caros, entrada, vinho e sobremesa. Elas sabem que a conta será bancada pelo coletivo e joga sobre o grupo a responsabilidade de cobrir a diferença entre o quanto consome e o quanto contribui.

O Brasil é um imenso restaurante, no qual 210 milhões de frequentadores sentam-se à mesa. Nesse restaurante, os saqueadores comem os pratos mais caros e, para piorar a situação, a conta recai inteiramente sobre aqueles que mais produzem. No momento em percebem a enrascada em que se meteram, pagando R$ 200 por um copo de água, enquanto os saqueadores comem lagosta de graça, acabam saindo do restaurante e se mudando para outro lugar onde podem comer sossegados apenas com a família. Muitas vezes, esse outro restaurante, um pouco mais justo, chama-se Estados Unidos.

**O que fazer?**

A saída mais fácil para qualquer brasileiro que esteja na habitual situação de ser saqueado é ir embora. Mudar-se para algum outro país onde o seu talento e a sua capacidade sejam mais apreciados tem sido a solução adotada por muita gente, como vimos. Estão errados? Durante a elaboração deste livro, entrei em contato com diversas pessoas nessa situação e quase todas se consideram felizes com a decisão. Para elas e outros brasileiros que optaram por ir embora, nós desejamos boa sorte. O caminho que trilharam é a defesa mais legítima e inquestionável para se defender dos saqueadores.

Ironicamente, as pessoas que vão embora do Brasil prejudicam mais os saqueadores do que qualquer outro que fique aqui. Cada cidadão produtivo no Brasil é um pilar do salão de festa dos saqueadores. Quando alguém vai embora, remove um pilar que sustenta o telhado. Em tese, se milhões de trabalhadores saíssem simultaneamente do país, começando pelos altamente qualificados, todo o prédio ruiria, e o sistema saqueador seria destruído imediatamente.

Nem todos seguem o mesmo caminho, por diversas razões. Uns pelos vínculos familiares, outros por questões financeiras. Existem ainda outros ingênuos, como o autor deste livro, que ainda acreditam que há solução. Para todos os que permanecem no Brasil, por qualquer que seja o motivo, restam apenas duas alternativas: fazer ou não fazer algo a respeito. As duas únicas posições existentes nessa batalha são a trincheira ou o sofá. Ou as pessoas que produzem lutam para defender o que é delas ou entregam o mundo aos saqueadores. Infelizmente não existe outro caminho.

**Conscientização**

Os que quiserem fazer algo a respeito precisam primeiramente entender qual é o problema. Claro que todo mundo acha ruim que existam crianças na rua e ninguém gosta do fato de a economia brasileira estar estagnada há 40 anos[78]. No entanto, saber exatamente qual é a causa do problema é mais complexo do que isso.

Quando uma pessoa faz terapia, o primeiro objetivo do psicoterapeuta é fazê-la tomar consciência de seus problemas. O mesmo precisa ser feito no Brasil. É preciso que as pessoas tomem consciência do que está por trás das questões do país. Esperamos que este livro possa contribuir para evidenciar a raiz do problema. É fundamental que todos compreendam o fato de que a maioria das mazelas hoje existentes têm como origem a forma como o Estado está organizado.

Atualmente, o panorama ideológico brasileiro é povoado por uma infinidade de mitos e distorções que fazem com que as pessoas interessadas em fazer alguma coisa frequentemente apontem para a direção errada. A raiz do problema está, em parte, na contaminação ideológica que se observa no meio acadêmico, das escolas primárias até o ensino superior. Grande parte dos professores e pesquisadores adotam uma posição ideológica de extrema esquerda, filtram materiais que se enquadram na sua visão de mundo e patrulham qualquer manifestação de dissidência ou de pensamento independente que possa colocar em risco a sua narrativa.

Quando se fala na história brasileira, a versão oficial mais ensinada nas escolas é absolutamente derrotista. Enquanto os Estados Unidos se veem como uma nação de idealistas para os quais qualquer coisa pode ser alcançada desde que se trabalhe, para muitos dos nossos professores, o Brasil não

---

[78] "Quatro décadas perdidas de crescimento econômico" – 2020. Disponível em <https://www.infomoney.com.br/colunistas/aod-cunha/quatro-decadas-perdidas-de-crescimento-economico/>. Acesso em abril de 2021.

## A DIREÇÃO DA ESTRADA

passa de uma marionete a serviço das grandes potências. Tudo que ocorre de ruim é atribuído à "herança colonial". Para muita gente, um país ou é explorador, destinado a ser rico, ou é explorado, destinado a ser pobre. "Veias abertas da América Latina", por exemplo, é um clássico da esquerda escrito em 1971 que já conta com mais de um milhão de cópias vendidas.

Trata-se da bíblia da "teoria da dependência", um livro tolo, que atribui a pobreza na América Latina à riqueza das nações desenvolvidas. Até mesmo o autor, Eduardo Galeano, já afirmou que hoje em dia ele acharia "Veias abertas" impossível de ler. Segundo ele, na época em que escreveu o livro, possuía "conhecimentos insuficientes de economia e política" e que essas ideias pertencem a uma "era que já passou".

De fato, o crescimento econômico observado na Ásia nas últimas décadas e o *boom* na América Latina, alimentado pelas *commodities*, expõem a teoria da dependência como absurdo simplista. Mas, infelizmente, a alegação de "Veias abertas" de que os latino-americanos são pobres porque alguém (multinacionais, capitalistas locais ou Estados Unidos) está roubando sua riqueza ainda ressoa profundamente na região.

Tal visão desmorona quando observamos os fatos concretos. A Nova Zelândia, por exemplo, é um país pequeno, isolado, sem exército, que foi colônia por 200 anos e nunca dominou ninguém. Talvez pelo fato de os professores nunca terem ensinado aos neozelandeses que eles precisavam ser pobres, esses fatores históricos aparentemente negativos nunca impediram os cidadãos de trabalhar, prosperar e construir uma das nações mais desenvolvidas do planeta.

Até 50 anos atrás, a Coreia do Sul também estava muito atrás do Brasil em termos econômicos. Mesmo dividida e assolada por guerras, o país investiu em seu crescimento e atualmente é três vezes mais rico do que o Brasil em termos de renda per capita. A ideia de que os problemas da América Latina vêm do exterior é uma das noções mais perniciosas que existem.

Países como Venezuela e Argentina ainda seguem essa retórica, com péssimas consequências. A receita política para manter essa ideia viva, contudo, modificou-se nas últimas décadas. Ao invés de revolução armada, a estratégia é a do populismo. Isso envolve líderes carismáticos conquistando o poder através do voto e alegando serem defensores do povo contra algum tipo de grupo oculto de elite. Eles então perpetuam-se no poder através do controle brutal das instituições públicas em nome da maioria, expandindo o setor público e aparelhando todos os níveis de governo com seus seguidores.

O *modus operandi* desses regimes leva à destruição total dos países, com consequências catastróficas para a população, dada a absoluta incompetência em gestão e incapacidade de trazer soluções para os problemas econômicos. A Venezuela chavista, sentada em cima de vastas reservas de petróleo, tem se mostrado incapaz até mesmo de organizar uma distribuição razoável de papel higiênico — um produto do qual até os pensadores comunistas necessitam. É um país que conseguiu destruir sua economia de tal modo, que empalidece até mesmo diante de países em guerra civil.

Outra distorção que deve ser eliminada diz respeito ao que se espera do governo. Atualmente, o Estado é visto como provedor de pequenos benefícios dos quais as pessoas vão se tornando cada vez mais dependentes. Ao invés de ser um facilitador da economia e garantidor de liberdades, o governo é hoje uma gigantesca babá, que toma recursos dos que produzem para distribuir a uma população cada vez mais abandonada e carente.

Esse aspecto da nossa cultura vem sendo cultivado por todos os ocupantes do Palácio do Planalto. A política do "pão e circo" e a concessão de pequenas esmolas à base da pirâmide social tem sido praticada constantemente para aumentar as chances de vitória eleitoral. Cestas básicas, "showmícios" para divertir as pessoas e pequenos favores como vaga na creche ou a possibilidade de furar a fila de atendimento do SUS, acabam virando moeda de troca.

Muitas vezes a miopia da população decorre de perguntas mal formuladas e a falta de clareza sobre o conceito de origem e destino de recursos. Uma pesquisa recente feita pelo jornalista Leandro Narloch com cerca de 800 pessoas questionava: "É papel do governo ajudar os pobres?". Para 83% dos respondentes, a resposta foi "sim". Para outro grupo similar, alterou-se um pouco a pergunta: "É papel do governo ajudar os pobres, mesmo que para isso tenha que aumentar os impostos?". Nesse caso, apenas 35% dos entrevistados concordaram.

O que muita gente não percebe é que as duas perguntas são correlacionadas. "Ajudar os pobres", no sentido que os respondentes imaginam, só é possível por meio de mais gastos públicos. E esses só podem vir de uma única fonte: impostos. Ou seja, a sociedade deve decidir se vai autorizar ou não o governo a cobrar mais de uns para dar para outros. Só isso. Não há outra decisão a tomar. A primeira versão da pergunta, no entanto, é desonesta, já que ela induz as pessoas a acharem que é possível gastar sem ter que arrecadar. Muita gente ainda acredita na fantasia de que o Estado tem uma máquina de produzir riqueza e que o gasto público não irá necessariamente sair do seu próprio bolso. Ou então prefere fechar os olhos a essa inescapável verdade.

Enquanto essa visão do Estado perdurar, as chances de mudança serão mínimas. Que político teria coragem de entrar numa cidade com 5 mil habitantes, onde todos os empregos bons estão na prefeitura, e afirmar que se for eleito enxugará o Estado? A visão atual das coisas induz os governantes a prometerem cada vez mais. O adversário prometeu dois sacos de leite por semana? Então serão prometidos dois sacos de leite e um de batata. Ninguém se importa em perguntar quem está realmente pagando a conta. É preciso mudar a visão do governo como um permanente provedor de pequenas esmolas. O papel social do governo deve ser exercido somente nos casos mais graves, por um curto período e de forma bastante intensa, tendo como objetivo único tirar as pessoas da miséria - e não perpetuá-las nessa situação.

Uma terceira grande distorção é a visão deturpada a respeito das empresas e da economia em geral. Dados extraídos do livro "A cabeça do brasileiro", de Alberto Carlos Almeida, mostram que 74% dos entrevistados concordam com a afirmação de que "cada um deve cuidar do que é seu e o governo cuida do que é público". Mais de 70% acreditam ainda que o governo deve controlar os preços de todos os produtos vendidos no Brasil, enquanto 54% creem que o Estado deve definir qual é o valor dos salários de todos os funcionários de todas as empresas do país.

As pessoas em geral querem as benesses de uma democracia liberal, mas não estão dispostas a pagar o preço delas. É gente que alega defender a meritocracia, mas não aceitaria ser demitida por baixo desempenho. Mais de 80% acreditam que o governo deve socorrer empresas em dificuldade. Muitos aplaudem a enxurrada de novas leis, decretos e obrigações que são cuspidos de Brasília e dos legislativos locais mensalmente.

Tamanha inclinação por intervencionismo estatal esconde um total desconhecimento a respeito de como a economia realmente funciona e de quais seriam os reais efeitos de tão desastrosa política. Aliás, nem é preciso especular muito. Basta dar uma olhada no funcionamento de países como Cuba e Coreia do Norte para se ter uma noção dos efeitos da planificação econômica.

Os estragos causados pelo socialismo à economia podem ser vistos até do espaço. Qualquer imagem de satélite da península coreana é capaz de mostrar isso com clareza: o lado sul iluminado pelo desenvolvimento econômico, enquanto o norte, às escuras, é incapaz de gerar eletricidade para suprir suas próprias lâmpadas.

As pessoas veem as empresas ora com desconfiança, ora com indiferença. Para muitos, os grandes empresários são considerados parte do problema — pessoas que lucram com a precária situação econômica brasileira. Quando se fala do empresariado, coletivamente, a visão que se tem é de um grupo mesquinho, ganancioso, pouco comprometido com o Brasil e que está ganhando com os desequilíbrios brasileiros.

Para muitos, os empresários fazem parte do grupo dos saqueadores. Realmente, se nos basearmos nas interpretações mais arcaicas do marxismo, a própria dinâmica econômica das sociedades é constituída com base no conflito entre proletários e burgueses, ou seja, entre trabalhadores e empresários.

Em parte, essa visão é criada pelo contexto que o sistema econômico brasileiro criou em torno das empresas. Com um Estado gigante, cujos tentáculos se espalham pelos mais diversos ramos econômicos, é muito comum encontrarmos no Brasil relações incestuosas entre interesses empresariais e públicos. Especialmente nas áreas mais diretamente ligadas aos investimentos estatais, abre-se espaço para práticas irregulares, influência política indevida e corrupção. Isso é bastante visível em áreas como construção civil, petróleo, fornecimento de suprimentos ao governo, entre outros.

Empresários que lucram com a situação atual existem aos montes. No entanto, tais distorções são causadas justamente pelo gigantismo do Estado e pelo fato deste se envolver em atividades indevidas. É da relação incestuosa entre Estado gigante, setores regulados, monopólios e oligopólios decorrentes desse sistema de socialismo/capitalismo de amigos que vêm os lucros exagerados das empresas amigas do poder.

Quanto mais enxuto for o governo, menos espaço haverá para conluios, pagamentos de propinas e atividades obscuras. Quanto mais houver competição, menores as margens de lucro e, paradoxalmente, menor a concentração de renda tão combatida da boca para fora pelos populistas.

Como vimos ao longo deste livro, a legislação brasileira impõe às companhias um regime de terror, saqueando a maioria dos recursos por meio de uma lista sem fim de impostos e regras pouco transparentes, que dão margem a diferentes interpretações e invariavelmente levam a erros. De acordo com dados da Receita Federal, os valores das multas aplicadas nos últimos cinco anos têm subido 11,4% ao ano. Somente em 2019, a Receita Federal aplicou um total de R$ 193 bilhões em multas, valor maior do que todo o lucro somado das 500 maiores empresas do país. Boa parte dos autos de infração são lavrados mediante argumentações fracas e explorando trechos obscuros e contraditórios da legislação brasileira.

Essa situação faz com que, na prática, o direito à propriedade nunca esteja seguro no Brasil. Cientes de que a montanha-russa da economia brasileira faz com que nada esteja garantido, muitos empresários preferem manter seus recursos aplicados em renda fixa ao invés de fazer investimentos produtivos em fábricas ou maquinário e ver a fortuna conquistada com tanto suor ir parar nas mãos dos saqueadores do governo. Outros tantos simplesmente tiram o seu dinheiro do Brasil na primeira oportunidade. Confiança para a economia é igual oxigênio para o corpo humano.

O empresário é, por definição, um desbravador econômico. Ele é a pessoa que reúne capital e talento em torno de uma ideia inovadora e, a partir dela, cria riqueza e oportunidades sem precedentes. O trabalho também é fundamental para a geração de riqueza. No entanto, ele não é o único insumo essencial para se produzir. Sem o empreendedor tomando risco, investindo seu capital (que nada mais é do que o fruto do trabalho acumulado ao longo de anos), liderando e inovando, não existe riqueza.

Steve Jobs não ficou rico tirando algo dos outros. Ele criou uma empresa espetacular, com produtos desejados por milhões de consumidores. Essas pessoas vão, por livre e espontânea vontade, às lojas da Apple e investem centenas de dólares em produtos eletrônicos. E saem satisfeitas com isso. Não existiria nenhuma quantidade de trabalho braçal no mundo possível de criar um único iPhone sem a genialidade de Jobs.

As principais invenções humanas foram conquistadas justamente reunindo uma equipe de pessoas brilhantes, dinheiro, energia e reinvestindo o lucro obtido nessas atividades. Isso inclui desde as primeiras caravelas que descobriram o Novo Mundo até os remédios mais inovadores. No final do século XIX, um obstinado empresário norte-americano chamado Thomas Edison inventou produtos como o telefone e a lâmpada elétrica, fundando em seguida o que se tornaria a General Electric, uma das empresas mais admiradas da história. Empresas fortes, competição e investimento são parte indispensável de qualquer projeto de crescimento.

Com o advento das bolsas de valores e dos mercados de capitais, a própria distinção entre patrão e empregado começou a tornar-se nebulosa. Privatizar as estatais e listá-las na bolsa é o caminho para criar uma nação de proprietários, permitindo que os cidadãos sejam, de fato, donos das empresas hoje nas mãos do Estado.

Uma senhora de classe média que vive dos dividendos pagos pelos seus investimentos e um presidente de multinacional que recebe milhões de dólares anualmente podem se enquadrar no arcaico estereótipo de capitalista e assalariado? Se levarmos em consideração somente a definição mais estreita de capitalista (quem tem ações) e proletário (quem tem salário), então essa senhora aposentada é a capitalista enquanto o presidente da empresa, dezenas de vezes mais rico, é o proletário. Isso faz algum sentido, hoje em dia?

Os "grandes fundos internacionais" são vistos pela maioria das pessoas como a encarnação do mal. Porém, boa parte deles é composto por fundos de pensão de milhões de trabalhadores comuns. O CCPIB é um dos maiores fundos do mundo, com meio trilhão de dólares em ativos sob gestão. Ele atende mais de 20 milhões de canadenses, inclusive a maioria dos professores. E aí? O dinheiro dos professores aposentados do Canadá ainda soa como algo do demônio?

É preciso que fique claro para os brasileiros qual é o real significado do lucro e o motivo pelo qual ele é indispensável. Só existe desenvolvimento econômico através da produção e da produtividade. Essas, por sua vez, só existem quando há investimento. E o investimento só pode vir do lucro. Lucro é bom. Lucro não é feio. O lucro das empresas é o único motor de longo prazo que permite investimento e geração de empregos.

CAPÍTULO 2

# Lucro é do Mal?

Ainda temos em nosso país um conceito retrógrado e equivocado de que o capitalismo e a riqueza são coisas do mal. Seja por influência religiosa, familiar ou de movimentos antiempresariais, hoje existe uma verdadeira demonização do lucro. Uma parcela da sociedade personifica isso na ideia falaciosa de que lucro vem necessariamente da exploração do trabalho alheio. Nas últimas décadas, o número de bilionários no mundo vem paulatinamente crescendo. Se a lógica da exploração fosse real, então essa tendência seria acompanhada necessariamente do aumento do número de miseráveis. Mas ocorreu exatamente o oposto. De 80% da população no início do século passado, hoje a miséria caiu para menos de 10%. O poder enriquecedor do lucro, está por trás disso.

Mas o que é, afinal, lucro? Para exemplificar, vamos supor que você é um talentoso e respeitado sapateiro. E uma de suas principais obras é um modelo de sucesso que é produzido ao custo de R$ 50. Aí esse cobiçado calçado é colocado à venda por R$ 100. O comprador está feliz de pagar o dobro do que o custo de produção? Claro que sim. Se o consumidor não quisesse, não trocaria aquela nota de R$ 100 da sua carteira por um belo sapato novo. Você está feliz em vender? Claro que sim. Vai ter lucro de R$ 50 e poder reinvestir no seu negócio, ou remunerar seu esforço e criação. No fim das contas, os dois ficaram felizes, que é a essência das trocas no livre mercado. Elas só acontecem se gerar algum tipo de valor para os dois lados. O lucro é o símbolo desse valor. É a representação de que você conseguiu criar algo para o qual outro ser humano dá valor

Não é uma relação desequilibrada. Não há exploração. Ninguém está abusando da ingenuidade de outro. O lucro é uma medida objetiva de quanto se pode agregar valor para outro. As trocas são livres entre pessoas livres. É a nossa capacidade de trabalhar, de gerar valor e cooperar com outras pessoas da sociedade. É o que traduz e quantifica o valor do trabalho.

Qual seria a alternativa? Na visão da extrema-esquerda, que é contra o livre mercado, essa não é uma forma adequada de decidir sobre alocação de recursos. E se a forma não é a troca livre, então ela seria o que? A alternativa é a violência. Nunca na história humana se descobriu outro jeito. Ou troca-se livremente, ou toma-se à força. Isso pode ser feito pelo bandido na esquina, que aponta uma arma para você e ameaça a sua vida ou pode ser feito por um distante burocrata no poder central alegando defender o bem comum. A ideia do bem comum é um dos principais clichês sedutores para mentes jovens e influenciáveis, atrás dos quais se esconde um verdadeiro inferno. Na prática, as pessoas que têm capacidade vão embora dos países onde esse pensamento predomina. Outros relevam, mesmo que descontentes. Mas chega uma hora em que algum líder da gangue dos bonzinhos coloca uma arma na sua cabeça e leva o seu patrimônio para dividir entre os que "precisam" e nutrem o populismo graças à riqueza dos outros. E nivela, por baixo, todos na pobreza.

É preciso mudar a forma como a sociedade enxerga as empresas e os empreendedores. Os brasileiros precisam começar a admirar mais aqueles que produzem e inventam. Temos nossos ídolos no futebol e na música? Precisamos também de ídolos no mundo empresarial. É preciso que seja evidente para todos que as regras devem ser feitas para facilitar a criação de riqueza e que os empecilhos devem ser removidos. Vale lembrar que a esmagadora maioria das fundações beneficentes foram criadas por empresários.

Inúmeros empreendedores trabalham duro a vida inteira para, no final, doar todo seu dinheiro para benemerência. Um exemplo contemporâneo, entre muitos casos, é o do bilionário Bill Gates, que contribui regularmente para pesquisas relacionadas a doenças infecciosas e a melhoria das condições sanitárias em países muito pobres. Em 2015, ao criar o movimento Giving Pledge, ele assinou um compromisso com mais 122 bilionários para doarem, em vida, metade de suas fortunas. Naquele ano, ele doou US$ 4,6 bilhões de sua fortuna e, mesmo assim, se manteve como o homem mais rico do mundo[79]. Curiosamente, apesar das atividades filantrópicas muito louváveis, o maior impacto positivo de Gates certamente foi em sua atividade empresarial, na Microsoft. A geração de dezenas de milhares de bons empregos em todo o mundo e o aumento gigantesco da produtividade humana para bilhões de usuários de Windows e Office retiraram da miséria muito mais gente do que a filantropia.

Em resumo, a conscientização dos brasileiros a respeito dos nossos problemas e as ações necessárias para reverter essa situação é o primeiro passo a ser dado. Precisamos nos livrar de alguns estigmas que atrapalham a nossa visão, como os mitos do Brasil explorado, do Estado provedor de soluções e do empresariado ganancioso. Mas é preciso, antes de tudo, conhecer o caminho.

## MOBILIZAÇÃO

Conhecer o caminho é diferente de trilhar o caminho. É possível que o grande problema do Brasil seja o fato de sermos, todos, revolucionários de sofá. Ficamos sentados, confortáveis na poltrona da sala, lendo os jornais e exclamando: "que absurdo!", "alguém precisa fazer alguma coisa!". Em seguida, a campainha toca, chega o entregador de pizza, e a novela das oito começa. Enquanto desce pela garganta um pedaço de calabresa após o outro, esvaem-se os sonhos de ter um país que funcione. Dividindo o tempo livre entre cerveja, futebol e carnaval, quanto tempo sobra para o exercício da cidadania? Poucos povos são mais acomodados do que o brasileiro.

Essa faceta do caráter nacional serve aos interesses dos saqueadores e deve ser extirpada se quisermos alguma chance de sucesso. O papel individual de cada pessoa é a peça fundamental para a mudança. Você, leitor, pode fazer alguma coisa pela mudança. Se você teve acesso a este livro e chegou até este ponto na leitura é porque você se enquadra em um grupo que deve fazer alguma coisa. É a sua responsabilidade como cidadão.

---

[79] "Bill Gates faz maior doação de sua fortuna desde 2000" – 2017. Disponível em <https://g1.globo.com/economia/negocios/noticia/bill-gates-faz-maior-doacao-de-sua-fortuna-desde-2000.ghtml>. Acesso em abril de 2021.

Se o leitor realmente quiser contribuir para um Brasil melhor, precisa se mobilizar. E isso só poderá ser feito se conseguirmos influenciar o sistema político. Ou seja, se quisermos que algo aconteça, em algum momento será necessário que políticos votem pelas mudanças. Não há outro caminho.

Trata-se de um enorme desafio. Como esperar que o grupo atualmente mais beneficiado pelo *status quo*, resolva mudar alguma coisa? A classe política é numerosa, poderosa, rica, e está muito feliz com o modo como as coisas andam no Brasil. O que nesse mundo teria capacidade de fazê-los mudar de ideia e votar pela destruição do próprio palácio de privilégios?

Ao conversar com as pessoas a respeito, escutamos diversas ideias. Muita gente fala em ir às ruas, pedir mais ética e a redução do Estado. Apesar de isso soar bonito na teoria e ser parte do pacote de solução, não podemos depender somente das ruas para conquistar mudanças duradouras. Somos um povo com memória curta, logo as manifestações são esquecidas e as pessoas voltam aos seus afazeres. Tampouco acreditamos que os políticos sejam muito sensíveis a manifestações genéricas. Faça-se uma passeata em nome da "ética", da "honestidade", da "paz" ou qualquer outro slogan generalista. Todos irão apoiar — inclusive os políticos. Todos vão sorrir, posar para as fotos... e depois seguir com as mesmas práticas anteriores.

Indignar-se é fácil, do conforto dos nossos sofás. Como uma criança fazendo castelos de areia à beira mar, ficamos com raiva quando a onda derruba a nossa construção. Então seguimos com o nosso trabalho, até a próxima onda vir. E a próxima. E a seguinte. Os escândalos se sucedem e a nossa atitude não muda. Dizer nas conversas de bar que "são todos iguais", que "político não presta" é um enorme favor aos saqueadores. Ora, se são todos iguais — e, portanto, não há nenhum bom (ou ao menos um pouco menos pior) — então realmente não há nada que possa ser feito. Continue no bar tomando a sua cerveja e esbravejando contra o sistema. Os políticos corruptos agradecem.

A solução passa por entender o que os saqueadores querem e negar isso a eles. Existe uma — e somente uma — coisa que interessa a todos os políticos. O que seria? O leitor pode estar pensando na palavra "roubar", certo? De tempos em tempos, os escândalos mais escabrosos brotam pela superfície da mídia brasileira. Capas de jornais e revistas escancaram os detalhes da ousadia dos corruptos e da fome do Estado brasileiro. Casos como o mensalão, dos sanguessugas, dos aloprados e o petrolão chocam a população ao mesmo tempo em que nos anestesia, dando a sensação de que não há mais conserto.

Os impostos sobem e as regras se multiplicam. E seguimos vendo a classe política, associada a parentes e amigos do setor privado, se organizar para rapinar todo e qualquer canto onde houver dinheiro público, seja nas obras superfaturadas, seja fornecendo material de segunda categoria aos hospitais — ou cobrando o dobro pelo material de primeira —, ou até mesmo roubando a merenda escolar das crianças. E toda essa lambança sendo financiada com o dinheiro dos nossos impostos.

No entanto, roubar não é o objetivo principal de todo político. É verdade que existe uma enorme proporção de bandidos entre os legisladores brasileiros. Talvez a maioria. No entanto, dizer que todos são bandidos é falso e pernicioso. Os honestos podem ser uma minoria, mas eles existem. Nesse ponto, em muitos casos a cobertura da mídia é danosa aos interesses do país. Como sabemos, notícia ruim vende mais jornal do que notícia boa.

Os bandidos obtêm uma exposição tão grande que a população fica com a impressão de que toda a classe política é corrupta. Se, por exemplo, todo deputado é automaticamente considerado corrupto, então qual é o incentivo para que boas pessoas se candidatem? Se não existe um instrumento neutro e inquestionável para distinguir o joio do trigo, então não há como melhorar. Afinal, se você for considerado bandido de qualquer jeito, melhor entrar no jogo e pelo menos se beneficiar, certo?

Existe, no entanto, uma coisa extremamente poderosa e valorizada por toda a classe política: o voto. Tal grupo pode ter o controle do país nas mãos, pode saquear anualmente centenas de bilhões de reais da população, pode ter privilégios. Mas antes disso eles precisam, necessariamente, convencer os eleitores de que são a melhor opção. Em um sistema democrático, mesmo o mais arrojado dos bandidos precisa de votos para se eleger. Político sem voto é como um arbusto sem água: ele seca e morre.

Essa é uma ótima notícia. Existe uma coisa que todo brasileiro pode fazer desde já, que é gratuita, dá pouco trabalho e pode mudar radicalmente o país: votar melhor. Evidentemente, "votar melhor" pode parecer, a princípio, a proposta mais óbvia do mundo. Após um conjunto tão completo e detalhado de projetos para o Brasil, sobre um amplo leque de assuntos, o leitor pode se questionar se não temos nada mais criativo para dizer nesse momento. Podem até indagar como é possível que o autor deste livro tenha como proposta incentivar as pessoas a "votar melhor".

No entanto, muitas vezes não nos damos conta do poder que temos nas mãos. Imagine se todos os eleitores do Brasil fizessem o seguinte pacto hipotético: cada um vota no político que quiser, desde que ele não esteja concorrendo à reeleição. Isso significa que, independentemente de linha política, ideologia ou preferências, todos concordam em escolher somente candidatos que não tenham ocupado aquele cargo específico no último mandato. Qual seria o resultado prático dessa ação? A demissão sumária de todos os políticos hoje no poder. Nessa hipótese, a Câmara dos Deputados inteira, com seus vícios e membros eternos, seria trocada de uma só vez. Nada mal, certo?

O exemplo acima é apenas uma demonstração da importância e do poder do voto. Não estamos aqui defendendo a troca simultânea de todos os políticos — até porque, além de não ser algo realista, com o tempo isso acabaria se tornando também contraproducente. Se um político soubesse que, mesmo após um bom mandato, seria "demitido" após quatro anos, então o incentivo para trabalhar direito desapareceria. A ideia aqui é somente mostrar que, através do voto, podemos direcionar os políticos, incentivar os melhores e excluir os piores.

Uma população consciente dos problemas do Brasil e conhecedora das soluções, estará pronta para votar nos políticos mais bem preparados. Existem hoje 594 parlamentares no Congresso Nacional, entre deputados e senadores. Eles concentram a maior parte do poder e do dinheiro no país. Mesmo que hoje os honestos sejam, digamos, 50 pessoas, após uma enxurrada de votos conscientes, eles poderiam muito bem se tornar 100 pessoas no próximo mandato. E depois 150. E então 200... E aí sim começar a fazer a diferença.

Os céticos podem dar de ombros, reclamando da suposta ignorância do povo, da propensão a votar em coronéis e velhos caciques da política. Sim, é verdade. Infelizmente, uma parcela considerável da população ainda vive na miséria absoluta — muitos, inclusive, sobrevivendo graças aos auxílios pagos pelos velhos políticos —, incapazes de fazer uma análise mais profunda da situação. É difícil esperar um discernimento eleitoral desse grupo.

No entanto, não é preciso conquistar 100% do congresso para fazer a diferença. Pode-se começar com muito menos. Acesso à informação, cada vez mais digital, certamente há. Atualmente, mais de 134 milhões de brasileiros têm acesso à internet, o que representa mais de 70% do eleitorado. Precisamos parar de culpar os "brasileiros" pela nossa alegada incapacidade de votar bem.

Você já desejou fazer um trabalho voluntário? Sempre teve como ambição fazer algo pela população mais carente ou pelo seu país? Não existe nada mais importante que você possa fazer do que ajudar a destruir o sistema saqueador hoje dominante no Brasil. Aquela criança de rua que você ajuda hoje dando um brinquedo estará mais bem servida daqui a 10 anos, tendo um bom emprego, casa própria e renda adequada dentro de uma nação de alto crescimento econômico. Neste momento, ela poderá comprar para o filho, orgulhosa, o brinquedo que bem entender. Ajudar os carentes (e a si mesmo) passa por melhorar a qualidade do voto.

Dedique um tempo a este assunto. Use este tempo para conversar com os seus conhecidos sobre os problemas do Brasil e conscientizá-los sobre as soluções possíveis. Estabeleça, por exemplo, uma hora por semana, ou um sábado por mês, para acompanhar a política nacional. Acha que é muito? Não é. Atualmente, você passa cinco meses por ano trabalhando apenas para pagar os impostos. Qualquer tempo investido nessas atividades será insignificante perto do tempo que você já gasta hoje financiando os saqueadores.

CAPÍTULO 3
# O Ranking

S e nós queremos votar melhor, então precisamos de informações melhores sobre os políticos — e não somente no momento do voto. Como lidar com a montanha de dados que são despejados diariamente sobre os brasileiros? Como lidar com a nossa limitada capacidade de se lembrar de fatos e eventos, sejam eles positivos ou negativos? Como distinguir entre as centenas de rostos de homens e mulheres sorrindo, impressos em folhetos e despejados sobre nós na época da eleição? Escolhemos o mais bonito? O que distribui cesta básica? O que arrumou vaga na creche para sua prima ou deu um jeitinho da sua tia avó furar a fila do SUS? Ou o que o vizinho indicou? Ou então levaremos em conta os slogans vazios, como "vote em fulano, pela saúde, segurança, moradia e educação"?

Se você é do tipo que escolhe o candidato na última hora, sabendo pouco a respeito do seu histórico e, após a eleição, se esquece rapidamente em quem votou, então talvez você mereça o governo que tem. Já dizia George Bernard Shaw: "a democracia é um sistema que faz com que nunca tenhamos um governo melhor do que merecemos". É preciso mudar essa atitude para merecermos mais.

Nós votamos em determinado cargo a cada quatro anos. Neste período, há uma infinidade de fatos e eventos que envolvem cada candidato. Alguns compareceram mais vezes às sessões. Outros faltaram grande parte do tempo em que deviam estar trabalhando. Uns foram acusados de crimes, outros foram condenados, outros permaneceram com a ficha limpa. Uns estouraram a verba de gabinete e propuseram aumento de impostos. Outros defenderam a privatização e ajudaram a indiciar colegas corruptos. Uns votaram a favor de leis que infernizam o empreendedor, outros ajudaram a reduzir os desperdícios na máquina pública. Alguns tiveram seu patrimônio pessoal aumentado vertiginosamente durante o mandato. Outros permaneceram iguais. Como colocar tudo isso na balança, fazer uma escolha que realmente faça a diferença e, assim, influenciar os rumos do país?

A solução mais eficaz que encontramos foi criar o Ranking dos Políticos, com conteúdo totalmente apartidário, atualizado diariamente e divulgado abertamente na Internet. Ele tem critérios claros e dá tratamento justo a todos, sem favorecimentos pessoais. Se você concorda com os princípios e propostas apresentados nesta obra, mas reconhece que é impossível acompanhar todos os fatos relevantes para uma boa escolha, então esperamos que o Ranking te ajude a decidir de forma prática.

Claro e rápido, o Ranking permite que um eleitor veja de forma simples o resumo de um enorme número de fatos sobre o político em quem pretende votar. Criamos uma lista com critérios objetivos que gera uma pontuação aos políticos brasileiros de acordo com suas atitudes e ações. O político perde pontos à medida em que falta às sessões plenárias, se envolve em casos de corrupção, gasta inapropriadamente a verba parlamentar e vota a favor do aumento de impostos e do inchaço dos gastos. Por outro lado, se ele está presente nas sessões, tem a ficha limpa, não utiliza recursos públicos de maneira exagerada e vota pela redução dos impostos e pela punição dos corruptos, passa a somar mais pontos no *ranking*. No final, as notas são compiladas de 0 a 10.

As informações utilizadas vêm de bancos de dados públicos e isentos, como o próprio site da Câmara dos Deputados, o Portal da Transparência, os veículos de mídia de primeira linha, entre outros. Além disso, recebemos informações de seguidores e voluntários, desde que os fatos sejam devidamente documentados. Fica muito mais simples e rápido comparar e escolher os políticos. As informações são atualizadas e permitem comparar políticos melhores ou piores de acordo com os nossos critérios. Desta forma, o eleitor poderá saber com facilidade quais os melhores políticos para se votar.

Sempre que alguém tiver dúvida sobre o que levou tal político a receber uma determinada pontuação, bastará clicar no nome dele e aparecerá a ficha com todos os eventos, positivos ou negativos, que influenciaram a sua pontuação. Por exemplo, digamos que o deputado Fulano tenha nota 6,2 no ranking e o deputado Beltrano tenha nota 4,5.

Fulano, nesse caso, estará acima de Beltrano no ranking. O eleitor que quiser saber mais clicará em Fulano e verá que ele ganhou cinco pontos por votar a favor de uma determinada privatização, depois mais cinco pontos por estar presente a mais de 95% das sessões da câmara, depois mais 10 pontos, por ter mantido ficha limpa durante o mandato e seu patrimônio pessoal ter uma trajetória normal, significando não haver enriquecimento súbito e inexplicável.

Por outro lado, ao clicar em Beltrano, verá que ele falta frequentemente, empregou parentes no gabinete e foi indiciado por corrupção, motivos pelos quais teve uma pontuação mais baixa. Com milhões de eleitores conscientes usando esse sistema, é de se esperar que Fulano seja premiado com a reeleição, enquanto Beltrano estará desempregado no próximo mandato. O sistema de *ranking* torna o processo de votação extremamente lógico e aumenta a qualidade dos votos.

O Ranking dos Políticos é uma arma muito poderosa. Graças ao poder de engajamento que a Internet possui, milhões de pessoas vêm utilizando essa ferramenta para decidir o seu voto. Isso impacta diretamente nas urnas. Atualmente o projeto já conta com quase 3 milhões de seguidores. Se conseguirmos aumentar em dez vezes esse número, o impacto para as próximas eleições será gigante.

O sistema de pontuação traz outro grande benefício. À medida que mais e mais pessoas utilizam o sistema, os políticos também ficam mais preocupados com esse tipo de ranqueamento. Se a conduta honesta e produtiva passa a ser recompensada com milhões de votos, certamente isso influenciará muitos parlamentares, algo que já vem sendo observado recentemente em relação aos que conhecem o Ranking.

Um político, ciente de que seus atos estão sendo monitorados e divulgados, tende a adotar medidas mais corretas e condizentes com suas reais atribuições. Nas palavras do célebre economista Milton Friedman, "não acredito que a solução para o nosso problema seja simplesmente eleger as pessoas certas. O importante é estabelecer um contexto político de opinião que torne politicamente rentável até para as pessoas erradas fazerem a coisa certa. A menos que seja politicamente rentável para as pessoas erradas fazer a coisa certa, as pessoas certas tampouco farão o que é certo, ou, se tentarem, em breve estarão fora do governo".

Friedman acertou em cheio. Mais importante do que esperar os "certos salvadores", precisamos de um sistema político eleitoral que recompense boas atitudes e puna as más - sejam elas vindas de quem for. Não é exagero afirmar que, à medida em que o ranking tem ganhado força, ele tem influenciado a atitude de um grande número de políticos, que pretendem ver seus pontos subindo. Muitos já usam o Ranking dos Políticos como selo de qualidade junto ao seu eleitorado.

Políticos têm amigos, familiares e reputação a zelar. Eles se importam muito com a sua imagem. O Ranking é uma forma de consolidar e resumir o grande número de informações que cada político gera com seu comportamento. É como um vestibular, que consolida todo o conhecimento alcançado pelo aluno.

Da mesma forma como um estudante quer ver seu esforço recompensado com uma alta colocação no vestibular, os políticos desejam estar no topo do Ranking. Quanto mais forte e conhecido ele for, maior o desejo dos políticos de subir de posição — e maiores serão suas ações nesse sentido. O Ranking dos Políticos é gratuito e está disponível em www.politicos.org.br.

Você também pode contribuir com o Ranking, dando e retirando pontos de um político ou fornecendo informações positivas e negativas sobre qualquer um deles. É só entrar lá e sugerir a informação que quer adicionar ao nosso banco de dados. Pode ser um novo processo de corrupção aberto contra um deputado, uma lei proposta por um senador ou o fato de que um vereador está empregando parentes no seu gabinete. Comprovada a informação, ela passará a contar pontos, positiva ou negativamente, para o político indicado.

Divulgue o ranking e participe. Não deixe para os outros. Os outros são você.

## Qual João?

### O João do vale-legumes
*1º de janeiro de 2030 - 7h da manhã*

O despertador toca no canto esquerdo do barraco. Mais uma manhã como qualquer outra. João abre os olhos lentamente e vira para o lado. Chacoalha a esposa e, um a um, vai ajudando os filhos a se levantar. São três garotos e cinco garotas no total. A mais velha, Lucilene, com 14 anos de idade, já está grávida. Entre os suspeitos pela paternidade, o tio Valdir e o garoto Wesley, do barraco vizinho, são os principais candidatos. Se for tio Valdir, provavelmente vai demorar para ele ver a criança, pois está preso.

A refeição da manhã consiste em um jarro de café velho dissolvido na água da bica. As crianças sorvem meia caneca cada, enquanto tentam espantar as moscas. Comida sólida somente à tarde, quando voltarem do semáforo com alguma esmola. Dos dez membros da família, três trabalham. Maria, a esposa, é ajudante de lavadeira na creche da comunidade. Lucilene acaba de ser demitida como empacotadora do supermercado, mas dois outros fazem pequenos bicos.

Os demais passam o dia chutando latinhas e pedindo moedas na avenida vizinha. João, como chefe da casa, fica o dia todo assistindo programas esportivos na pequena TV. No final da tarde, vai ao bar e, usando parte dos recursos arrecadados durante o dia pelos filhos, bebe uma ou duas garrafas de cachaça para anestesiar os neurônios. Com o desemprego acima de 20% e nível de renda africano, o Brasil se tornou um lugar em que João pode se considerar na média. Nas conversas de bilhar, culpa-se os burgueses e os "traidores", uma parcela de profissionais qualificados que abandonaram o Brasil aos milhões ao longo das últimas décadas. Após três anos de procura por trabalho, ele finalmente desistiu. "Ano que vem tudo irá melhorar" é o comentário geral.

O candidato à presidência parece ser uma pessoa muito dedicada e que prometeu diversas melhorias para o povo. Parece que eles finalmente vão pegar os culpados pela situação. O candidato fala bonito, explicando alguma coisa sobre o "imperialismo chinês, que vem explorando o Brasil". Entre as principais promessas estão uma aliança com as nações centro-africanas e a criação de um novo imposto sobre as empresas para financiar o vale-legumes e o auxílio-vestuário. Para João, o jeito é aguardar até que essas melhorias cheguem.

### O João do pôr-do-sol
*1º de janeiro de 2030 - 7h da manhã*

O despertador toca no canto esquerdo do quarto. João abre os olhos lentamente e vira-se para o lado. Chacoalha a esposa e dirige-se ao quarto dos filhos. São dois garotos e uma garota no total. A mais velha, Lucilene, com 14 anos de idade, apresentará hoje seu trabalho na feira de ciências da escola. Melhor aluna da classe, ela possui surpreendente aptidão para projetos de robótica. O garoto Wesley aparentemente trilhará um caminho diferente. Amante das artes, ele demonstrou desde cedo talento musical e para a pintura. O caçula ainda é muito novo para pensar nessas coisas. Ele tem muito tempo e muitas portas abertas à sua frente. A refeição da manhã é preparada rapidamente por João.

As crianças tomam seu leite, comem pão, frutas e pegam os tablets com as lições de casa já feitas. João dirige até o colégio onde deixa os filhos e segue para o trabalho. Nos últimos seis meses, ele tem atuado como consultor de microfinanciamento para pequenas empresas em expansão. Sua esposa, Maria, no momento estuda três propostas de trabalho distintas. Ela está em dúvida entre trabalhar numa fabricante de cosméticos, numa construtora ou numa empresa de televendas que presta serviço via internet para a Europa. Com a economia aquecida, arranjar bons trabalhos não tem sido muito difícil para quem é dedicado.

Praticamente não há desemprego e as pessoas costumam tocar suas vidas sozinhas. O crescimento contínuo da produtividade na última década fez com que os salários subissem bastante ao passo em que os preços caíram. Apenas algumas milhares de pessoas ainda recorrem ao governo em busca de ajuda, mesmo assim por pouco tempo. Além de quererem atingir logo o orgulho de andarem com as próprias pernas, essas pessoas sabem que o setor público é impiedoso com aqueles que se acostumam com as benesses governamentais. Cada centavo de dinheiro público é valioso, obtido pelo consentimento de cidadãos produtivos e não pode ser tratado levianamente.

Chega o final de semana e a família vai para a casa de praia. Sentado na varanda, olhando seus filhos brincarem na areia, João reflete um pouco sobre a vida. Seus filhos estão lá, aparentemente pequenos e dependentes. Mas, um dia, eles sairão do ninho e partirão para a vida. O aperto no coração dos pais nesse momento é sempre grande, assim como a vontade de manter as crianças por perto.

Mas João olha para o pôr-do-sol e encara o futuro com confiança. Essa bola de fogo que circula diariamente o planeta Terra sempre lhe traz boa sensação. Assim como o sol irradia enorme quantidade de energia, cada pessoa também possui dentro de si uma luz ofuscante. "Acho que sou um grande humanista", diz João, rindo de si mesmo. "Qual luz será trazida para o mundo pelos meus meninos?". O olhar retorna para a praia e para as crianças brincando.

Ele confia em sua habilidade de educar e na capacidade dos filhos. Ele sabe que as portas estão abertas, que não existem limites e que para os três garotos qualquer coisa é possível de ser alcançada, desde que eles trabalhem para isso com afinco e dedicação. "Esses garotos vão decolar", pensa. "Eles vão realizar coisas que ninguém da minha geração jamais atingiu. E isso será mérito exclusivo deles. Eles farão isso porque sabem que, para o bem ou para o mal, o sucesso ou o fracasso está em suas mãos. Se eles fracassarem em alguma coisa, terão de encarar esse fato de frente e aprender com os erros. Agora, se eles vencerem, a recompensa será somente deles. Ninguém virá de fora passando sermões e tomando o que meus filhos conquistaram por mérito. Ninguém criará regras impossíveis de cumprir somente para que eles sintam que estão fazendo alguma coisa errada. Meus filhos vão decolar sem as algemas presas aos seus tornozelos".

**O reinado dos saqueadores acabou. Começa o reinado do cidadão.**

# RESUMO DAS PRINCIPAIS PROPOSTAS

# Resumo das Principais Propostas

É preciso deixar claro que as propostas apresentadas neste livro não representam a verdade absoluta. Ninguém poderia ter tal pretensão. São apenas exemplos de aplicação prática dos princípios discutidos até aqui. implementá-las em parte, gradualmente ou com pequenos ajustes, já seria um grande caminho para nosso país. Considere esse conjunto de ideias como sendo colocar a "bola em jogo" para discussão mais profunda. Ao adotar ao menos parte dessas sugestões, o Brasil poderia, finalmente, deixar a condição de "país do futuro" para se aproximar da realidade das nações mais desenvolvidas.

Constituição: Documento curto que determine as seis tarefas fundamentais do Estado:

1. Garantir as liberdades individuais
2. Manter a ordem
3. Proteger as pessoas contra a miséria absoluta
4. Garantir educação de qualidade, seja provida pelo Estado ou por entidades particulares pagas pelo Estado
5. Garantir saúde de qualidade, da mesma forma que o item acima
6. Proteger o meio ambiente

**Eleições**

Implementar o voto distrital, dividindo o Brasil em 100 distritos. Cada candidato concorre somente no seu distrito. Acabar com o fundão eleitoral e o fundo partidário, assim como a figura do suplente. Limitar todos os cargos públicos a somente uma reeleição.

### Estrutura do poder público

Segue dividida em três poderes: executivo, legislativo e judiciário:

### Poder executivo

Deve ser enxugado, permanecendo apenas os Ministérios da Defesa, Economia, Relações Internacionais, Casa Civil, Educação, Saúde, Meio Ambiente e Social. Todos esses ministérios deverão reduzir seus quadros de funcionários e equiparar os salários dos servidores aos pagos pela iniciativa privada. Também deve regulamentar a avaliação de desempenho dos funcionários e reduzir drasticamente o número de cargos nomeados.

### Poder legislativo

O número de senadores deve ser reduzido de 81 para 54 e o de deputados federais de 513 para 200. O número de assessores parlamentares deve ser reduzido drasticamente e as verbas de gabinete eliminadas.

### Poder judiciário

As áreas administrativas devem ser privatizadas e os diversos tribunais consolidados em apenas três. É necessário simplificar a legislação, reduzindo assim o espaço para recursos intermináveis e impor jurisprudência mais firme em relação às decisões tomadas pelo STF.

### Prefeituras municipais

Consolidação de pequenos municípios para que tenham no mínimo 100 mil habitantes, num total de cerca de 400 cidades. Prefeituras seriam responsáveis pelas seguintes atividades: saúde, educação, assistência social, planejamento urbano e manutenção das vias públicas.

## Governos estaduais

Consolidação dos estados menores, de modo a reduzir para cerca de 20 o total de Unidades Federativas no Brasil. Foco em segurança pública e meio ambiente.

## Governo federal

Responsável pelo Exército, Polícia Federal, regulamentação dos setores econômicos e definição de políticas de Estado.

## Polícia

Unificar todas as polícias em três grupos: estadual, federal e corregedoria federal. Aumentar os salários dos profissionais, alterar a jornada de trabalho para que se assemelhe à jornada comum e realizar campanha de valorização dos bons policiais.

## Legislação penal

Consolidar na lei o conceito de prisão após condenação em segunda instância e restringir os regimes de progressão de pena, eliminando os indultos. Contornar a questão da maioridade penal, fazendo com que criminosos perigosos fiquem presos por um longo período, independentemente da idade. Estabelecer multas proporcionais à renda.

## Cadeias

Privatizar os presídios já em operação, com o Estado pagando um valor fixo por preso à empresa concessionária. Licitar imediatamente mais 400 mil vagas. Criar uma agência para fiscalizar e regular os presídios. Implementar um sistema de trabalho remunerado na prisão, em que os presos recebam 50% do salário e a empresa administradora fique com os outros 50%. Aplicar penas alternativas para crimes leves.

**Drogas**

Estruturar um plano lento e gradual para a legalização das drogas, começando pelas mais leves. Após o teste inicial e feitos os ajustes necessários, a legalição se estenderia para drogas mais pesadas. Os locais permitidos para consumo seriam restritos e a propaganda proibida.

**Empresas estatais**

Privatizar todas, como Correios, Petrobras, Banco do Brasil, além de toda a infraestrutura de transportes.

**Agências reguladoras**

Ampliar os recursos e fortalecer o trabalho das agências. Atuar obsessivamente para atrair novos competidores e aumentar a concorrência no Brasil, independentemente de serem empresas brasileiras ou estrangeiras.

**Assistência social**

Instituições de apoio devem ser geridas pelos municípios. Transferência de recursos em dinheiro às famílias que comprovarem dificuldades financeiras. O auxílio deve ser dado em caráter temporário e ir diminuindo com o tempo, sempre atrelado a contrapartidas por parte dos beneficiários, como capacitação profissional e educação dos filhos. Os repasses da assistência social são fiscalizados pelo governo estadual.

**Educação**

Privatizar parte das escolas e universidades públicas e implementar um sistema de *vouchers* no ensino fundamental. Para cada aluno matriculado, o governo paga um valor fixo diretamente à escola. Cada instituição de ensino poderá optar entre oferecer seus serviços pelo valor da verba do governo ou cobrar uma taxa extra.

## Saúde

Privatizar parte dos hospitais e postos de saúde. Incentivar cada pessoa a escolher um plano de saúde, sendo que a assistência social paga os planos das famílias que comprovarem incapacidade de pagamento. E os pobres que não forem miseráveis poderiam receber um *voucher* mínimo universal — proposta semelhante ao da educação.

## Previdência social

Reformar radicalmente a previdência, eliminando todos os privilégios e estabelecendo uma regra única para todos. Os aposentados poderiam complementem a sua renda com planos de previdência privada, caso necessário. No futuro, haveria uma migração completa para a previdência privada.

## Reforma fiscal

Todos os tributos, taxas e impostos devem ser eliminados. Deve permanecer apenas o Imposto sobre Herança e Doações, o Imposto de Renda e o Imposto sobre Valor Agregado. A cobrança deve ser feita apenas na esfera municipal.

## Reforma trabalhista

Eliminar todos os encargos trabalhistas atuais e permitir as negociações salariais diretas. Em casos de disputas judiciais, é preciso um julgamento justo, baseado em evidências.

**Caro leitor, ficaremos felizes em receber suas críticas e sugestões sobre as ideias aqui expostas. Acesse políticos.org.br e siga o Ranking dos Políticos nas redes sociais.**

Acompanhe a LVM Editora nas Redes Sociais

https://www.facebook.com/LVMeditora/

https://www.instagram.com/lvmeditora/

Esta obra foi composta pela Spress em
Baskerville (texto) e Raleway (título) e impressa em Pólen 80g,
pela Edigráfica para a LVM em setembro de 2021.